本书获延安大学学术专著与教材出版基金资助

项目编号：2013CB-05

作者工作单位：延安大学

学与教的 基本理论

XUEYUJIAO DE JIBEN LILUN

曹殿波 ◎ 编著

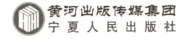
黄河出版传媒集团
宁夏人民出版社

图书在版编目(CIP)数据

学与教的基本理论 / 曹殿波编著. — 银川:宁夏人民
出版社,2014.8(2019.11 重印)
ISBN 978-7-227-05830-4

Ⅰ.①学… Ⅱ.①曹… Ⅲ.①教育学 Ⅳ.①G40

中国版本图书馆 CIP 数据核字(2014)第 207891 号

学与教的基本理论

曹殿波　编著

责任编辑　康景堂　肖　艳　贺飞雁
责任校对　刘建昌
封面设计　王　丽
责任印制　肖　艳

黄河出版传媒集团
宁夏人民出版社　出版发行

出 版 人　薛文斌
地　　址　银川市北京东路 139 号出版大厦(750001)
网　　址　http://www.yrpubm.com
网上书店　http://www.hh-book.com
电子信箱　renminshe@yrpubm.com
邮购电话　0951-5052104　5052106
经　　销　全国新华书店
印刷装订　宁夏凤鸣彩印广告有限公司
印刷委托书号　(宁)0015140

开　　本　720 mm×980 mm　1/16
印　　张　17
字　　数　300 千字
版　　次　2014 年 9 月第 1 版
印　　次　2019 年 11 月第 2 次印刷
书　　号　ISBN 978-7-227-05830-4

定　　价　35.00 元

前　言

  作为专业技术人员的教师,需要具备一定的专业知识才可以上岗。本书稿所涉及的内容是属于教师专业知识中条件性知识部分的。这些知识对于教师来说,是自身知识结构的重要组成部分,是创造性地从事教育教学工作的重要依据,是开展教育教学活动的基础和前提。具备这些知识有利于教师对教学内容进行思考和重组,使教学内容顺利地转化为学生易于理解和接受的知识,从而更加自如地进行创造性教育教学活动。

  撰写本书的主要目的就是给职前和在职教师们介绍一些关于学习和教学的基本理论观点。引导他们站在一定的理论高度重新审视所从事的教育事业,建立属于自己的学习观、教学观、教师观以及教育观。

  本书的逻辑起点就是学习者的"学",重点阐述了学习的本体论、过程论和条件论。在学习的本体论中我们重点讨论了学习的本质,不同流派对学习的基本看法;在学习的过程论中我们从学习的结果出发,分别讨论了陈述性知识、程序性知识、动作技能、态度等不同结果;在学习的条件论中我们分别从学习的内部条件和外部条件两个方面展开讨论。我们把学习的内部条件细分为生理条件和心理条件,其中生理条件重点从发展心理学的视角考察学生的认知发展变化,而心理条件则从智力和非智力两方面因素进行讨论。我们把教学和学习者周围的环境视为外部条件,并且明确提出教学这个外部条件只能通过影响学习者的内部条件来间接影响学习者学习,这是本书的第一大特色,也是打开教育心理学大门的一把"金钥匙"。当我们站在这个视角来审视教育心理学的时候,我们就会发现以往的教育心理学实际上更多地表达了认知心理学的内容,而忽略了其他重要的部分。最影响学习效果的不是和智力因素有关的认知性条件，而是与非智力因素有关的态度性条件。

在以往的学与教的理论中都只是把科学取向的教学论作为"教"的基本理论提出来，本书中在讨论科学取向教学论的同时还引进了哲学取向的教学论。这种"中西结合"的思路对于深入理解"教"的理论有特别的意义。因为科学取向教学论与哲学取向教学论并不是相互对立的，而是相互印证的，一个是理性的结果，一个是感性的结果，可以共同丰富人们对"教"的认识。这是本书的第二大特色。

全书共分13章，其中绪论部分及第3章由曹殿波编写，第9、10、11、12、13章由张莉靖编写，第4、5、6、7、8章由成铭编写，第1、2章由张社争编写，全书整体框架设计与统稿工作由曹殿波负责。

本书获延安大学学术专著与教材出版基金资助（项目编号：2013CB-05）。在本书编写过程中，参阅了大量国内外文献资料，吸收、引用和借鉴了许多学者的研究成果。我们在文中或参考文献中都尽量做出了标注，但是部分内容来自互联网，无法考证首创作者，未能给出明确标注。在此，对我们引用及参考过的文献资料的作者表示衷心的感谢。

曹殿波

2014 年 5 月 2 日星期五

目 录

绪　论

学习目标

* 目标一:明确本书的研究对象,理解学习本书的意义。

* 目标二:初步建立本书知识体系的概念框架。

* 目标三:掌握本书的学习方法。

第一节　研究对象、学习的意义

一、本书的研究对象

本书重点研究两大方面,一是有关人类学习的基本理论,二是关于如何教学的基本理论。从整体上说,本书研究的内容属于教育、心理学科。但它不是两张皮的教育学与心理学,也不是教育学与心理学的交叉学科教育心理学。我们编写本教程是站在了学习科学的视角,依据教师教育专业中学科教师的专业知识结构来进行的。具体的说,本书重点研究三个方面的内容,分别是学习心理学、科学取向的教学论以及哲学取向的教学论。

心理学是研究人类一切心理现象、过程及其规律的一门科学。我们在本书重点关注的是与人类的学习有关的心理现象、心理过程与心理规律。我们首先讨论什么是学习这一话题。在深入讨论学习概念的基础上我们会继续讨论人类学习的过程以及学习的条件。这就是本书所涉及的第一个学术领域——学习心理学。

现今,国内外存在多种多样的以研究教学规律为对象的理论,大致分为两大类：一类是依据哲学和经验总结所提出的理论，称为哲学与经验取向的教学论（以下简称哲学取向的教学论）；另一类是依据科学心理学，尤其是学习了心理学和实证研究后所提出的理论，称为科学与实证研究取向的教学论（以下简称科学取向的教学论）。

一般来说，指导教学实践的理论基本上都是哲学与经验取向的教学论。中国从孔子到陶行知的教学论都是哲学取向的教学论，西方从苏格拉底、夸美纽斯、赫尔巴特、杜威以及人本主义心理学家罗杰斯等人的教学论也都是哲学取向的教学论。为什么哲学取向的教学论长期存在并处于统治地位呢？皮连生在修订高校文科教材《教育心理学》（第三版）时提出了如下三点理由：第一，它能对教育实践提供一般的原则性指导；第二，其中的许多论述反映了教育与教学规律；第三，能及时反映社会需要。同时，皮连生也指出了这类理论的局限性：第一，它的许多概念未经严格定义，由这些概念构成的原理含混不清；第二，缺乏可操作性，难以有效地具体指导教学实践；第三，用它去培训教师，教师的专业性知识发展会很慢。

同哲学取向的教学论相比，科学取向的教学论只有很短的历史，100 年前美国著名哲学家兼心理学家威廉·詹姆斯有一句名言："心理学是科学，教学是艺术。"近百年来，科学心理学家一直为建立科学取向的教学理论而努力，早期美国行为主义心理学家爱德华·李·桑代克（Edward Lee Thorndike）、伯尔赫斯·费雷德里克·斯金纳（B.F.Skinner）和心理与教学测量专家做出了许多贡献，但直到 1969 年才出现"教学心理学"这个专门术语。在美国或受美国影响的西方国家，教学心理学也就是科学取向的教学理论，除了斯金纳的程序教学理论之外，对形成科学取向的教学论体系做出较大贡献的人物与理论是杰罗姆·西摩·布鲁纳（Jerome Seymour Bruner）的"认知—发展"理论和发现教学模式；戴维·保罗·奥苏贝尔（David Pawl Ausubel）的有意义学习理论和接受学习模式；维特罗克（M.C.Wittrock）的生成学习理论与生成技术；信息加工心理学的陈述性知识与程序性知识相互作用与转化的理论以及相应的教学技术；罗伯特·米尔斯·加涅（Robert Mills Gagné）的学习条件理论和基于学习条件理论的教学设计原理以及具体操作技术。

同哲学取向的教学论相比，科学取向的教学论有如下三个优点：第一，它的概念一般经过严格定义，由这些概念构成的原理含义清晰；第二，学习论是描述式的,而教学论是处方式的,它明确告诉教师做什么和如何做,可操作性强;第三,用这样的理论培训教师,教师专业性知识发展相对较快。美国著名教学设计专家沃特·迪克(Walter Dick)指出,当前的教学设计理论与实践存在局限性。主要表现是:它虽然善于将复杂能力进行分解并分别进行教学,但局部的能力如何形成综合能力?其心理过程怎么样?由于心理学对这些问题的研究尚无重大突破,教学设计在这些方面存在缺陷,这就为建构主义教学观留下发挥作用的空间。

本书分别对两种取向的教学论进行介绍,这也是本书在内容架构上的一大特色。因为研究人员在认识教学这一现象中所考察的视角不同,所以这两种观点并非是相互对立的,在很多情况下是相互印证的。对于教师教育专业的学习者而言,这两个方面的知识都是可以充分借鉴的。

二、学习本书的意义

在讨论这个问题之前,需要明确另一个问题,那就是这本书是写给谁?我们编写本书的目的是希望给教师教育专业的职前学生、在职工作者和研究者作为参考。通俗地讲就是写给师范生、教师以及教育研究人员的。说到底是希望丰富这些人员的专业知识。

教师教育是对教师培养和培训的统称,就是在终身教育思想指导下,按照教师专业发展的不同阶段,对教师实施职前培养、入职培训和在职研修等连续的、可发展的、一体化的教育过程。

教师专业知识是教师专业发展的重要内容之一。对教师专业知识的研究始于20世纪70年代对教师教学活动的信息加工过程的研究,特别是20世纪80年代专家型教师与新手型教师的比较研究。通过对比发现,专家型教师与新手型教师之间的差异在于他们具有不同的知识结构。与新手型教师相比,专家型教师在课堂经验、理解教学、解释课堂事件等方面具有更丰富、更精巧的知识结构。专家型教师和新手型教师经过比较研究,揭示出教师知识的三方面含义:一是专家型教师的知识是在特定领域高度丰富和专门化的知识,二是专家型教师的知识是高度组织化了的知识,三是专家型教师的知识大多是内隐的知识。

由于教师专业知识本身的复杂性,不同研究者对教师专业知识性质及其侧重点的理解各不相同。有些研究者注重寻求与学生成绩相关的教师专业知识;有些研究者着重于关心教师专业知识的结构和维度,提出了多样化的分类体系和结构;有些研究者着重于新手型教师专业知识的增长;有些研究者着重于教师个人的实践知识;有些研究者着重于教师的学习和新知识的习得;还有一些研究者则着重于教师在实践中如何运用他们的专业知识。以往这些各具特色的关于教师专业知识的研究,大体上可以归入以下三个研究思路:一是教师应该具备哪些专业知识? 二是教师实际上已经具备了哪些专业知识? 三是教师的专业知识随着其专业发展和职业生涯的变化是如何发展的?

我国大陆地区教育研究者经常使用"专业知识"这个概念,但研究者在使用"专业知识"概念时具体所指并不一致,大致有三种含义:第一,教师的专业知识是指学科知识。南京师范大学《教育学》编写组(1984)把教师的知识分为两大类,各门基础知识和专业知识、教育科学知识和心理科学知识。李秉德、李定仁(1991)把教师知识划分为三部分,专业知识、文化知识与教育科学知识。于漪(2001)认为教师知识由三部分组成,文化基础知识、专业知识与教育科学知识。这里的"专业知识"实际是指教师的学科知识,并不包含教育与心理科学方面的知识。第二,既包括学科知识又包括教育类知识。叶澜(1998)认为教师的知识结构是多层复合的知识结构,主要有以下三层:第一层,有关当代科学和人文两方面的基本知识,以及工具性学科的扎实基础性知识和熟练运用的技能、技巧;第二层,具备 1~2 门学科的专门性知识与技能,是教师胜任教学工作的基础性知识;第三层,教育学科类,由帮助教师认识教育对象、教育教学活动和展开教育研究的专门知识构成。这三个层面的知识相互支撑、渗透与有机整合。刘捷(2003)认为教师知识包含三部分:科学文化知识、学科专业知识与教育专业知识。教育专业知识又包括三个方面:一般教育学知识、学科教学知识与教学情境知识。第三,教师的专业知识是指实践性知识或情境性知识。林崇德(2002)从教师知识功能的角度把教师的知识结构分为四个部分:本体性知识、文化知识、实践性知识与条件性知识。傅道春(2001)把教师知识的结构分为三个部分:学科知识、条件性知识与教育情境知识。从两位研究者对实践性知识和情境性知识所作的规定来看,这两种知识的含义基本一致,是能够体现教师职业特性的专业知识。

在美国国家教师测验中把教师的知识分为三种，一是教师的基础性知识，如语言、文学、数学、社会科学、文艺、自然科学等，即一般的知识文化背景。二是学与教的基本知识，包括教育心理学的基本知识，涉及儿童心理发展规律、动机、学习的本质、学业评价等；关于教育学的原则和实践，如课堂管理、调动学生积极性等，即教师的条件性知识和实践性知识。三是本体性知识，主要包括 26 个本体性知识的分科测验。

沙尔蒙和格罗斯蒙等研究者指出，教师的知识可以划分为多种类型，其中有三种比较重要的知识：学科知识（knowledge of subject matter），教师所教科目的内容及其组织；一般教育学知识（knowledge of pedagogy），主要指那些超越于教学内容之上的、课堂管理和组织的一般原则与策略；与特定内容有关的教育学知识（pedagogical content knowledge），包括类比和对学生易犯的错误、理解的难点以及克服的方法等。

威尔逊通过对中学教师的研究指出，教师要上好一堂课至少涉及七种知识：关于课程内容的知识；关于学生情况的知识；关于教学目标的知识；教育原理与教学论方面的知识；当前学科和教材的内容、结构方面的知识；与当前部分内容相关的其他学科的知识，以及如何把教材的内容教给学生的教学法方面的知识。

本书倾向于把教师的专业知识划分为教师的本体性知识、教师的条件性知识以及教师的实践性知识。下面对这三类专业知识逐个进行分析。

（一）教师的本体性知识

教师的本体性知识是指教师所具有的特定的学科知识，如语文知识、数学知识等，这是人们所熟知的一种知识类型。作为社会中的人，个体的知识具有事业与职业的目的。作为教师一定要精通自己所教的学科知识。扎实的本体性知识是教师在教育教学工作中取得成功的基本保证。教师的工作有点像蜜蜂采蜜，需要博采众长。为了实现教育的文化功能，教师除了要有深厚的学科知识功底以外，还要有广博的文化知识。在学校里，知识渊博的教师往往会赢得学生的信赖和爱戴。在一般意义上，教师的本体性知识包括四个方面。首先，教师应对学科的基础知识有广泛而准确的理解，熟练掌握相关的技能、技巧。其次，教师要对与该学科相关的知识，尤其是相关点、性质、逻辑关系有基本的了解。可使教师与相关学科的教师在教学工作中进行协调,在组织学生开展的综合性活动中相互配合。再次,教师需要了解该学科的发展历史和趋势,了解该学科对于社会、人类发展的价值以及在人类生活实践中的多种表现形态。最后,教师需要掌握每一门学科独特的认识世界的视角、域界、层次及思维的工具与方法,熟悉学科内科学家的发现创造过程和成功原因,在他们身上展现的科学精神和人格魅力,这对于增强学生的精神力量和创造意识具有重要的、远远超出学科知识所能提供的价值。因此,要想成为一名合格的教师,必须对学科知识有系统而深入的了解。

(二)教师的条件性知识

条件性知识最初是帕尔斯在陈述性知识和程序性知识的基础上提出来的,指个体在什么时候、为什么以及在何种条件下才能更好地运用陈述性知识和程序性知识的一种知识类型。在教与学的领域中,教学过程被看作是教师将其具有的本体性知识做出教育学和心理学的解释。

条件性知识涉及教师如何教知识,即如何将本体性知识以学生容易理解的方式表达、传授给学生。教师的条件性知识由三个部分组成:关于学生身心发展的知识、关于教与学的知识和关于学生成绩评价的知识。与此类似,费蒙南姆瑟和巴彻蒙曾提出"教与学思维"(pedagogy thinking)这一概念。迈克伊旺也曾提出,教学的中心任务就是对学科做出教育学的解释,这种解释要依据学生对该学科的掌握情况,考虑到学生对学科已有的知识和错误的理解,也包括不同学生的特征等。这些正如杜威早已指出的,科学家的本体性知识与教师的本体性知识是不一样的,教师必须把本体性知识"心理学化",以便学生容易理解;并指出"学校是应用心理学的实验室",强调教师要学习心理学。

条件性知识是指教师在教育教学过程中能够保证工作获得成功的教育科学和心理科学知识。教育科学知识包括三个方面:第一,教育科学基础知识(例如,教育与社会生产力,教育与社会的政治、经济、文化以及与人的身心发展相互作用的规律,教育的本质、目标、任务和内容,全面发展教育的思想和观念,教育者与受教育者,德育基本理论,课程理论,教学的实施过程、组织的形式、构成环节,教学的原则、模式、方法、手段、艺术风格,教学的检查与评价等)。第二,国内外教育教学改革信息和动态的知识(例如,教育教学发展变化的历史沿革、目前状况、发展趋势,教育教学改革的最新成果,特别是课堂教学的革新、学习方法的指导、学习能力的培养等)。第三,教育科学研究知识(例如,教育科学研究的过程、特点和类型,科研课题的选择、计划的编制、资料的收集整理分析、方法的选择运用、成果的表达等)。此外,还要懂得一些心理科学知识。这些条件性知识对于教师来说,是自身知识结构的重要组成部分,是创造性地从事教育教学工作的重要依据,是开展教育教学活动的基础和前提。具备这些知识有利于教师对本体性知识进行思考和重组,使学科知识顺利地转化为学生易于理解和接受的知识,从而更加自如地进行创造性教育教学活动。一位具有丰富的条件性知识的教师,必将极大地增强自己在教育教学工作中的创新能力。

(三)教师的实践性知识

教师的实践性知识是指教师在面临实现有目的的行为中所具有的课堂情景知识以及与之相关的知识。更具体地说,这种知识是教师教学经验的积累。教师的教学不同于研究人员的科研活动,它具有明显的情境性。专家型教师面对内在不确定性的教学条件能做出复杂的解释与决定,能在具体思考后再采取适合特定情境的行为。在教育工作中,许多情况需要教师机智地对待,这种机智不是一成不变的,在一种情况下适宜的和必要的方法,在另一种情况下可能就是不恰当的。只有针对学生的特点和当时的情境有分寸地进行工作,才能表现出教师的教育智慧来。在这些情境中,教师所采用的知识来自个人的教学实践,具有明显的经验性,而且实践性知识则受一个人经历的影响,这些经历包括个人的计划与目的以及人生经验的累积效应。因此,这种知识的表达包含着丰富的细节,并以个体化的语言形式而存在。显然,关于教学的传统研究通常把教学看成是一种程式化的过程,忽视了实践知识与教师的个人打算,限制了研究成果的运用。达菲和爱肯黑德对教师实践性知识也提出了一定的看法,认为教师的知识应包括三个层面:一是教师过去的经验,如受教育经验、生活形态、家庭因素、朋友及信仰等;二是教师目前的教学状况,如现有的法规、课程内容、教学器材供应、外界物理环境、社区组型、行政上的各种措施、学生的主要特征、同事等因素的影响;三是教师对教学工作的看法,如受到所持信念、价值观及原则等的影响。

陈向明认为,教师的实践性知识是教师真正信奉的、并且在其教育教学实践中实际使用和表现出来的对教育教学的认识。教育的实践性知识包括六个方面内容:教育信念、自我知识、人际知识、情境知识、策略性知识、批判反思性知识。

达菲等人是从教师实践性知识的来源对其进行分类的,陈向明则是从实践性知识的构成要素进行分类的。

教师具备了本体性知识就可以保证自己的学科知识储备,教师具备了条件性知识就可以知道如何将自己所学的专业知识有效地讲出来,教师具备了实践性知识才可以在实际的教学中游刃有余地根据教学实际情况完成教学。本书所涉及的内容是属于教师专业知识中条件性知识的,这部分知识对于教师的专业发展具有重要的意义,是连接教师本体性知识以及教育教学实践的桥梁和纽带。

第二节　教材知识体系、学习建议

为了方便读者,我们在本章专门增列一节介绍本书的知识体系以及学习建议。在教材的知识体系中我们将分别从内容的安排顺序和知识体系的框架结构两个视角进行解读。让读者可以清楚地了解教材内各章节内容的相互关系,帮助读者从整体上把握教材的知识体系。在学习建议中,我们分别从学习的顺序以及学习的方法两个角度进行指导。"磨刀不误砍柴工",我们希望读者可以认真阅读本节内容,这会让你的学习事半功倍。

一、本书的知识体系

(一)本书的内容安排

全书共分13章,绪论中主要向读者介绍本书的研究对象、学习本书的意义、本书的知识体系以及学习本书的建议。第一章学习与教学中,重点介绍学习的概念与分类,学习与教学的关系。第二章学习理论中,重点介绍学习理论的发展历史、流派及其观点。第三章学习的一般过程中,分别介绍了学习的一般心理过程以及学习的认知过程。第四章知识中,重点介绍知识的概念、分类、表征、知识与学习的关系、知识与能力的关系等。第五章陈述性知识的学习中,重点介绍言语信息的学习过程。第六章程序性知识的学习中,重点介绍概念、规则、问题解决等智力技能和认知策略学习。第七章动作技能与学习中,重点介绍动作技能学习的过程。第八章社会规范与学习中,重点介绍态度和品德的学习过程。第九章和第十章分别介绍了学习的内部条件与外部条件。在学习发生的内部条件中分别从生理条件和心理条件两个角度展开,在学习的外部条件中我们将教学视为学习的外部条件,并在此部分安排了科学取向的教学论的内容,另外从建构主义的视角对学习环境的创设进行了介绍。第十一章教学思想与理论分别介绍国内外的教学理论。第十二章教学过程论分别从教学的四个主要环节即教学的目标陈述、设计、实施、评价进行介绍。第十三章教学方法论分别在中观层面对教学模式、教学策略、教学方法进行介绍。

教材的内容安排可以简要概括为以下形式:

绪　论　[研究对象、教材知识体系、学习的意义、学习建议(过程与方法)]

第一章　学习与教学(学习、分类,教学,学与教的关系)

第二章　学习理论(发展历史、理论流派及其观点)

第三章　学习的一般过程(心理过程、认知过程)

第四章　知识(概念、分类、表征、知识与学习的关系、知识与能力的关系)

第五章　陈述性知识的学习(概念、命题)

第六章　程序性知识的学习(概念、规则、认知策略)

第七章　动作技能与学习

第八章　社会规范与学习(态度、品德)

第九章　学习的内部条件(生理条件、心理条件)

第十章　学习的外部条件[教学(不同类型知识)、环境(情境、媒介、人、学习资源)]

第十一章　教学思想与理论(国内、国外)

第十二章　教学过程论(目标陈述、设计、实施、评价)

第十三章　教学方法论(教学模式、教学策略、教学方法)

(二)本书的知识体系

如上所述,本书内容主要有三个方面,分别是学习心理学、科学取向的教学论和哲学取向的教学论。学习心理学主要介绍学习的过程,首先介绍了学习的一般过程,然后依据知识的不同表现类型对其学习过程进行了分别介绍。本书中我们把教学也视为学习的外部条件,在安排内容时把科学取向的教学论放在了学习的外部条件中进行介绍,把哲学取向的教学论单独分列出来进行介绍。我们可以通过知识地图的形式对本书的知识体系进行解构。

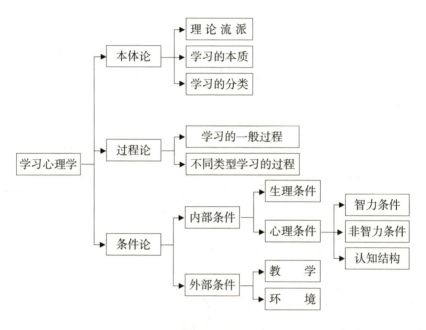

学习心理学知识体系

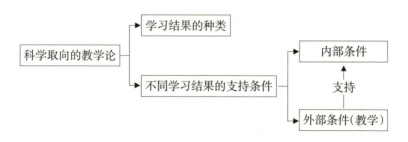

科学取向教学论知识体系

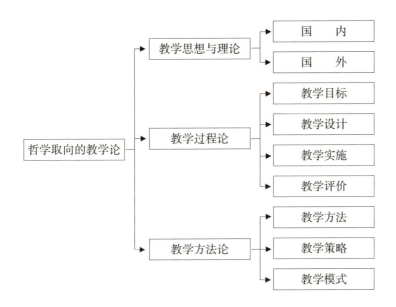

哲学取向教学论知识体系

二、学习本书的过程与方法

(一)学习过程建议

1. 阅读本书的基础与前提

在阅读本书以前建议大家先阅读有关普通心理学以及教育学书籍,这些是阅读本书的基础与前提。书中出现大量的学术名词,这些名词大多来自普通心理学与教育学。另外本书在写作时已经默认读者具备上述知识,因此在使用这些名词的时候没有加入详细解释。

2. 阅读本书的顺序建议

本书由 13 章组成,前两章是本书的基础部分,无论是哪种水平的读者都建议首先对本部分进行阅读。这一部分的阅读会为后续章节的内容学习带来极大帮助。第三章至第八章讲述的是学习的过程论,第九章至第十章讲述的是学习的条件论,第十一章至第十三章讲述的是哲学取向的教学论。对于这三部分的学习没有严格的顺序要求,读者可以根据自己的实际情况自由安排。

（二）学习方法推荐

我们给大家推荐两种典型的学习方法，分别是 SQ4R 阅读法和康奈尔笔记法，SQ4R 阅读法适合于在阅读本书时使用，康奈尔笔记法适合在听老师讲课时使用。

1. SQ4R 阅读法

S 代表概览（survey）、Q 代表提问（question）、4 个 R 分别代表阅读（read）、复述（recite）、联想（reflect）、复习（review）。这六个步骤会帮助你记住更多信息和更有效的复习。

（1）概览

在开始阅读新的一章时，应从头到尾先大概翻一遍全章，看看标题、插图的文字说明、章内的小结或者复习。

（2）提问

在阅读时，你要从每一个标题中引出一个或几个问题来。这些问题有助于针对性的阅读。

（3）阅读

在阅读时，要试着找出你所提问题的答案，要一点一点地"啃"，一小节一小节地阅读，每读完一个小标题后的内容就停下来。

（4）复述

读了一小节之后，应停下来复述一下读过的内容，也就是在大脑中试着回答自己所提的问题。最好是做简要的笔记，总结出所学的内容。记笔记能使你了解自己知道什么、不知道什么，以填补知识的空白。

（5）联想

在阅读时，应把那些新的事实、术语和概念与你个人的经历或熟悉的信息联系在一起。这是 SQ4R 阅读法最重要的步骤。

（6）复习

读完一章或一段之后，需要返回来简略看一下所学内容或学习笔记，然后进行复述和做小测验，检查一下自己的记忆情况。

具体操作流程：概览→（提问、阅读、复述、联想）→（提问、阅读、复述、联想）→（提问、阅读、复述、联想）→（提问、阅读、复述、联想）……→复习

2. 康奈尔笔记法

康奈尔笔记法又叫作 5R 笔记法，是用产生这种笔记法的大学校名命名的。这一方法几乎适用于一切讲授或阅读课，特别是对于听课笔记，5R 笔记法应是最佳首选。这种方法是记与学、思考与运用相结合的有效方法。具体包括以下五个步骤。

（1）记录（record）

在听课或阅读过程中，在主栏（将笔记本的一页分为左小右大两部分，右侧为主栏，左侧为副栏）内尽量多记有意义的论据、概念等讲课内容。

（2）简化（reduce）

下课以后，尽可能及早将这些论据、概念简明扼要地概括（简化）在副栏，即回忆栏。

（3）背诵（recite）

把主栏遮住，只用副栏中的摘记提示，尽量完满地叙述课堂上讲过的内容。

（4）思考（reflect）

将自己的听课随感、意见、经验体会之类的内容，与讲课内容区分开，写在卡片或笔记本的某一单独部分，加上标题和索引，编制成提纲、摘要，分成类目，并随时归档。

（5）复习（review）

每周花 10 分钟左右时间，快速复习笔记，主要是先看副栏，适当看主栏。

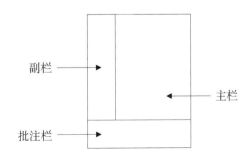

康奈尔笔记法图示

初次使用这种做笔记的方法时,可以以一科为例进行训练。在这一科不断熟练的基础上,然后再用于其他科目。

【思考题】

1. 教师的专业知识包括哪些成分?

2. 简述 SQ4R 阅读法的基本步骤。

3. 简述康奈尔笔记法的基本步骤。

第一章 学习与教学

学习目标

* 目标一:掌握学习的概念。
* 目标二:能够从不同的角度对学习进行分类。
* 目标三:掌握教学的概念,并能正确认识学习与教学的关系。

本书的内容是围绕"学习"和"教学"这两个基本概念展开的,对这两个概念进行操作性界定是读者进行深入阅读的基础。在本章中重点介绍了学习的概念与分类,教学的概念、意义、主要任务以及学习和教学的基本关系等内容。

第一节 学习概述

一、学习的概念

(一)学习的含义

人生在世,总是从事两类活动:一是改造客观世界的活动,二是改造人类主观世界的活动。前一类活动可以统称为工作,后一类活动可以统称为学习。

学习活动不仅存在于人类,而且广泛出现于动物世界。人类对学习的科学研究始于艾宾浩斯(H.Ebbinghaus)的记忆研究,此后如雨后春笋,新的研究层出不穷,因而也带来了许多派别之争。"学习"一词如同"工作"一词一样,是人们日常生活中最常用的词语之一,似乎人人都懂它的意义,但心理学家想给"学习"下一个科学的定义,却遇到了困难。

学习是人和动物共有的活动,任何活动都有过程和结果。心理学家从活动的结果对学习做出了严格的界定。具有行为主义倾向的心理学家一般把学习定义为"由练习或经验引起的相对持久的行为变化"。例如,两头牛中,一头牛经过训练会拉犁,另一头牛未经过训练不会拉犁;又如,两只狗,经过训练的一只狗能协助主人破案,而未经过训练的狗无此类行为出现。我们把动物经过训练后出现的行为变化称为学习。这一定义也适用于人类行为的变化。如两组儿童,一组进行游泳训练,另一组未给予训练。到了水里,训练过的儿童会游泳;未训练过的儿童不会游泳,并且到了深水里,他们会下沉。这种游泳行为的出现也称为学习。

以行为的变化来定义学习,使学习成为可以观测和测量的科学概念。例如,两组儿童学习数学,一组进行题海式训练,另一组进行解题方法训练。假定经过测验,前一组儿童训练前后的成绩并未出现显著变化,而后一组儿童训练前后的成绩出现了明显变化。从学习的定义来看,前一组有训练无学习;后一组儿童的训练产生了学习。可见,训练、练习、读书等活动与学习不是等同的概念。从科学的观点看,必须观察和测量到练习、训练或读书活动之后,学习者身上出现了行为变化,才能认为其中产生了学习。

学习的行为定义有利于我们观察和测量,这是它的优点。但是,学习的本质是什么?是否就是行为变化呢?假定有两个学生接受相同的军事训练,从行为变化上看,他们都学会了队列操练和实弹射击。但在他们的思想深处,一名学生得出"军队生活很艰苦,尽量不要去当兵"的看法,而另一名学生则得出"军队是青年成长的好地方,尽量争取去当兵"的想法。这种思想深处的变化有时很难从具体的行为变化看出来,这是不是学习呢? 显然,这是比具体的行为更重要和更本质的学习。为此,心理学家对学习的行为定义作了修改。

鲍尔(G.H.Bower)和希尔加德(E.R.Hilgard)在《学习论——学习活动规律的探索》(1981) 一书中把学习定义为:"一个主体在某个规定情境中的重复经验引起的、对那个情境的行为或行为潜能的变化。不过,这种变化是不能根据主体的先天反应倾向、成熟或暂时状态(如疲劳、酒醉、内驱力等)来解释的。"(G.H.鲍尔,E.R.希尔加德著:《学习论——学习活动规律的探索》,邵瑞珍等译,上海教育出版社,

1987 年,第 22 页)

这个定义比一般行为主义的定义进了一步,在学习的变化中包含了行为潜能的变化。加涅(1985)则更明确地把学习定义为:"学习是人的倾向(disposition)或能力(capability)的变化,这种变化能够保持且不能单纯归因于生长过程。"(加涅著:《学习的条件和教学论》,皮连生等译,华东师范大学出版社,1999 年,第 2 页)加涅实际上是用人的内部的变化来定义学习。不过,加涅认为内部的变化不能观察,必须通过外部的行为,通过行为表现(performance)的变化来作出学习是否发生的推论。

归纳起来,我们可以理解学习定义中的三个要点:第一,主体身上必须产生某种变化,我们才能做出学习已经发生的推论。也就是说,仅有练习不一定产生学习。例如,儿童从不会叫爸爸到学会叫爸爸,这里有学习,以后仅重复叫爸爸,这种重复的活动或练习就没有学习了。第二,这种变化是能相对持久保持的。有些主体的变化,如适应、疲劳,不能称为学习,因为这些变化是暂时的,条件变化或经适当休息,这些暂时性变化就会迅速消失。第三,主体的变化是由他与环境相互作用而产生的,即后天习得的,排除由成熟或先天反应倾向所导致的变化。

(二)学习定义中的两难困境

从上面的讨论可见,可以从外部的行为变化给学习下定义,也可以从内部的能力和倾向的变化给学习下定义。同一个心理学概念为什么有两种不同的定义呢? 原因是学习作为一个科学研究的课题是一个典型的两难问题。人的学习的实质是人的内在的能力、思想和情感的变化,但这种变化看不见摸不着,不能直接研究。因此,心理学家必须根据反映人的能力、思想和情感的外部行为的变化推测其内部的变化。这种推测可能是对的,也可能是部分合理的,甚至可能是错误的。行为主义心理学强调学习的客观观察和测量,有其合理的一面;认知心理学强调学习的本质是内在的能力和倾向变化,也有其合理性。这两种观点对解释学习研究中的两难问题都有所贡献。我们不能认为,一种观点是完全正确的,另一种观点是完全错误的。读者必须充分认识反映在学习定义中的这一两难问题。

学习定义中的这种两难困境反映在"学习"(learning)与"表现"(performance)这两个术语的使用上。这两个术语一起使用时,前者指内在的心理,后者指外在的表现。外在的表现有时可以指学生在测验时的表现,即学生的测验得分;也可指品德表现,即学生的行为、举止。在心理语言学中,言语表现是指与言语能力(competence)相对的言语运用。

上述的学习定义是一个广义的学习定义,教育情境中的学习与日常情境中的学习不同。教育是有目的、有计划的,是按照教育目标改变学生心理和行为的过程。因此,教育情境中的学习,可以定义为凭借经验产生的、按照教育目标要求发生的、比较持久的能力或倾向变化。

(三)学习的生物学意义与社会学意义

学习是活着的有机体中普遍存在的现象。学习的能力明显地随着神经系统的发展而提高。

从生物进化的观点来看,学习是有机体适应环境的手段。有机体适应环境有两种方式,一种是先天决定的反应倾向,这是每一物种固有的本能,如人类婴儿和其他哺乳动物生下来就会吃奶,但这种先天本能适应环境非常有限,有些物种因适应不了迅速变化的环境而灭亡。另一种能力是学习,这是因为人类有机体有适应环境的方式。人类婴儿和初生的动物相比,虽然独立能力低,天生的适应能力也低,但是人类却有动物不可比拟的适应能力,即学习。通过学习适应环境,其特点是迅速且广泛的,本能的变化需要千万年的演进,而学习带来的变化有时只需要几分钟。

从人的发展来看,学习可以塑造和改变人性。我国宋代思想家程颐语录中说:"人生初,只有吃乳一事不是学,其他皆是学。"宋代蒙学课本《三字经》开头四句是:"人之初,性本善,性相近,习相远。"宋代思想家张载提出"学所以为人"的命题,其意思是人只有通过学习,接受社会文化遗产和道德规范,才能作为一个社会的人存在。清代思想家王夫之进一步提出"习与性成"的思想:"习与性成者,习成而性与成也。"

在知识经济社会,科学技术日新月异。人们的工作经常变动,劳动的知识和技能也经常发生变化。为了适应迅速变化的社会,当代社会公民的学习显得更重要,关于学习的社会意义,我们无论怎么估价也不会过高。学习是教育存在的先决条件,也是教育的目的。在世界竞争越来越激烈的今天,只有善于学习、吸收一切优秀传统文化并勇于冲破传统束缚进行创造的民族,才能永远立于世界先进民族之林。

因此,学习成了哲学、心理学、生理学和人工智能等学科共同研究的对象。研究的结果最先应用于教育,包括应用于幼儿教育、基础教育、成人教育和各种职业培训。研究结果也可以用于心理治疗和行为矫正,如克服恐惧症、社会焦虑、抑郁症以及不良习惯;研究结果还可以用于动物行为训练,如教会警犬破案。人工智能专家通过模拟人的学习,改进机器人的设计。

现代生理学研究表明,学习不仅可以改变人的思想和行为,甚至可以改变人的大脑的物质结构,大脑结构的变化又改变大脑的功能组织。换言之,学习能够组织和重组大脑。

二、学习的分类

(一)研究学习分类的目的和意义

学习分类研究的思想起源于第二次世界大战期间,当时许多心理学家被征调入伍,从事军事人员训练,他们利用那时建立起来的行为主义学习理论来指导军事人员训练,结果许多训练计划的效果都不理想。至此,许多心理学家开始认识到人类的学习是极其复杂的,在一定条件下心理学家研究的学习只是复杂的学习现象里的某个侧面或某个局部,决不能以偏概全,用这些局限的理论来解释一切学习现象。这种认识对教学论研究的启示是如果人们想利用学习论原理来改进教学,则必须注意研究学习的类型,因此产生了一种被称为任务分析教学论的教学思想。任务分析教学论的基本观点是人类的学习有不同类型,不同类型的学习结果、学习过程和有效学习的条件也不同,必须根据不同类型的学习规律来进行教学过程和教学方法的设计以及教学结果的评价。

当学习分类与任务分析教学论思想在西方教学论中广泛流行时,非分析的观点在我国教学理论和实践中仍占主导地位。我国报纸、期刊上发表的有关教学论的文章往往只是泛泛而谈,强调学生是主体、教师是主导、学生自主学习、探究式学习、研究型学习和启发式教学等等。在总结优秀教师或特级教师的教学经验时,也用这些方法去套,在教师职前和在职的教学培训中,这种一般化的大道理反复讲,而学习分类的分析性研究几乎没有。

我们可以拿医生和教师的工作做类比。医生的职责是给人治病,疾病有许多类型,如分内科和外科疾病,在内科和外科中又分许多亚科,不同的疾病要用不同的药物和手段来治疗,才能达到治疗目的。教师的职责是帮助人学习,学习也可分为许多类型,如认知学习、品德学习、动作技能学习,认知学习又可以分为机械记忆学习和理解学习。在我们的教学中把品德学习当作知识来教,将需要理解的学习用死记硬背的方式来教,这样的例子并不少见。这些现象犯了混淆学习类型的错误。

(二)几种重要的学习分类

1. 我国流行的学习分类

我国教育心理学家冯忠良依据教育系统中传递的经验内容不同,将学生的学习分为三类:一是知识学习。包括知识的领会、巩固和应用三个环节,要解决的是知与不知、知之深浅的问题。二是技能学习。又分心智技能和操作技能两种,要解决的是会不会的问题。三是社会规范的学习,又称行为规范的学习或接受。是把主体外在的行为要求转化为主体内在的行为需要的内化过程。其学习既包括社会规范的认识问题,又包括规范执行及情感体验的问题。因此,比知识技能的学习更为复杂。(冯忠良等著:《教育心理学》,人民教育出版社,2000 年,第 194 页)

这一学习分类符合我国教育理论的习惯分法,如由潘菽主编的新中国成立后出版的第一本《教育心理学》(1980)把学习分为知识学习、动作技能学习、智慧技能学习和社会行为规范学习。冯忠良的学习分类与潘菽的学习分类无实质上的差异,这个学习分类系统为我国教育行政人员和广大教师所熟悉。

2. 加涅的学习分类说

加涅对学习的界定是学习是人的倾向性或能力的变化,这种变化要能持续一段时间,而且不能把这种变化简单地归结于生长的过程。加涅是美国当代著名的教育心理学家,是 20 世纪 60 年代以来,在重新恢复教育与心理学结合的舞台上,一位极有影响的主角。后面我们还会提到他的累积学习理论,这里重点介绍他的学习分类理论,主要涉及学习形式和学习结果的分类。

(1)学习形式分类

从学习的形式、学习发生的角度出发,加涅把人类的学习分成八种类型。

①信号学习。是指个体学会对某一信号做出某种一般的弥漫的反应,即巴甫洛夫所研究的经典性条件反应学习。

②刺激反应学习。是指个体学会对某一发生的刺激做出某种精确的反应,这里获得的是一种联结(如桑代克所说)或是一种有区别的操作(如斯金纳所说)。

③连锁。是指个体学会由两个以上的刺激—反应所形成的某种联结。

④言语连锁。是指个体学会以言语作为单位的连锁,其学习条件与其他(如运动性)连锁相似,但只是在人的语言出现之后才可能从事这类学习(言语连锁的内在联结需选自先前获得的言语库)。

⑤多重辨别。是指个体学会对不同刺激互相在物理特征上或多或少的相似性做出若干不同的可以鉴别的反应。

⑥概念学习。是指学习者学会对一类在物理特征上不同的刺激做出相同的反应。

⑦原理学习。简单地说,原理由两个以上的概念所组成,它的作用是控制行动。对规则的言语表述形式通常是"若有 A,便有 B",这里的 A 和 B 均为概念。但规则的学习与学习这种言语表述要谨慎区分开,纯粹地学习它的言语表述,仅是第四种学习类型。

⑧问题解决。是指一种要求进行内部思维的学习,它需要对早先获得的两个以上的原理做出某种组合,从而获得一种新的所谓的高级规则。

加涅不仅对学习的形式进行了分类,指出了八种学习类型,而且揭示了这八种类型的层级关系(如图 1-1 所示)。八种学习类型形成了一个由低级的学习形式中产生更高一级的学习形式的层级。

加涅的学习层级理论,所追求的是学习具有连续性的思想。要想达到较高层次的学习,必须以低层次的学习为前提条件。

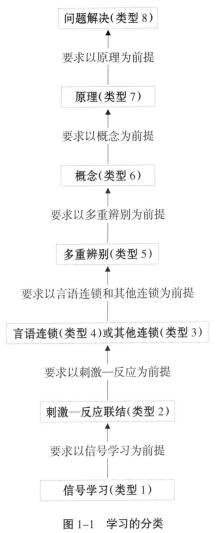

图 1-1　学习的分类

他的学习形式分类也告诉我们学习不是单一的,而是有多种形式的。不同的形式,会产生不同的学习结果。

(2)学习结果分类

加涅倾注了毕生精力,找到了支配人类行为表现的五种学习结果,这五种学习的结果也称为五种习得性能。

①智慧技能。是指人们运用概念符号与环境相互作用的能力,实际上也就是学习、掌握并运用概念和规则。它关注的是"如何做"某些事情,是一种程序性知识,可以细分为四个亚类,由简单到复杂分别是辨别、概念、规则和高级规则。最简单的智慧技能是辨别,即区分物体差异的能力。较高一级的智慧技能是概念,即对同类事物的共同本质特征的认识,因此,有对事物做出分类的能力。再高一级的智慧技能是规则,当规则支配人的行动时,我们便说人在按规则办事,运用概念、规则办事的能力就是技能的本质。最高级的智慧技能是高级规则,是指运用简单规则解决复杂问题的能力。在四个亚类中,学习较复杂的智慧技能都以前面简单的技能为其先决条件。

②认知策略。加涅认为认知策略是一种特殊的智慧技能,它与智慧技能的区别是智慧技能是个体学会使用符号与环境发生作用,是处理外边世界的能力,而认知策略是对内组织的技能,它的功能是调节监控概念和规则的使用,是处理内部世界的能力,是个体对认知过程进行调节与控制的能力。认知策略使用的先决条件是具备相应的智慧技能。

③言语信息。加涅所说的言语信息有时又称言语知识,当代认知心理学家则称之为陈述性知识。它关注的是"知道什么",是指人用语言来表述信息的能力。根据言语信息本身所具有的不同复杂程度,加涅区分出三种不同的言语信息形式:符号学习、事实学习、有组织的言语信息的学习。

④动作技能。加涅认为动作技能有两个成分,一是一套操作规则,二是肌肉协调能力。动作技能的学习就是使一套操作规则支配人的肌肉协调,是指个体不仅仅完成某种规定的动作,而且指这些动作组织起来构成流畅、合规则和准确的整体行为。

⑤态度。加涅认为态度是一种能够影响个体行为选择的内部状态。它指的

是那种持续时间较长且使得个体的行为在各种具体情境中都具有一致性的倾向。它是通过学习而建立起来的一种影响人选择自己行动的内部状态，包括认知、情感和行为三种成分。

3. 布卢姆的学习分类说

布卢姆(Benjamin S.Bloom)用分类学分析学生在课堂中发生的各种学习,将教育目标分成认知、情感和心理运动三个领域,而每一个领域的目标又由低级到高级分成若干层次。

(1)认知领域的目标分类

①知识(knowledge)。是指个人对学习过材料的记忆,记住了常用词、具体事实、方法、基本概念、原理等。这是认知方面最低层次的学习结果。

②理解(comprehension)。是指个人能够掌握所学材料的意义。对材料的理解有三种形式:一是转换,指用自己的话或用与原先的表达方式不同的方式来表达,如由文字表达转换成数字表达;二是解释,指对所学材料加以说明或概括;三是推断,指估计将来的趋势,如预测从资料中可能获取的结果。这类学习结果所表示的是最低层次的理解。

③应用(application)。是指能将所学材料应用于新的具体情境,包括概念、规则、方法、规律、原则、法律、理论等的应用。如将原理应用于新情境,应用法律与理论解决实际问题,解决数学问题等。这类学习结果代表了较高水平的理解。

④分析(analysis)。是指能将整体材料分解为构成成分并明确其组织结构,包括鉴别各部分、分析各部分间关系和了解其中的组织原理。如鉴别结论与证据,区别相关材料与无关材料,注意一种观点怎样与另一种观点联系,区分事实与假设,分析文学作品或音乐的结构等。进行分析时既要理解材料的内容,又要理解其结构,这是更高水平的学习结果。

⑤综合(synthesis)。是指能将各部分组成一个新的整体,强调产生新的模式或结构,如发表内容独特的文章或演说,涉及一项实验,将各方面知识结合起来形成计划去解决问题,提出对事物进行分类的新规则等。这一学习结果强调的是创造性行为。

⑥评价(evaluation)。是指依特定的目的对材料(观点、文章、研究报告等)做

出价值判断。价值判断需在一定标准上进行,标准可以由学习者自己制定或他人指定,标准可以是内在标准(是否正确),也可以是外在标准(是否有效),如评价文章的逻辑一致性,判断论点与论据间的适当性,对音乐或文艺作品进行评价等。评价是认知领域最高层次的学习结果,它包括前几类目标,并需要在明确的标准之上进行价值判断。

(2)情感领域的目标分类

情感领域的目标由克拉斯沃尔(D.R.Krathwohl)等人制定,分成五个层次。

①接受或注意(receiving or attending)。学习者愿意注意某一事件或活动,如认真听课,注意某种观点,意识到某事的重要性等。

②反应(responding)。以某种方式参与活动,表示出自己的反应,此类学习结果为通常所说的"兴趣"。

③价值判断(valuing)。对所接触物体、现象或行为进行价值判断,包括接受某种价值判断、偏爱某种价值标准或坚信某种价值标准,此类学习结果为通常所说的"态度"。

④价值观的组织(organization)。将不同的价值标准组合在一起,克服它们之间的矛盾、冲突,建立内在一致的价值体系,强调将各种价值观加以比较、关联和系统化,如形成一种与自己能力、兴趣和信仰协调的生活方式,确信系统计划对解决问题的重要性。这一学习结果就是通常所说的人生哲学。

⑤形成独特价值观(charactorization by a value or value system)。形成个人独特的价值观,其行为是普遍的、一致的和可预测的,如独立工作的自信心,参加团体活动的合作性,解决问题坚持客观、勤奋,保持良好的健康习惯等。

(3)心理运动领域的目标分类

心理运动领域的分类有多种,其中辛普森(E.J.Simpson)的分类是应用最广的,分成七个层次。

①知觉(perception)。通过感官认识动作技能,如观看舞蹈。

②心向(set)。形成学习技能的心理准备,包括心理、生理和情绪上的心向,如了解舞蹈动作难度、要领及动作进程等。

③有指导的反应(guided response)。在教师指导下进行反应,包括模仿和

试误。

④机械化(mechanism)。经过练习后的动作形成熟练的技能,如能按正确步骤表演某些舞蹈动作,但这一阶段的动作模式并不复杂。

⑤复杂的外显反应(complex overt response)。能迅速、连贯、精确、轻松地完成复杂的动作模式,如完整地表演舞蹈。

⑥适应(adaption)。学习者能修正自己的动作模式以适应新情境的需要,如根据掌握的舞蹈技巧自己编排一套舞蹈。

⑦创新(origination)。创造新的动作模式以适应具体情境,如创作新的舞蹈表演方法。

4. 奥苏贝尔的学习分类说

奥苏贝尔根据两个维度,对认知领域的学习进行了分类。一个维度是学习进行的方式,可分为接受的和发现的;另一个维度是学习材料与学习者原有知识的关系,可分为机械的和有意义的。这两个维度互不依赖,彼此独立。并且每一个维度都存在许多过渡形式,其具体的组合如图1-2所示。

图1-2 奥苏贝尔的学习分类说

关于学习奥苏贝尔学习分类说的意义,在后面的学习理论中会有详细介绍。

第二节 教 学

一、教学的概念

(一)国内的理解

目前,国内学术界对"教学"一词有不同的理解和认识,主要有以下两种观点。

1. 统一活动说

王策三先生认为,"所谓教学,乃是教师教、学生学的统一活动;在这个活动中,学生掌握一定的知识和技能,同时身心获得一定的发展,形成一定的思想品德"(王策三:《教学论稿》,人民教育出版社,2005 年,第 88~89 页)。李秉德先生也认为,"教学就是教的人指导学的人进行学习的活动。进一步说,指的是教和学相结合或相统一的活动。"(李秉德主编:《教学论》,人民教育出版社,1991 年,第 2页)。另有学者认为,"教学是一个复合体,教和学不可分割,教为学而存在,学又靠教来引导。"(吴也显主编:《教学论新编》,教育科学出版社,1998 年,第 2 页)。

2. 广义—狭义理解说

有学者认为教学应从广义和狭义来理解(刘克兰主编:《现代教学论》,西南师范大学出版社,1993 年,第 46 页)。广义的教学泛指一切经验获得的活动,是能者为师,不拘形式、场合,不拘内容,如"父传子""师授徒"等活动。狭义的教学是指学校教育中培养人的基本途径,即现在各级学校中进行的教学活动,这就是我们通常说的教学。另有学者认为,广义的教学是指教的人指导学的人以一定的文化为对象进行学习的活动。狭义的教学就是学校教学,是专指学校中教师引导学生一起进行的,以特定文化为对象的教与学的统一活动(黄甫全、王本陆主编:《现代教学论学程》,教育科学出版社,1998 年,第 4 页)。

(二)国外的理解

国外学者关于教学的含义的理解,一般可分为五类(施良方、崔允漷主编:《教学理论:课堂教学的原理、策略与研究》,华东师范大学出版社,1999 年,第 8~10 页)。

1. 描述性定义

教学的描述性定义是指传统意义上的教学。词义本身就有一个发展的过程，随着时间的推移和人们对它的认识不断深入，它的含义会发生或多或少的变化。早期的教与学是同义的。15世纪时的教学是指提供信息、向某人演示的意思，今天的教学是指传授知识和技能的活动。

2. 成功性定义

教学的成功性定义是指将教学作为成功。它表明教一定包含学，"教—学"（teaching-learning）是相互联系、不可分割的统一体。杜威曾将教与学的关系形象地比作买卖关系，教与学犹如卖与买，如果没有人买，也就无所谓卖。同样，如果没有人学，也就无所谓教。

3. 意向性定义

教学的意向性定义是指将教学作为一种意向活动。意向性教学是人们对教学的一种期望，期望教学能引导学习者的学。教师教学的成功与否，在于人们对他教学的期望程度高低，人们希望教师能取得教学的成功，要求教师在搞好教学的同时，关注教学活动，并不断反思、调整、改进自己的教学行为。

4. 规范性定义

教学的规范性定义是指将教学作为规范性行为。这就要求教学必须符合一定的道德规范，训练和教导是教学的最基本活动，恐吓、蛊惑、体罚和说谎等都不是教学。

5. 科学性定义

教学的科学性定义是指将教学界定为一个具有专门性、专业化、科学性的概念。教学的定义在前面已有涉及，但还没有形成一个专门的、专业化的、具有科学性的精确定义，因此，必须从科学的角度重新加以定义。

二、教学的本质

关于教学本质的认识是一个逐步深化的过程。教育现象非常复杂，即使在同一时期，人们对其认识也不尽相同：将教学看作教师的教授活动，将教学看作传授给学生知识的活动，将教学看作促进学生智能发展的活动，将教学看作教师"教"

与学生"学"的简单相加,等等。

我们认为教学是教师和学生共同组成的传递和掌握社会经验的双边活动,具体而言,就是教师指导学生进行学习的活动。在这个活动中,学生掌握一定的知识和技能,同时身心获得一定的发展,形成一定的思想品德。

这个定义包含三层意思:一是它强调了教师教和学生学的结合或统一,即教师教和学生学是同一活动的两个方面,是辩证统一的。"教"离不开"学","学"也离不开"教",在教学中教与学彼此依存,相辅相成,既不存在没有"学"的"教",也不存在没有"教"的"学"。教学永远包括教与学,但教与学不是简单地相加,而是有机地结合或辩证地统一。如果只有教的片面活动、学的片面活动或者只是二者的简单相加,那么它们都不是真正科学意义上的教学活动。二是它明确了教师教的主导作用和学生学的主体地位。在教学过程中,教师主导教学活动的方向和性质,学生是学习活动的主人。教师指导学生学习而不是代替学生学习,学生在教师的有效指导下更好地进行学习,既不能以任何形式削弱教师的主导作用,也不能以任何借口剥夺学生的主体地位。只有充分调动教师和学生两个方面的积极性,才能保证教学活动的顺利进行。三是它指出了教学对学生全面发展的促进功能。学生的身心健康成长,离不开学校教学的深刻影响,学校教学不仅要使学生掌握一定的知识技能,而且要在学生身心发展和思想品德上起积极的促进作用。只有从理论上全面认识教学的教育功能,才能从根本上克服因片面强调教学的部分功能而给教学的实践方面带来偏差。

三、教学与教育、智育、上课的区别

(一)教学与教育是部分与整体的关系

教育包括教学,教学只是学校进行教育的一个基本途径。除教学外,学校还通过课外活动、生产劳动、社会活动等途径对学生进行教育。实际上,在中文当中,教学与教育没太大区别,而在西方,教学主要针对知识、技能的传授和掌握,教育主要针对个体人格的培养和性格的训练。

(二)教学与智育既有区别,又有联系

智育主要是发展学生的智力,向学生传授系统的科学文化知识,它主要是通

过教学来完成的,但教学不等于智育,教学也是通过德育、美育、体育、劳动技术教育进行的途径。同时,智育也需要通过课外活动等才能全面实现。

(三)教学与上课是整体与部分的关系

教学包括上课,上课只是教学的一个环节,除上课外,教学还包括备课、课后辅导等。上课是教学中的一个基本环节,教学任务主要是通过上课来完成的。

四、教学的意义

教学在学校各项工作中居于十分重要的地位。学校要卓有成效地实施培养目标、造就合格人才,就必须以教学为主,并围绕教学这个中心安排其他工作,建立学校的正常秩序。

(一)教学是严密组织起来的传授系统知识、促进学生发展的最有效的形式

教学是一种专门组织起来进行传授知识的活动,因而通过教学能较简捷地将人类积累起来的科学文化知识转化为学生个人的精神财富,有力地促进他们的身心发展, 使青少年学生的个体发展能在较短时期内达到人类发展的一般水平,从而促进社会的延续和发展。

(二)教学是进行全面发展教育、实现培养目标的基本途径

教学能够有目的地、有计划地将教育的各个组成部分包括智育、德育、美育、体育、劳动技术教育的基本知识传授给学生,促进他们在德、智、体、美、劳等方面按预期的要求发展,因而教学是学校对学生进行全面发展教育、把他们培养成为合格人才的基本途径。

五、教学的主要任务

(一)引导学生掌握科学文化基础知识和基本技能

教学的首要任务就是要引导学生掌握基础知识和基本技能。因为教学的其他任务只有在学生掌握了基础知识和基本技能的基础上才能实现,所以只有为学生的发展打下坚实的基础,才能确保培养人才的质量规格。

(二)发展学生的智力、体力和创造才能

发展学生的智力、体力和创造才能,不仅是顺利地、高质量地进行教学的必要

条件,而且也是培养全面发展新人的要求。教学要促进学生智力的提升,体力的强健以及创造才能的发挥,培养全面发展的人才。

(三)培养学生的社会主义品德和审美情趣,奠定学生的科学世界观基础

高尚的社会主义品德、良好的审美情趣和科学的世界观,这是社会主义社会的要求,也是青少年学生自身发展的需要,更是培养学生的社会主义品德和审美情趣。奠定学生的科学世界观基础是教学的一项重要任务,这体现了社会主义教学的性质与方向。

六、学与教的基本关系

对师范生来说,我们要论述的学习现象不是广义的学习,而是狭义的学习,是学校教育背景下的学习。这种"学"也就不是一种孤立的学习活动,而是与教相互联系的学习活动。

学和教,在我国古代没有严格的区分,教即学。学习的途径可以粗略地归纳为两条,一条谓之自学,另一条则是通过教而学。教便是其中的第二条途径。在汉语中,有"斆"(xiào)这样一个字,其意就是"教",但从字形上分析,又恰以"学"作为改字的组织成分,借以把"教"和"学"连成一体。《尚书·说命下》中就有"惟斆,学半"之说,孔安国对此传云:"斆,教也,教然后知困,是学之半。"宋人蔡沈注"教学相长"时更清楚地反映了这两者合一的思想:"斆,教也。始之自学,学也;终之,教人,亦学也。"但是现代学校教育理论中,学与教是既可以明确区分又彼此紧密联系的两个概念。

首先,学与教可以明确区分为两种不同性质的活动。学是指学生的学习活动,其活动的主体是学生,活动的目的是为了自身各方面的发展、完成社会化的任务,并以习得人类文化知识、社会行为规范为主要活动内容。教是指教师的教授活动,其活动的主体是教师,活动的目的是为了培养合格的社会成员,延续人类的社会发展,促进个体社会化进程,并以传授人类文化知识、社会行为规范为主要活动内容。

其次,学与教又是紧密联系的,同处于一个教学活动之中的。这种紧密联系表现在两个方面,它们是相辅相成缺一不可的。从学校教育本质上看,学生的学习活

动是在教师的教授下进行的,完全离开了教师的教授,不能称其为学校教育范畴中的学生的学习活动,而脱离了学生的学习,教师的教授也就失去了对象,失去了教授互动赖以存在的基础。因此,学校教育中,学是学生在教育活动中通过经验引起的、符合教育目标的行为或心理的相对持久变化的过程;而教是教师引起、维持、促进学生学习的过程,它们处于教学活动之中,成为教学活动不可分割的两个方面。

最后,学与教的这种紧密联系还表现在它们之间的相互影响、相互作用上。一方面,在教学活动中学生的学受到教师教的影响和作用。就学而言,学生是学习的主体,而教师的教授则是学习的外因,包括教师本身的人格特征及其所采取的一切教授措施。这一外因深刻地影响着学习主体的学习积极性的发挥、学习过程的顺逆和效果的优劣,决定教对学的促进程度。另一方面,在教学活动中教师的教授又受到学生学习规律的影响和制约。就教而言,教师是教授的主体,是教学活动的操控者,但若要充分发挥教师的教授作用、主导作用,教的活动必须遵循学生学的规律。只有了解学生是如何进行学习的,采取符合学生学习规律的教授方法,才能组织有针对性的教学,以充分发挥教对学的促进作用,取得积极的教授效果。因此,教与学是相辅相成的关系。教是学的促进因素,是为学服务的;学则是教的制约因素,是教的对象与依据。

【思考题】

1. 简述学习的概念。

2. 分析几种学习分类说的异同。

3. 简述教学的概念。

4. 谈一谈学习和教学的相互关系。

第二章　学习理论

学习目标

* 目标一:熟悉学习理论的发展脉络。
* 目标二:掌握每个学习理论流派的基本观点。
* 目标三:掌握不同学习理论流派的共性和本质区别。

关于"学习"的话题是一个古老的话题,在人类漫长的探索过程中对于"学习"的认识曾经出现过一些具有代表性的主张,并形成过一些典型的理论流派。本章从学习理论的哲学渊源谈起,考察了学习理论的发展脉络,并分别对四种典型的学习理论流派进行了简要的介绍。

第一节　学习理论的哲学渊源与发展脉络

一、学习理论的哲学渊源

学习理论是一套有关学习的定律或原理,它研究的是学习的实质、学习的过程和学习的规律。各种学习理论对于学习都存在一些基本的界定和假设。

各种学习理论的差异表现在如何围绕上述的界定和假设回答以下三个方面的问题:学习的实质是什么?学习是一个什么样的心理过程?学习有哪些规律和条件?

从哲学的角度看,学习可以在认识论的大标题下进行讨论。认识论主要关注知识的性质和知识的获得问题。认识论的主要内容包括有关知识的起源、实质、局限性及获取方法等问题的研究。具体言之,知识是什么? 知识从哪里来? 人是怎么获得知识的?

从认识论的发展史上,有关知识的起源存在两种立场,一种是经验论,另一种是唯理论。经验论认为,一切知识都来自人的感觉经验,知识是对感觉经验归纳的结果。唯理论认为,由于感觉经验是相对的和个别偶然的,因而是不可靠的,具有普遍必然性的知识不可能建立在这样的不可靠的基础上,只能从先天的、无可否认的"自明之理"出发,经过严密的逻辑推理得到的。只有依靠理性直接把握事物本质的那种"理性直观知识"或依靠理性进行逻辑推理得来的知识,即理性认识,才是可靠的,因而知识是思考和推理的结果。

(一)经验论的特征

1. 感觉论

假设一切知识来源于感觉经验。

2. 客观主义

唯物主义经验论承认经验是认识的最初的出发点,但同时认为经验来源于客观实在。感觉经验是外界事物作用于人的感官所引起的,是对外界事物的反映。

3. 还原论

主张基本的、简单的观念材料组成一切复杂的观念,而复杂的观念反过来可以还原为这些简单的观念。

4. 联想主义

认为观念或心理要素是通过时间上紧靠一起出现的经验的联合活动而形成联结的。

5. 机械论

想象人心像一架机器,由简单的元件组成,无任何神秘成分。

6. 工具主义

判定认识的真假需诉诸经验的检验和证实。

7. 实用主义

实用主义对经验论做出了新的发展。实用主义认为经验不是人对外部世界的反映,而是某种心理意识活动或生物有机体适应环境的活动。

(二)唯理论的特征

1. 先验论

认为人的知识是先于客观存在、先于感觉经验、先于社会实践的,是先天就有的。

2. 心理的组织

知觉方面认为知觉对感觉经验具有整体性、统一性的特征。在联想方面,经验与学习并不是单一的联结而是引发一系列的有组织的信息。

3. 解释主义

主张人类对世界的知识并非是对外界物质世界的被动感知与接受,而是主动的认识与解释。

二、学习理论的发展脉络

现代的学习理论一方面起源于哲学史上的认识论的发展,另一方面也植根于学习的早期实验取向研究。学习理论主要存在四大理论流派:行为主义、认知主义、建构主义、人本主义。下面按照时间顺序来叙述这些理论的渊源和发展脉络。

1. 19 世纪晚期,威廉·冯特(Wilhelm Wundt)建立了世界上第一个心理实验室,心理学从此成了一门独立的科学。冯特的理论主要有两个特点:还原论、内省法。后来的学习理论就是在对这两个特点的批判的基础上建立起来的。

2. 以约翰·华生(John B.Watson)为首的行为主义学派批判冯特的内省法。行为主义认同冯特的研究元素,但不同意冯特用以发现这些元素的内省法。华生认为,唯一可以观察并且可以用科学方法研究的是个体的外显行为。学习就是刺激与反应之间建立联结,实际上学习就是反应的发生概率的变化。行为主义学习理论以桑代克为先导,以华生为激进的代表,又经过格思里(Edwin R.Guthrie)、赫尔(Clark L.Hull)等人的发展,之后斯金纳又对它做了总结和发展。

3. 对冯特的另一种批判来自于与行为主义相对的一个学派——德国的格式塔学派,它形成于 1910 年,以法兰克福大学的马克斯·韦特海默(Max Wertheimer)为首,他们集中批判冯特的要素主义。他们强调经验的整体性,整体不是各部分的总和。格式塔学派的学者仍然研究学习的内部过程,研究人的经验,但它强调学习在于在头脑中构造和组织一种"完型",也就是对事物、情境的各个部分及其相互关系的理解,而不是经验要素 S-R 的简单组合。

4. 格式塔学派是早期的认知倾向的学习理论。在与格式塔学派展开论战的过程中,一些行为主义者开始吸收认知学派的思想,从而出现了折中倾向的学习理论。其中,有两个典型的代表:早期的爱德华·托尔曼(Edward Chace Tolman)和后来的阿尔伯特·班杜拉(Albert Bandura)。托尔曼自称为"目的行为主义者",他不研究反应的细节,而是分析动物整体的、指向目的的动作。他认为从刺激到反应之间需要经过一些中介变量,动物需要形成对某个情境的预期,把某些事件当成最终事件的信号线索。实际上他把认知因素引入到了学习过程中,从 S-R 发展到了 S-O-R。班杜拉是 20 世纪五六十年代脱颖而出的学者,他虽然基本沿用行为主义的研究方式,但是同时吸收了许多认知学习理论的思想。他提出行为不是由单一的环境或个体因素决定的,环境、个体的生理和心理因素与行为之间是交互决定的关系。另外,他提出了观察学习理论,强调行为的自我调节以及认知过程。

5. 随着学习理论研究的深入,行为主义的机械论、还原论等弊端日益暴露出来,而在这些方面,认知学派的学习理论却有自己的优势,所以它越来越得到人们的重视。同时由于计算机科学的影响,从 20 世纪五六十年代开始,认知学习理论逐渐进入了发展与兴盛的时期。在这一时期,认知学习理论主要包括两种倾向:信息加工的学习理论、认知结构理论。

6. 心理学中出现了另一种思潮:人本主义。它反对把人还原和分割为各种要素,主张研究完整的人,而每个人都具有自我发展和自我实现的潜能和动力,它从追求自我实现的角度来解释学习,强调学习者的自我参与、自我激励、自我评价和自我批判。这一思潮的代表包括亚伯拉罕·马斯洛(Abraham H.Maslow)和卡尔·兰塞姆·罗杰斯(Carl Ransom Rogers)等。

7. 20 世纪 80 年代后期,当代建构主义的学习理论以皮亚杰(J.Piaget)、维果斯基(Lev Vygotsky)等的思想为基础发展起来。从行为主义到信息加工论基本都是以客观主义为基础的,即把事物的意义堪称存在于个体之外的东西,是完全由事物自己决定的,而对事物的认识就是单向的刺激或信息的接收过程,是完全从事物到心理的过程。建构主义认为,对事物的理解不是简单地由事物自己决定的,事物信息要被人理解,依赖于个体原有的知识经验,不同人的理解常常会因此而有所不同。学习是一个建构的过程,是学习者通过新旧经验相互作用来形成、丰富和调整自己的经验结构的过程。

表 2-1　主要学习理论流派的研究与发展概况表

主要学习理论流派	学习理论研究内容	学习理念的发展
早期学习理论	日常生活中的学习	学习是经验与联想
刺激—反应学习理论	实验室中的学习	学习是刺激—反应的强化
认知学习理论	学习、课堂中的学习	学习是学习者内部心理结构的形成和改组
折中主义学习理论	实验室中的学习,学校、课堂中的学习,日常生活中的学习	学习不是单一的 S-R 的联结,而是 S-O-R 的过程,结果形成"认知地图",学习是自我强化、替代性强化等多种强化的结果
人本主义学习理论	学校、课堂中的学习,日常生活中的学习	学习是寻求潜力的充分发挥
建构主义学习理论	学校、课堂中的学习,日常生活中的学习	学习是学习者意义的建构,学习是社会互动与协商

第二节　学习理论流派

一、行为主义学习理论

(一)产生背景

传统的心理学把学科的注意力放在研究意识上,所使用的方法又是主观性极强的内省,其研究内容、结果和方法都缺乏客观性,根本无法使心理学厕身于自然科学的行列,与物理学、化学、生理学平起平坐。要想改变这种状况,唯有改造心理学,改变心理学的研究对象和研究方法,使它的研究对象变为可观察、可测量、可验证,研究方法变得可控制、可记录、可重复。于是,行为主义的创始人华生揭竿而起,宣称心理学应把人的行为当作研究的对象,而把意识赶出心理的研究领域,从而在心理学中发动了一场革命,行为主义学习理论也应运而生。

（二）主要观点

行为主义是 20 世纪 20 年代产生于美国的一个心理学派别,它用"刺激反应"论来诠释学习的过程,认为 S-R 联结构成了学习过程的全部。在学习问题的研究方向上,注重学习者外部现象与外在条件的探索,忽视内在过程与内部条件的研究。行为主义学习理论重视客观行为与强化,否认人的主观能动性,否定大脑对行为的支配与调节作用。行为主义学习论在 20 世纪 50 年代前一直都处于支配地位,但随着心理学和脑科学的发展,人们对心理认知的研究增多,使认知主义占据原来行为主义的主导地位。

行为主义的主要观点是认为心理学不应该研究意识,只应该研究行为,把行为与意识完全对立起来。在研究方法上,行为主义主张采用客观的实验方法,而不使用内省法。

学习观:行为主义者认为,学习者的行为是他们对环境刺激所做出的反应,所有行为都是习得的。学习是外控的,学习是一种被动完成、循序渐进、积少成多的过程。行为派的学习理论强调可观察的行为,认为行为的多次愉快或痛苦的后果改变了个体的行为。

行为主义学习理论研究的着重点是行为习惯、习惯的养成和不良习惯的矫正等方面。

二、认知主义学习理论

（一）产生背景

认知主义与行为主义学习论相对立, 源自于格式塔学派的认知主义学习论,经过一段时间的沉寂之后,再度复苏,从 20 世纪 50 年代中期之后,随着布鲁纳、奥苏贝尔等一批认知心理学家的大量创造性的工作,使学习理论的研究自桑代克之后又进入了一个辉煌时期。他们认为,学习就是面对当前的问题情境,在内心经过积极的组织,从而形成和发展认知结构的过程,强调刺激反应之间的联系是以意识为中介的,强调认知过程的重要性。因此,使认知主义的学习论在学习理论的研究中开始占据主导地位。

(二)主要观点

认知是指认识的过程以及对认识过程的分析。美国心理学家吉尔伯特(G.A. Gilbert)认为:"认知是一个人'了解'客观世界时所经历的几个过程的总称。它包括感知、领悟和推理等几个比较独特的过程,这个术语含有意识到的意思。"认知的构造已成为现代教育心理学家试图理解学生心理的核心问题。

认知派学习理论家认为学习在于内部认知的变化,学习是一个比 S-R 联结要复杂得多的过程。他们注重解释学习行为的中间过程,即目的、意义等,认为这些过程才是控制学习的可变因素。

认知主义学习理论的基本观点是人的认识不是由外界刺激直接给予的,而是外界刺激和认知主体内部心理过程相互作用的结果。学习的过程是每个人根据自己的态度、需要和兴趣并利用过去的知识与经验对当前工作的外部刺激做出主动的、有选择的信息加工过程。

首先,认知学习理论要研究的是个体处理其环境刺激时的内部过程,而不是外显的刺激与反应。在认知主义学习理论学派看来,是学习个体本身作用于环境,而不是环境引起人的行为。环境只不过是提供潜在的刺激,至于这些刺激是否受到注意或者接受到进一步的加工,则取决于学习者内部的心理结构。并不是所有的刺激都会经过感觉登记进入长时记忆系统的,在学习者对于外部信息进行加工的时候,会经历一个选择阶段。个体根据自己以往的认知结构对外部刺激进行选择。与此同时,在这个与外界信息进行交换的过程中,个体也会不断地根据反馈来调整自己的认知。

其次,学习的基础是学习者内部心理结构的形成与改组而不是外显的刺激—反应联结的形成或者行为习惯的加强或改变。心理结构是指学习者直觉和概括自然社会和人类社会的方式。认知结构则是以符号表征的形式存在的。在认知学习理论看来,学习的基础并非像行为主义一样认为是通过训练,促使刺激与反应之间的联结形成与巩固,而更应该注意探讨学习者内部的心理结构的性质以及它们的变化过程。当新的经验改变了学习者现有的心理结构,那么学习也就发生了。

最后,无论是早期的以格式塔心理学为代表的早期认知学习理论,还是今天以加涅等人为代表的认知理论,几乎都认可两条基本原理:一是不平衡原则。认为个体现有的认知结构在进行学习的时候试图加工所选择的刺激，如果不成功，则会导致结构的失衡。个体在力图重新得到平衡的时候，认知结构的变化也就随着发生了。二是迁移原则。从本书后续内容关于一些认知学习理论的代表观点的介绍中，也如同本文开头所引用的奥苏贝尔的名言一样，我们可以体味到，几乎每一位认知学习论者都相当重视学习的迁移。他们一直强调，新的认知结构始终会受到以往的认知结构的影响。具体到课堂教学中，认知学习理论都强调要根据学生已有的发展水平，构造合适的问题情境，在学习过程中注意掌握一般原理，用布鲁纳的话来说，就是我们的学生要学会学习，而老师则要教会学生这一点，就要注意培养学生的认知策略以及认知能力。

三、建构主义学习理论

(一)产生背景

建构主义是认知主义的进一步发展。随着认知理论的发展，人们越来越强调学习者在积极主动地建构对知识的理解，这种建构是在主客体交互作用的过程中进行的。认知建构理论强调建构的特殊性，每位学习者都是在自己已有经验的基础上，在特定的情境下以其特殊的方式在建构。每个人对事物都有独特的理解，不同人之间的交流可以影响学习者形成不同的建构思想。

在皮亚杰和早期布鲁纳的思想中已经有了建构的思想，但相对而言，他们的认知学习观主要在于解释如何使客观的知识结构通过个体与之交换作用而内化为认知结构。

20世纪70年代末，以布鲁纳为首的美国教育心理学家将苏联教育心理学家维果斯基的思想介绍到美国以后，对建构主义思想的发展起了极大的推动作用。维果斯基在心理发展上强调社会文化历史的作用，特别是强调活动和社会交往在人的高级心理机能发展中的突出作用。他认为一方面，高级的心理机能来源于外部动作的内化，这种内化不仅通过教学，也通过日常生活、游戏和劳动来实现；另一方面，内在的智力动作也外化为实际动作，使主观见之于客观。内化和外化的桥梁便是人的活动。另外，维果斯基的"最近发展区"的理论，对正确理解教育与发展的关系有及其重要的意义。所有这些都对当今的建构主义者有很大的影响。

（二）主要观点

建构主义学习理论强调以学生为中心，它不仅要求学生由外部刺激的被动接受者和知识的灌输对象转变为信息加工的主体、知识意义的主动建构者，而且要求教师要由知识的传授者、灌输者转变为学生主动建构意义的帮助者、促进者。这就意味着教师应当在教学过程中采用全新的教学模式（彻底摒弃以教师为中心、强调知识传授、把学生当作知识灌输对象的传统教学模式）、全新的教学方法和全新的教学设计思想，因而必然要对传统的教学理论、教学观念提出挑战，从而在形成新一代学习理论——建构主义学习理论的同时，也逐步形成了与建构主义学习理论、建构主义学习环境相适应的新一代教学模式、教学方法和教学设计思想。

当今的建构主义者主张世界是客观存在的，但是对于世界的理解和赋予的意义却是由每个人自己决定的。我们是以自己的经验为基础来建构事实、解释事实，我们每个人的经验世界是用个人的头脑创建的，由于我们的经验以及对经验的信念不同，于是我们对外部世界的理解便也迥异。所以他们更关注如何以原有的经验、心理结构和信念为基础来建构知识。他们强调学习的主动性、社会性和情境性，对学习和教学提出了许多新的见解。

建构主义的核心观点认为：首先，认识并非主体对于客观实在的、简单的、被动的反映，而是一个主动的建构过程，即所有的知识都是建构出来的；其次，在建构的过程中主体已有的认知结构发挥了特别重要的作用，而主体的认知结构亦处在不断地发展之中。

1. 关于学习的含义

建构主义认为知识不是通过教师传授得到，而是学习者在一定的情境即社会文化背景下，借助其他人（包括教师和学习伙伴）的帮助，利用必要的学习资料，通过意义建构的方式而获取知识的过程。由于学习是在一定的情境即社会文化背景下，借助其他人的帮助即通过人际间的协作活动而实现的意义建构过程，因此，建构主义学习理论认为"情境""协作""会话""意义建构"是学习环境中的四大要素或四大属性。

（1）情境

学习环境中的情境必须有利于学生对所学内容的意义建构。这就对教学设计提出了新的要求,即在建构主义学习环境下,教学设计不仅要考虑教学目标分析,还要考虑有利于学生建构意义的情境所创设问题,并把情境创设看作是教学设计的最重要内容之一。

(2)协作

协作发生在学习过程的始终。协作对学习资料的搜集与分析、假设的提出与验证、学习成果的评价直至意义的最终建构均有重要作用。

(3)会话

会话是协作过程中的不可缺少环节。学习小组成员之间必须通过会话商讨如何完成规定的学习任务的计划,此外,协作学习过程也是会话过程,在此过程中,每个学习者的思维成果(智慧)为整个学习群体所共享。因此,会话是达到意义建构的重要手段之一。

(4)意义建构

意义建构是整个学习过程的最终目标。所要建构的意义是指:事物的性质、规律以及事物之间的内在联系。在学习过程中帮助学生建构意义就是要帮助学生对当前学习内容所反映的事物的性质、规律以及该事物与其他事物之间的内在联系达到较深刻的理解。这种理解在大脑中的长期存储形式就是"图式",也就是关于当前所学内容的认知结构。

建构主义认为学习的质量是学习者建构意义能力的函数,而不是学习者重现教师思维过程能力的函数。换句话说,获得知识的多少取决于学习者根据自身经验去建构有关知识的意义的能力,而不取决于学习者记忆、背诵及教师讲授内容的能力。

2. 关于学习的方法

建构主义提倡在教师指导下的、以学习者为中心的学习,既强调学习者的认知主体作用,又不忽视教师的指导作用。教师是意义建构的帮助者、促进者,而不是知识的传授者与灌输者;学生是信息加工的主体、是意义的主动建构者,而不是外部刺激的被动接受者和被灌输的对象。

(1)学生要成为意义的主动建构者,就要求学生在学习过程中从以下三个方面发挥主体作用。①要用探索法、发现法去建构知识的意义;②在建构意义过程中要求学生主动去搜集并分析有关的信息和资料,对所学习的问题要提出各种假设并努力加以验证;③要把当前学习内容所反映的事物尽量和自己已经知道的事物相联系,并对这种联系加以认真的思考。"联系"与"思考"是意义构建的关键,如果能把联系与思考的过程与协作学习中的协商过程(即交流、讨论的过程)结合起来,则学生建构意义的效率会更高、质量会更好。协商有"自我协商"与"相互协商"(也叫"内部协商"与"社会协商")两种,自我协商是指自己和自己争辩什么是正确的,相互协商则指学习小组内部相互之间的讨论与辩论。

(2)教师要成为学生建构意义的帮助者,就要求教师在教学过程中从以下三个方面发挥指导作用。①激发学生的学习兴趣,帮助学生形成学习动机;②通过创设符合教学内容要求的情境和提示新旧知识之间联系的线索,帮助学生建构当前所学知识的意义;③为了使意义建构更有效,教师应在可能的条件下组织协作学习(开展讨论与交流),并对协作学习过程进行引导使之朝有利于意义建构的方向发展。引导的方法包括:提出适当的问题以引起学生的思考和讨论,在讨论中设法把问题一步步引向深入以加深学生对所学内容的理解,要启发诱导学生自己去发现规律、自己去纠正和补充错误的或片面的认识。

四、人本主义学习理论

(一)产生背景

20世纪五六十年代,有一些心理学家认为有必要探讨人类的思维能力、情感体验和主宰自己命运等问题,而不能过分关注"严格"的研究方法,以至于忽视了人之所以成为人的实质性的东西。这些心理学家反对把对白鼠、鸽子、猫和猴子的研究结果应用于人类学习,主张采用个案研究方法。20世纪60年代,这种观点逐渐形成了一种学派——人本主义心理学。

人本主义心理学主要代表人物是马斯洛和罗杰斯。人本主义的学习与教学观深刻地影响了世界范围内的教育改革,是与程序教学运动、学科结构运动齐名的20世纪三大教学运动之一。

人本主义理论是根植于其自然人性论的基础之上的。人本主义心理学家认为,人是自然实体而非社会实体,人性来自自然,自然人性即人的本性。凡是有机体都具有一定内在倾向,即以有助于维持和增强机体的方式来发展自我的潜能,并强调人的基本需要都是由人的潜在能量决定的,但是他们也认为自然的人性不同于动物的自然属性。人具有不同于动物本能的似本能需要,并认为生理的、安全的、尊重的、归属的、自我实现的需要就是人类的似本能,它们是天赋的基本需要。在此基础上,他们进一步认为似本能的需要就是人性,它们是善良的或中性的。恶不是人性固有的,它是由人的基本需要受挫引起的或是由不良的文化环境造成的。

人本主义心理学家对行为的基本假设是要理解人的行为,就必须理解行为者所知觉的世界,即要知道从行为者的角度来看待事物。在了解人的行为时,重要的不是外部事实,而是事实对行为者的意义。如果要改变一个人的行为,首先必须改变他的信念和知觉,当他看问题的方式不同时,他的行为也就不同了。换言之,人本主义心理学家试图从行为者,而不是从观察者的角度来解释和理解行为。

人本主义心理学研究的主题是人的本性及其与社会生活的关系。他们强调人的价值和尊严,既反对精神分析学派的性本能倾向,又反对行为主义的机械化倾向。他们主张心理学要研究对个人和社会富有进步意义的问题。

(二)主要观点

人本主义心理学的主要理论是"自我实现"论。他们认为凡是有机体都有一种内在倾向——以有助于维持和增强机体的方式,发展自身的潜能。人与一般有机体的不同在于除一般潜能外,还有人所特有的心理潜能。心理潜能也是人体的遗传构成,也有求得发展的内在倾向。"自我实现"论就是指人有这种尽其所能的内在倾向。

人本主义的学习论者认为学习就是学习者获得知识、技能和发展智力,探究自己的情感,学会与教师及集体成员的交往,阐明自己的价值观和态度,实现自己的潜能,达到最佳的境界。人本主义学习论者以潜能的实现来说明学习的机制。他们反对刺激—反应机械决定论,强调学习中人的因素。他们认为必须尊重学习者,把学习者视为学习活动的主体;必须重视学习者的意愿、情感、需要和价值观;相信正常的学习者都能自己指导自己"自我实现"潜能。所以,罗杰斯在教育改革领域中提出"以学生为中心"的教学理论,并倡导"非指导性教学"。美国教育学教授戈曼指出:"非指导性教学或许可称之为非操作或者非窒息教学。借助于拒绝替学生思考以及为他们组织起来打破学生依赖性的需要，据此而设计的教师的行为，构成了这种教学。这并不在任何意义上意味着某种指导是不必要的；相反，它意味着教师将自己的任务看成是促进学生的自我指导。"人本主义学习论者，也反对用精神分析的无意识动机决定论来解释学习。

人本主义学习理论重视人的内在价值，重视个人潜能的成长，鼓励人们自我实现、积极向上，这对革新过去学习理论的弊病来说，是一种进步。但其学习的机制无疑异常复杂，尚待进行系统的大量研究，且人本主义学习观过于强调实现先天的潜能的内在倾向，忽略了时代条件和社会环境对于先天的潜能的制约和影响，这又是它不足的一个重要方面。

五、四大学习理论之比较

四大学习理论的划分依据是学习的实质。行为主义学者认为学习的实质是通过学习形成某种行为上的变化，认知主义学者认为学习的实质是引起学习者认知结构上的变化，建构主义认为学习的实质是学习者主动建构自己对周遭事物认知结构的过程，人本主义认为学习的实质是促进学习者的个人发展与成长。四大学习理论的比较如表 2-2 所示。

表 2-2　四大学习理论之比较

理论流派	行为主义	认知主义	建构主义	人本主义
基本观点	学习的实质是通过学习形成某种行为上的变化 学习是 S-R 联结的形成过程。在教学上强调行为的塑造和矫正	学习的实质是引起学习者认知结构上的变化 学习是将外在事物的关系内化为学习者的认知结构 在教学上注重材料的组织和教学控制，追求共同学习目标	学习的实质是学习者主动建构自己对周遭事物认知结构的过程 世界是客观存在的，但对世界的理解和赋予意义是学习者个人根据自己的经验来建构的 在教学上注重教学情境的构建及学生的不同知识经验和学习需要	学习的实质是促进学习者的个人发展与成长 学习是人的自我实现，是个人自主发起的活动 在教学上注重学习者的自主性和主动性

续表

理论流派	行为主义	认知主义	建构主义	人本主义
学习过程的控制因素	外部环境对学习过程起控制作用 偏重于强调客观因素	外部环境及学习者个人原有认知结构一起影响学习过程，但更强调外部环境的影响 偏重于强调客观因素	外部环境及学习者个人原有认知结构一起影响学习过程，但更强调个体原有认知结构及经验的影响 偏重于强调主观因素	个体的自身需要及情感、个性等决定学习过程 偏重于强调主观因素
教学应用策略	程序教学	先行组织者	支架式教学 抛锚式教学	自由学习
教师角色	教学的控制者	教学的组织者，知识传授者、灌输者	学习的引导者、帮助者	学习的服务者
学生角色	知识的被动接受者	知识的接受者（主动或被动）	知识的探索者、发现者	学习的主导者

　　需要特别指出的,建构主义是认知主义的发展,有的学者也将它归入到认知一派,两者在关注学习者的认知结构变化上是一致的,不同点在于:一是两者关注的学习过程不同,二是两者强调个人与环境的作用不同。认知关注学习的建构过程,强调新旧知识间的关联、材料的组织及周遭环境的影响。建构主义关注学习者学习的主动性,强调个体的独特性。

【思考题】

1. 简述学习理论发展的历史渊源。

2. 简述学习理论的发展脉络。

3. 简述认知主义学习理论的基本观点。

4. 简述建构主义学习理论的基本观点。

5. 简述人本主义学习理论的基本观点。

第三章　学习的一般过程

 **学习目标**

* 目标一：熟悉不同的学习过程理论观点。
* 目标二：能够对不同学习过程的观点做出自己的评价。
* 目标三：能够对比不同学习过程理论的异同。

在前面的章节中已经对几种典型学习理论流派的基本观点进行了介绍，并进行了对比研究。不难发现，几种理论流派的最大分歧就在于他们各自对学习活动一般过程的看法上。本章精选六种典型的关于学习一般过程的观点进行介绍，实质上是对前一章内容的深化。

第一节　加涅的累积学习理论

加涅在教育心理学方面做出了很大贡献。他所关注的重点，是把学习理论研究的结果运用于教学设计。

一、累积学习的模式

加涅提出了累积学习的模式，一般称为学习的层次理论。他的基本论点是学习任何一种新的知识技能，都是以已经习得的、从属于它们的知识技能为基础的。在前面介绍学习分类时，已经介绍过加涅通过描述八个学习层次来研究学生智慧技能的累积方式。需要说明的是，迁移是累积学习模式的一个重要特征，甚至可以说是这个模式得以存在的关键。

加涅认为设计教学的最佳途径,是根据所期望的目标来安排教学工作,因为教学是为了达到特定的教育目标。对教学目标的分类,也就是对学习结果的分类,即根据学生在学习后所获得的各种能力来分类。教育目标是通过有计划的教学来达到的。

由此可见,在设计教学之前,必须先确定学生要习得哪些能力。加涅提出了一类学习结果:智慧技能、认知策略、言语信息、动作技能、态度,这一部分在前面也提到过。

二、学习的过程

加涅认为,学习的模式是用来识别学习的结构与过程的,它对于理解教学、教学过程以及如何安排教学事件具有极大的应用意义。最典型的学习模式是信息加工的模式(如图 3-1 所示)。

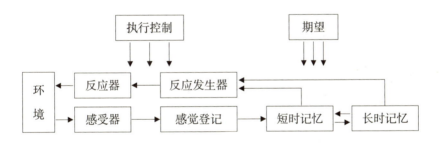

图 3-1　学习的信息加工模式

学生从环境中接受刺激,刺激推动感受器,并转变为神经信息。被感觉登记了的信息很快进入短时记忆。信息经过编码过程,进入长时记忆,当需要使用信息时,需经过检索提取信息。被提取出来的信息可以直接通向反应发生器,从而产生反应,也可以再回到短时记忆,对该信息的合适性作进一步考虑,结果可能是进一步寻找信息,也可能是通过反应器做出反应。

(一)动机阶段

学生的学习是受动机推动的,形成动机或期望,是整个学习过程的预备阶段。

(二)领会阶段

必须接受刺激,即必须注意与学习有关的刺激。最初的注意往往是因刺激的突然变化引起的,因此,教师可以采用许多手段来引起学生的注意。当学生把所注意的刺激特征从其他刺激中分化出来时,这些刺激特征就被进行知觉编码,贮存在短时记忆中。这个过程就是加涅所讲的选择性知觉。

(三)习得阶段

习得阶段涉及对新获得的刺激进行知觉编码后贮存在短时记忆中,然后再把它们进一步编码加工后转入长时记忆中。当信息进入长时记忆时,信息又要经历一次转换。这一编码过程的目的是为了便于保持信息,如用某种方式把刺激组织起来或根据已经习得的概念对刺激进行分类或把刺激简化成一些基本原理,这些都会有助于信息的保持。

(四)保持阶段

学生习得的信息经过编码过程后,即进入长时记忆贮存阶段。第一,贮存在长时记忆中的信息其强度并不因时间递增而减弱。第二,有些信息因长期失用而逐渐消退。第三,记忆贮存可能会受干扰的影响。

(五)回忆阶段

学生习得的信息要通过作业表现出来,信息的提取是其中必需的一环。

(六)概括阶段

加涅所说的概括,就是指我们通常所讲的学习的迁移。

(七)作业阶段

教师需要根据几次作业才能对学生的成绩做出推断。

(八)反馈阶段

加涅所讲的信息反馈,类似于其他心理学家所讲的强化。强化在学习过程中之所以起作用,是因为学生在动机阶段形成的期望在反馈阶段得到了肯定。动机阶段对学习的重要性,在强化过程中又一次得到了强调。反馈阶段显然是受外部事件影响的,而信息反馈也并不一定要使用"对""错""正确""不正确"这类词汇。

第二节　布卢姆的掌握学习理论

一、掌握学习理论

在布卢姆看来，只要恰当注意教学的主要变量，就有可能使绝大多数学生（90%以上）都达到掌握水平。掌握学习就是要探讨达到这一目的的途径，制定相应的策略。

（一）成绩的正态分布与偏态分布

布卢姆认为，教育是一种有目的、有意图的活动，如果我们的教学是富有成效的话，学生成绩分布应该是与正态分布完全不同的。

（二）掌握学习的变量

布卢姆承认，掌握学习的原理主要是根据卡洛尔的学习模式。

实际用于学习的时间量是由三个变量组成的：一是机会，即允许学习的时间；二是毅力，即学生愿意积极从事学习的时间；三是能力倾向，即在理想条件下掌握该任务所需要的时间（这是因教学质量和学生理解教学的能力而变化的）。

需要的时间量也是由三个变量组成：一是教学质量；二是学生理解教学的能力；三是能力倾向即学生在适应教学质量、理解教学之后，学习所需的时间。

允许学习的时间。布卢姆和卡洛尔都认为，学生要达到掌握的水平，关键在于花在学习上的时间量。学习速度的快慢是由能力倾向决定的，但如果学生把所需要的时数都用于学习，而且有足够的时间去学习，绝大多数学生都能达到掌握水平。布卢姆认为，教师的任务一方面是要找到改变某些学生所需要的学习时间，另一方面是要找到为每个学生提供所需的时间的途径。当然，学生掌握某门学科所需的时间，是受其他变量影响的。

毅力。布卢姆把毅力定义为学生愿意花在学习上的时间。如果学生需要花一定的时间才能掌握某门学科，但他花在积极学习上的时间少于需要的时间，就不可能达到掌握的水平。所以，布卢姆等人试图把学生花在学习上的时间与学生积极从事学习的时间这两者区别开来。布卢姆认为，学生的毅力是把学习的态度和兴趣联系在一起的。布卢姆强调指出,重要的是通过提高教学质量来减少学生掌握某一学习任务所需要的毅力的量,而不是通过各种手段使学生增强学习的毅力。

教学的艺术在于使学生花适当的时间就能掌握教学内容。

教学的质量。教学质量主要是根据每个学生的学习效果来评价的,而不是根据某些学生的学习效果来评价的。因此,不能仅凭培养了一、二个尖子学生或出了几个后进学生就对教学质量的好坏做出判断。

理解教学的能力。布卢姆和卡洛尔对理解教学的能力所下的定义是指学生理解学习任务的性质和他在学习该任务时所要遵循的程序的能力。

能力倾向。布卢姆承认学生的能力倾向确实存在着差异,而且这种差异与学习的结果(尤其是学习的速度)有关。能力倾向是学生掌握学习任务所需要的时间量,因此只要有足够的时间,所有学生都能掌握学习任务。这就是说,能力倾向只是学习速度的预兆,而不是学生可能达到的学习水平的预兆。

掌握学习策略的一个基本问题,就在于寻找各种途径,设法减少学习较慢的学生所需要的时间量。

(三)掌握学习的策略

三个步骤。阐明学习所必需的先决条件,研制实施的程序,评价这种策略对教师与学生所产生的结果。

先决条件。为了形成学生掌握学习的环境,教师必须在学生达到掌握学习的水平时能够加以识别,必须能够解释"掌握"意味着什么,必须能够收集必要的证据以确定学生是否已达到掌握学习的要求。对教学目标和教学内容的详细说明,是让教师和学生双方都知道预期目标的一个先决条件。把这些详细说明转化成评价的程序,有助于进一步弄清学生在完成这门课时应该达到什么标准。

布卢姆认为把重点放在竞争上,可能会摧毁许多学习和发展,因此,应该撇开学生之间的竞争来制定掌握的标准,然后通过努力使尽可能多的学生达到这些标准。由此,布卢姆提倡制定绝对标准(根据学生实际水平和常模来评定学生),而不是根据相对标准(根据学生在班上的相对水平)来评定学生的等第。

实施程序。掌握学习的一个核心问题,是要为教师和学生提供详细的反馈,使教与学过程中出现的差错可以马上揭示出来,并提供具体的补充材料以矫正差错。因此,反馈通常采用诊断式的形成性测验的方式。布卢姆认为,只要教师对学生应该做些什么提供具体的建议(根据形成性测验的结果),学生一般都会试图去克服这些问题。

掌握学习的结果。布卢姆是从掌握学习的认知结果和情感结果进行分析的。布卢姆认为只要采取掌握学习的策略,绝大多数人都能得高分。当学生掌握一门学科,并得到了客观的和主观的证据时,他们对自己和对外部世界的看法会产生深刻的变化。

第三节　信息加工学习理论

信息加工理论并不是某几位学者的理论总结,而是许多的学者共同努力完善的。前面在介绍加涅的学习层次理论时曾经介绍过加涅提出的信息加工学习模式,本节着重从共性的角度介绍信息加工学习理论。

一、学习的类型

学习的类型多种多样,可以按过程、结果、复杂程度分类。这里介绍加涅的学习结果分类。

加涅的学习结果分类包括认知、动作技能和态度三个方面。这同我国的德(态度)、智(认知)、体(动作技能)三个方面全面发展的教育目标一致。

学习的认知结果包括三个方面:一是言语信息,指的既是知识也是能力;二是智慧技能,是指运用符号办事的能力;三是认知策略,是指个体对认知过程进行调节与控制的能力。

二、学习的信息加工过程

现代信息加工理论对学习的一般过程的描述既有坚实的实验依据,又对教学过程富有指导价值。学习的发生经历了以下三个阶段。

(一)短时感觉贮存

发生在主体与环境刺激相互作用时。在每一瞬间,有大量刺激作用于人的感官。

（二）注意与选择性知觉

短时感觉贮存中的信息只有在受到注意以后才能进入意识。

（三）记忆

记忆分为两个阶段，即短时记忆与长时记忆。

从上面的分析可知，学习过程是信息的收集、加工、贮存和在需要时提取出来加以运用的过程。信息的收集涉及的心理过程是知觉，信息的加工、贮存和提取涉及的心理过程是记忆。注意不是一种独立的心理过程，但它总是伴随于人的全部心理活动中，它是学习活动赖以产生的前提。

三、信息加工学习理论

目前，被认为属于信息加工理论范围的，大致可以分成以下三类：第一，侧重于数理统计分析的信息论；第二，侧重于计算机模拟的信息加工理论；第三，侧重于实际应用的认知信息加工理论。

（一）信息论与信息分析

美国学者克劳德·艾尔伍德·香农（Claude Elwood Shannon）被公认为是"信息论之父"。简单来说，香农的测度主要集中在输送与接收的消息之间的相似性，以便计算送话者与受话者双方能够得到多少信息。香农把消息的交换作为通信的特征，因此，信息论关注的是可能已被输送的消息的影响，以及实际被传送的信号。

信息分析把主要焦点放在一系列尝试中对所呈现的刺激做出反应的一致性程度上。就一般而言，心理学家认为，信息论有助于我们形成一种把人类作为信息加工者的模式，这个模式强调人在对刺激做出反应时的积极选择的作用，而不是像在刺激—反应理论中所看到的那种起被动作用的人。与此同时，也有人认为西蒙（H.A.Simon）把研究焦点放在狭窄的实验室分析，对了解人类解决问题的过程没有很大的帮助。

（二）计算机模拟

把人视作信息加工者，这一观念是与计算机技术的发展联系在一起的。计算机模拟（computer simulation）通常是指利用计算机和计算机语言来描述人类信息加工过程时所采用的方法。这方面最典型的人物是西蒙,他认为人的认识活动与计算机是一一对应的(如图3-2所示)。他们提出了一个问题解决行为所涉及的基本结构,称为"信息加工系统"或"IPS"。

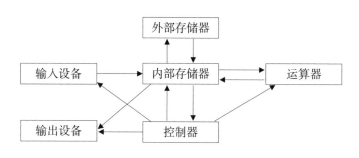

图3-2　计算机工作原理

(三)认知信息加工理论

学习实质上是由习得和使用信息构成的。他们的一个基本假设是行为是由有机体内部的信息流程决定的。由于这种信息流只是一种猜想,是永远不可能直接观察到的,因此,心理学家们构建了不同的模式来推导这种信息。这取决于理论家想要说明哪一种内部过程或许可供选择的许多信息流程图都是站得住脚的。信息加工论者主要关注两个问题:一是人类记忆系统的性质,二是记忆系统中知识表征和贮存的方式。

1. 人类记忆的性质

第一,阿特金森—希弗林模式,记忆信息加工模式由三个结构成分组成,一是感觉登记,二是短时记忆,三是长时记忆。第二,克雷克—洛克哈特模式,短时记忆与长时记忆。与其说是由于信息贮存在大脑中的"地方"产生的,不如说是由于它们获得的加工类型产生的。这也就是说,短时记忆与长时记忆仅仅是加工水平上不同的差异。

2. 信息加工学习原理

第一,信息流是行为的基础。第二,人类加工信息的能量是有限的。第三,记忆取决于信息编码。第四,回忆部分取决于提取线索。

第四节 班杜拉的社会学习理论

一、社会学习理论

社会学习理论是阐明人怎样在社会环境中学习,从而形成和发展人的个性的理论。社会学习是个体为满足社会需要而掌握社会知识、经验和行为规范以及技能的过程。班杜拉将社会学习分为直接学习和观察学习两种形式。直接学习是个体对刺激做出反应并受到强化而完成的学习过程。其学习模式是刺激—反应—强化,离开了学习者本身对刺激的反应及其所受到的强化,学习就不能产生;观察学习是指个体通过观察榜样在处理刺激时的反应及其受到的强化而完成的学习过程。如果人们只通过第一种方式进行学习,就会非常缓慢而费力的,有时还要付出很大代价。幸好,人类可以通过观察榜样进行学习,实际人类的大部分行为是通过观察学习而获得的。正因为人类具有观察学习的能力,所以人们才能不依靠尝试错误一点一点地掌握复杂的行为,而很快地学到大量复杂的行为模式。由此可以看出,观察学习在人类学习中占有十分重要的地位,尤其在儿童、青少年的学习中,观察学习的地位就更为重要。因此,班杜拉对观察学习进行了比较系统的研究,积累了较丰富的实证资料。他的社会学习理论就是以观察学习为核心而建立的。

二、观察学习

(一)观察学习的实验研究

班杜拉以儿童的外部行为作为研究的出发点,通过一系列实验对儿童的社会学习行为做了大量的研究。下面介绍班杜拉关于观察学习的两个经典实验。

模仿学习的实验是这样进行的:将被试儿童分为甲、乙两组,在实验的第一阶段让两组儿童分别看一段录像片。甲组儿童看的录像片是一个大孩子在打一个玩具娃娃,过一会儿来了一个成人,给大孩子一些糖果作为奖励。乙组儿童看的录像片开始也是一个大孩子在打一个玩具娃娃,过一会儿来了一个成人,为了惩罚这个大孩子不好的行为,打了他一顿。看完录像片后,班杜拉把两组儿童一个个送进一间放着一些玩具娃娃的小屋里,结果发现甲组儿童都会学着录像片里大孩子的样子打玩具娃娃,而乙组儿童却很少有人敢去打一下玩具娃娃。第一阶段的实验说明对榜样的奖励能使儿童表现出榜样的行为,对榜样的惩罚则使儿童避免榜样行为。在实验的第二阶段,班杜拉鼓励两组儿童学录像片里大孩子的样子打玩具娃娃,谁学得像就给谁糖吃,结果两组儿童都争先恐后地使劲打玩具娃娃。这说明通过看录像,两组儿童都已经学会了攻击行为。第一阶段乙组儿童之所以没有人敢打玩具娃娃,只不过是因为他们害怕打了以后会受到惩罚,从而暂时抑制了攻击行为,而当条件许可他们也像甲组儿童一样把学习到的攻击行为表现出来。

班杜拉的另一项实验研究,比较了口头劝说和榜样行为对儿童利他行为的影响。实验是这样进行的:先让小学三、四、五年级的儿童做一种滚木球游戏,作为奖励,他们在游戏中都得到了一些现金兑换券。然后,把这些儿童分成四组,每组有一个实验者的助手装扮成榜样参与。第一组儿童和一个自私自利的榜样一起玩,这个榜样向儿童宣传要把好的东西留给自己,不必去救济他人,同时也带头不把得到的现金兑换券捐献出来。第二组儿童和一个好心肠的榜样一起玩,这个榜样向儿童宣传自己得了好东西还要想到别人,并且带头把得到的兑换券捐献出来。第三组儿童和一个言行不一的榜样一起玩,这个榜样口里说人人都应该为自己考虑,实际上却把兑换券放入了捐献箱。第四组儿童的榜样则是口里说要把得到的兑换券捐献出来,实际上却只说不做。实验结果是第二组、第三组捐献兑换券的儿童比第一组、第四组均明显地多。这清楚地表明劝说只能影响儿童的口头行为,对实际行为则无影响,行为示范对儿童的外部行为有非常显著的影响。

班杜拉的一系列实验研究为其社会学习理论的提出奠定了基础。这里需要说明,观察学习并不只限于所观察到的具体事物,还可以迁移到同一类或相似的事物上去。例如,学生看到一个同学因捣乱而受到惩罚,他在交作业方面就不敢迟交或不交,作业与捣乱并不是同一件事,但都属于是否守纪律一类。可见,观察学习的过程是复杂的,实际上远远超过了简单的模仿。此外,示范过程除了通过身体演示传递外,还可以通过语言符号的描述来传递。人们从"抽象的示范模式"中学到的思维和行为的一般规则,对行为有非常重要的意义。

（二）观察学习的过程

社会学习理论将观察学习过程分为四个部分：注意过程、保持过程、动作再现过程和动机过程。

1. 注意过程

注意学习的对象是观察学习的第一步，观察学习的方式和数量都由注意过程筛选和确定。什么样的榜样更容易引起人的注意从而加以模仿呢？班杜拉认为，应该从观察者的心理特征、榜样的活动特征和观察者与榜样的关系特征三个方面考虑。第一，观察者与榜样之间的关系在某些方面对注意的影响更重要，如果榜样与观察者经常在一起或者二者相似，那么观察者就经常或容易学会榜样行为。例如，子女较多地模仿父母，学生较多地模仿教师，斗殴分子则更易于模仿电视剧中的攻击行为，其原因就在于此。第二，观察者的特征也会影响观察学习的注意过程。例如，觉醒水平、价值观念、态度定势、强化的经验。观察者对榜样行为价值的认识直接影响他是否集中注意观察榜样的行为，如果他认为榜样行为非常重要，注意就会集中，反之，注意则容易分散。这显然是心理因素对行为的影响，班杜拉称之为自我调节。第三，榜样的活动特征。例如，行为的效果和价值，榜样人物具有的魅力，示范行为的复杂性和生动性等也影响注意过程。

2. 保持过程

学习者对榜样行为的注意是观察学习的第一步，要使榜样行为对学习者的行为发生影响，学习者还必须记住榜样的行为，即将其保持在头脑中。班杜拉认为这种保持过程是先将榜样行为转换成记忆表象，然后记忆表象再转换为言语编码（形成动作观念），表象和言语编码同时贮存在头脑中，对学习者以后的行为起指导作用。

3. 动作再现过程

动作再现过程是将记忆中的动作观念转换为行为，这是观察学习的中心环节。主要包括动作的认知组织、实际动作和动作监控。动作的认知组织就是将保持中的动作观念选择出来加以组织。实际动作就是将认知组织的动作表现出来。动作监控是对实际动作的观察和纠正，它分为自我监控和他人监控两种。观念在第一次转化为行为时很少是准确无误的，所以仅仅通过观察学习，技能是不会完善的，需要经过一个练习和纠正过程,动作观念才能转换为正确的动作。

4. 动机过程

动机是推动人行动的内部动力。动机过程贯穿于观察学习的始终,它引起和维持着人的观察学习活动。人活动的动机来自过去别人和自己在类似行为上受到的强化,包括替代性强化、直接强化与自我强化,其中前两种属于外部强化,后一种属于内部强化。

第一,替代性强化是班杜拉提出的一个非常重要的概念,是指通过观察别人受强化,在观察者身上间接引起的强化作用。例如,学生看到别人成功的行为得到肯定,就会产生同样行为的倾向,反之,看到别人的某种行为受到处罚,自己就会避免那样做。这种榜样可以扩大到电影、电视、小说中的人物。第二,直接强化就是学习者行为本身受到强化。例如,教师对取得优秀学习成绩的学生进行表扬。直接强化的作用是明显的,教师常通过运用表扬、评分、升级等强化手段来强化学生的学习行为和控制学生的课堂行为。第三,自我强化指人依靠信息反馈进行自我评价和调节并以自己确定的奖励来加强和维持自己行为的过程。它是通过成人向儿童提供有价值行为的标准,对达到标准的行为给予表扬,对未达到标准的行为表示批评的态度,使儿童逐渐掌握这种标准,从而用自我肯定或否定的方法对自己的行为做出反应。因此,儿童就形成了自我评价的标准,并用它来发挥调节行为的作用。自我强化系统包括自我评价、调节和自己规定的奖励。这里强调了学习的认知性和学习者的主观能动性。

外部强化和内部强化协同作用都对行为产生影响。外部强化与内部强化一致时能给行为以最大的激励作用。教师要善于运用外部强化并尽可能使之转化为学生的自我强化,来推动学生的学习。

总之,这四个过程是紧密联系不可分割的。在任何特定的情境中,一个观察者不能重复一个示范原型的行为很可能是由于下列原因:没有注意有关活动,记忆中无动作观念,没有能力去操作或没有足够的动力。

(三)榜样示范的类型

班杜拉的社会学习理论十分强调榜样的示范作用,整个观察学习过程就是通过学习者观察榜样的不同示范而进行的。班杜拉把示范分成以下五类。

1. 行为示范

行为示范,即通过榜样的行为来传递行为的方式,此方式在对榜样的观察学习中占重要地位。行为示范无论是对动作技能的习得,还是对行为方式习惯的形成,都有不可忽视的作用。

2. 言语示范

言语示范,即通过榜样的言语活动传递行为、技能的方式。言语示范在人的学习中应用范围广,具有特殊重要的意义。例如,根据教师的讲解学习定理和法则的应用,依靠说明书学习机器的操作技术,通过报纸学习先进人物的思想行为方式,都是言语示范所起的作用。

3. 象征示范

象征示范,即通过幻灯片、电视、电影、戏剧、画册等象征性中介物呈示榜样的行为方式,优点在于可对同一榜样反复展示给许多人,并加入放大、停顿等技术,从而提高感染力,扩大教育范围。

4. 抽象示范

抽象示范,即通过榜样的各种行为事例,传递隐藏在行为事例背后的道理或规范的方式。榜样遵照一定的道理和规范做出反应,观察者按榜样的行为倾向进行类似但不完全一样的活动。就是说,观察者从各种示范反应中抽取出共性的东西,以后再应用到新的具体情境之中。例如,教师按照某个或某些定理、公式在黑板上演示几道例题后,学生就总结出这些例题所包含的定律,并按照教师的方式解决同一类型的问题,这就是抽象性示范的过程。

5. 参照示范

参照示范,即为了传授抽象的概念和操作,而附加呈现具体参考事物和动作的方式。例如,在英语课上讲解前置词"on"的使用,一边说"……on the desk"一边也附加往桌子上放东西的动作。这种示范方式是对抽象示范的补充和强化,它对低年龄段儿童的指导是特别重要的。

(四)模仿学习的类型

1. 参与性模仿

参与性模仿,即把观察和模仿结合起来以提高学习效果的模仿学习方式。先观察榜样的示范,并立即让观察者进行实际的尝试性模仿操作,这种"观察—模仿—再观察—再模仿"的学习形式,可以使观察学习与直接学习有机地结合起来,从而提高学习效果。

2. 创造性模仿

在许多榜样示范的基础上,观察者产生一种新的行为模式。观察者由于受不同模型的作用,在大脑建立若干暂时神经联系,这些暂时神经联系通过大脑的整合作用出现了不同于任何榜样示范的新的行为模式。例如,一个刚从师范院校毕业的教师,他的课堂教学模式,往往是从母校几位教师的教学方式中习得的,而又不与任何一位老师完全相同。这种新的行为模式凝结着创造性,而这种创造性的土壤却在于各个榜样的示范。

3. 延迟性模仿

在观察榜样之后,观察者并没有立即出现模仿行为,而经过一段时间后,模仿行为才出现。例如,抗美援朝战争期间,我国抗美援朝的志愿军战士在入朝前观看了苏联电影《普通一兵》,电影中的主人公马特洛索夫是用身体堵住敌人的枪眼牺牲的,他的牺牲引起了战士黄继光强烈的情感反应。进入朝鲜战场后,在那种特定的情境下,为了掩护冲锋中的战友,黄继光同志奋不顾身地用身体堵住敌人碉堡的枪眼而壮烈牺牲,这就是典型的延迟性模仿。

第五节　维特罗克生成学习理论

一、生成学习理论

(一)对学习实质的理解

维特罗克关于学习本质的第一个核心观点是"学习是学习主体内部的主动建构,不是外界信息的单纯输入。"如幼儿也可以翻看成人的书,但他们还不能理解。只有将新的信息和已有的知识经验结合在一起,只有当新的信息被纳入学习主体已有的模式并获得了具体的意义以后学习才算真正发生。这一观点发展了加涅的信息加工理论,克服了该理论仅仅考虑信息的输入、处理、输出环节,而很少考虑"如何通过学习促进学生的发展"的缺陷问题。信息加工理论是认知主义学习理论之一,维特罗克的生成学习理论发展了加涅的信息加工理论,并使其发展成建构主义学习理论。

维特罗克关于学习本质的第二个核心观点是"人脑并不是被动地学习和记录输入的信息,而是有选择地去注意所面对的大量信息,并主动构建对输入信息的解释,从中做出推论;学习过程就是学习主体的原有认知结构与从环境中接受的感觉信息相互作用,是主动构建信息意义的生成过程"。在维特罗克和阿格斯特等人于1975年所做的一项研究中,他们要求学生在所阅读材料的部分字词下画线。先要求学生在教师的指导下把一些在语法和结构上显得比较重要的字词画出来,然后让学生把自己认为比较重要的字词画出来。实验结果表明:首先,学生理解最好的部分是自己认为比较重要的词;其次,是在语法和结构上显得比较重要的词,最差的是未画线的词。这一实验结果表明,在学习中,学生可能进行不同的建构,学生自己主动的建构有利于学生对所学材料的理解和掌握。这说明学习活动是一系列的主动建构过程完成的。这一观点发展了奥苏贝尔的同化论,接受了皮亚杰的发生认识论观点,认为个体认知结构的形成和发展是"学习生成"的结果。他的"生成论"与奥苏贝尔的"同化论"有本质的不同,奥苏贝尔认为"同化"是"具有潜在意义的观念同认知结构中现有的有关观念联系"。"生成论"隐含了皮亚杰的"顺应"概念的内涵。皮亚杰认为,"同化"是主体在活动中对环境进行选择、改变,并把它们纳入主体图式中,使其整合为一个新整体的过程,同化只能从量上丰富和发展原有图式,不会引起图式的质变。"顺应"是当原有图式容纳或同化不了客体或主体动作经验时,在主体自我调节之下改变原有动作结构产生新的图式,以适应环境变化的过程,顺应能够引起认知结构质的变化。而认知结构的"顺应"是建构主义区别于认知主义的本质特征。虽然建构主义是认知主义的发展,但是区分认知主义和建构主义的关键是对"认知结构是如何形成和发展"这一问题的不同回答。因此,维特罗克生成学习理论本质上属于建构主义学习理论。

(二)学习生成过程的一般模式

维特罗克吸取并借鉴了信息加工理论的研究成果,结合自己对学习过程的研究，提出生成学习模式的信息加工流程图（如图3-3所示）。

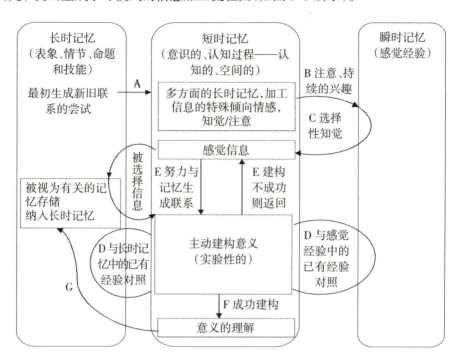

图3-3　生成学习模型

维特罗克的人类学习生成过程模型中所指的学习生成过程是学习主体根据自己的态度、需要、兴趣、爱好以及认知策略对当前环境中的感觉信息产生选择性注意，获得选择性信息并利用原有的认知结构建构该信息的意义，从而获得新知识、新经验的过程。该模型包括四个主要成分：生成、动机、注意和先前的知识经验。生成是指形成新知识的内在联系和新知识与已有经验之间的联系；动机是指积极生成这两种联系的愿望，并把生成联系的成效归因于自己努力的程度；注意是指引生成过程的方向因素，它使生成过程指向原有知识和经验；先前的知识经验包括已有的概念、反省认知、抽象知识和具体经验。

维特罗克将人类学习过程分为三个阶段。

1. 注意和选择性知觉阶段

学习主体长时记忆中的影响知觉和注意的内容以及用特殊方式加工信息的倾向进入短时记忆。由这些内容和倾向形成个体的学习动机，并使学习主体对感觉信息产生选择性注意,从而选择所关心的感觉信息。

2. 主动建构意义阶段

为了达到对该选择性信息的理解,需要进一步建构该信息的意义,即在该信息与长时记忆中储存的有关信息(原有认知结构)之间建立某种联系。对刚建立的试验性联系进行检验,以确定建构意义是否成功。检验包括两个方面,与当前的感觉信息对照和与长时记忆中的已有信息对照。如果建构意义不成功,则返回去检查选择性信息,看该信息与长时记忆中的试验性联系策略是否适当;如果建构意义成功,则达到了意义理解的目的。

3. 建构完成和意义生成阶段

达到对新信息的意义理解后,将这种意义按一定类属从短时记忆加入长时记忆中,以实现同化或顺应。

二、生成学习的核心要素

(一)生成学习

维特罗克的学习模式被称为"生成学习模式"。显然"生成"在其模式中是一个最重要的因素。直至 1983 年他才将生成界定为 "学生设置新模式和解释或者使用、修改旧模式和解释,把新信息组织进一个牢固的整体,这个整体会弄清楚新信息并且使之与他们的经验和知识相一致。"生成是学习中的一个基本认知过程。生成可能是一种同化学习,也可能是一种顺应学习,这和皮亚杰的同化与顺应的有关学说有异曲同工之妙,相比较奥苏贝尔单纯强调同化理论则显得更为完善。生成不是发现,而是一个理解的过程,它不排斥教师对学习者的指导,却也不把学习者看成一个接收器。在这个意义上,生成学习既包括学习者的生成学习,也包括教师对学习者的学习做出一个生成教学指导。

(二)生成教学

与生成学习相对应,生成教学在生成学习模式中占有重要地位。维特罗克认为其生成学习模式与其他理论最大的不同之处,就在于生成学习模式既可以用于指导学生的学习过程,又可以用于指导教师的教学过程。维特罗克的生成教学艺术强调的是"怎样以及在什么时候推动学习者建构课文各部分之间的关系和课本与其知识之间的关系。此外,教师要能教给学习者怎样增强他们控制生成过程的能力,从而自己能独立地进行理解性学习。"维特罗克认为:首先,生成教学始于教师对学生的学习模式、有关的先前知识和对教材的信任状况的了解;其次,生成教学强调教师要有强烈的责任心去督促学生通过修正以前的概念生成新意义或理解。

(三)生成学习的策略、反审认知

维特罗克认为学习策略是指"人们用以增强信息与知识的获得及保持的认知过程,诸如建构摘要和推论来提高阅读理解。"维特罗克把反审认知定义为"对一个人认知过程的意识与控制。"例如,对有关增强注意、知识获得、保持或执行等一系列学习策略的计划、发展和使用。维特罗克认为反审认知和普通的能力倾向是不同的概念。他的有关学习无能者的研究表明,反审认知可以被传授和学习,这一发现的实际应用就是不同能力的学习者都能被教以管理和控制他们的生成过程,从而增加他们在校学习成功的概率和迁移所学和怎样学的能力。维特罗克用广泛的研究表明,学习策略、反审认知的传授能有效地促进注意、动机、记忆和理解,也能促进学习无能者的学习。

三、生成模式的特点

生成模式建立在有关大脑过程的知识以及对理解、知识获得、注意、动机、迁移的认识研究之上,并且经过了一系列实验的检测。第一,维特罗克的生成模式是一种功能性模式,它注重学习者在教学中用以生成意义和理解的神经系统与认知系统的功用。它不仅使我们知道信息的结构,而且知道意义、推论和理解是如何生成的以及概念、经验之间的关系是如何建构的。第二,维特罗克的生成模式既是一种学的模式,也是一种教的模式。第三,生成学习模式建立在神经研究基础之上,在注意、动机、知识与前概念、生成等每一个过程都得到了相应的大脑的神经研究的支持。第四,应用性、操作性强,涉及的范围广泛。第五,兼容并蓄其他理论。

四、局限性

维特罗克的生成学习模式并非尽善尽美,也存在着它的局限性。

首先,维特罗克期待用一种模式去适用形式多样的认知活动,这是难以实现的。这一模式能不能揭示出了人类认知活动规律性的东西或者构成了人类认知活动的基本内涵,他自己没有说过,也没有一位学者这样评论过。从理论上讲,一种模式就是相对固定的一种结构,用相对固定的结构去套用纷繁复杂的认知现象必然挂一漏万。

其次,尽管维特罗克非常强调应用,并且认为其生成学习模式适用于各级各类学校的学科教学。但是,距离真正的教育实际还是有一段距离的。他本人也一直致力于各科教学的实际应用。到目前为止,已经探索了阅读、自然科学、经济学等领域。但是如何在每个学科教学中有效地运用生成学习模式还需在未来做出一系列的探讨。

最后,生成学习理论的体系还不够完善,主要表现在两个方面:一是学术体系不够严谨。维特罗克的生成学习理论从提出之时到目前为止,基本上都是以零散的文章形式表达其思想,没有一部系统完善的论著。在理论与应用上,他更偏向于生成学习模式的应用,忽视理论体系的建构。二是逻辑性不够严密。在众多的文章中常出现前后用词不一致的情况。

维特罗克生成学习理论是一种建构主义学习理论,其认识论是一种生成论和渐成论,生成学习理论对教学设计的指导意义在于:一是扩展教学设计理论基础。生成学习理论作为一种建构主义学习理论是第三代教学设计重要理论基础。二是对教学设计各环节的实施有指导作用。在学习者特征分析、教学目标分析、教学内容分析、教学策略制定和教学评价设计等环节提供了具体的指导,并能够促进教学设计过程模式的发展。

第六节　分布式认知学习理论

认知心理学发展到20世纪90年代,一直注重对个体认知的研究。然而,认知工作不仅仅依赖于认知主体,还涉及其他认知个体、认知对象、认知工具及认知情境。随着电视、电话、计算机、计算机网络等电子科技的迅猛发展,人类许多认知活动(如计算机支持的协同工作、远程教育等)越来越依赖于这些认知工具。认知分布的思想,也逐渐被人们所认识,受到人们的重视。

分布式认知(distributed cognition)是认知科学的一个新分支,它借鉴了认知科学、人类学、社会学、社会心理学的方法,认为要在由个体与其他个体、人工制品所组成的功能系统的层次来解释认知现象。那些在个体的分析单元中不可能看到的认知现象,在分布式认知研究中得到了强调。尤其重要的是,分布式认知强调个体、技术工具相互之间为了执行某个活动而发生的交互。

传统认知观把认知看成局部性现象,总是在个体层次上从大脑内部信息处理的角度对其进行解释,这样就限制了对在个体层面上不可见的一些有意义因素的关注。赫钦斯力图打破这种局限,认为认知具有分布性,"我将从个体的自然的情境性认知角度来思考问题。只是在海上(对轮船导航的研究)完成了我的第一个相关研究之后,我才意识到认知之社会分布性的重要性""有充分的证据说明一个小组的认知属性是不同于小组之成员的认知属性的。在研究人类的认知能力时考虑到这一点是很重要的"。"……这是什么意思呢,当然是说个人的认知也是分布式认知"。所以他认为认知最好被理解为一种分布现象。分布式认知据此提出了一个研究认知的新的分析单元——功能系统(functional system,一种社会—技术系统,包括参与者全体、人工制品和他们在其所处特定环境中的相互关系),在这个超越个体的分析视野中强调认知在时间、空间上和在个体、制品、内部及外部表征之间的分布性,并且要求在工作情境的层次上解释人类活动中的智能过程是如何超越个体参与者之界限的。

一、分布式认知的特征

(一)新的分析单元

传统认知强调个体认知,而分布式认知考虑到参与认知活动的全部因素,给出了一个新的分析单元——功能系统。这个新的分析单元以共同参与认知加工的各元素间的功能性关系为基础,被证明很有实用价值,"研究发现,把诸如驾驶员座舱等功能性系统看作分析单元能明显地提高工作绩效"。功能系统将表征媒介相互协调在一起。表征媒介可能在其所涉及的个体之中,也可能在其之外。这些功能系统表明了媒介间的表征状态。在分布式系统中存在系统水平的协同努力:共同目标、有效交流、整体大于部分的总和。

(二)认知的分布性

分布式认知强调认知现象在个体参与者、人工制品和内外部表征之间的分布性。以前由人类学家和认知心理学家在不同个体和文化/认知之间所设定的传统界限被消解,相反,它们之间的相互作用则得到了特别关注。

1. 认知在个体内分布

知识是在脑中非均匀分布的。认知科学和认知神经科学中的一种重要的理论——模块说。模块说认为,人脑在结构和功能上都是由高度专门化并相对独立的模块组成的,这些模块复杂而巧妙的结合,是实现复杂而精细的认知功能的基础。

2. 认知在媒介中分布(如图3-4所示)

认知活动可以被看成是在媒介间传递表征状态的一种计算过程。其中,媒介可以是内部的(如,个体的记忆),也可以是外部的(如地图、图表、计算机数据库等)。

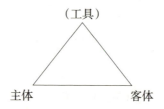

图3-4 认知在媒介中分布

资料来源:Cole,Engestrom.1993

3. 认知在文化上分布

文化是指规范、模式化的信念、价值、符号、工具等人们所共享的东西。文化是模式化的,但并不是统一的,文化需要在面对面的实地交流中才能被体会或感受到,文化以间接方式影响着认知过程。例如,不同文化背景下人可能具有不同的认知风格。

4. 认知在社会中分布(如图3-5所示)

在具体情境中(如在餐厅),记忆、决策等认知活动不仅分布于工具(如菜单、椅子和桌子的布置、桌号)中,而且分布于规则(如就餐后离开餐厅前付账等)中,分布于负责着不同性质工作的人(如服务员不是洗碗工,就负责餐厅内就餐的各项事务)中。

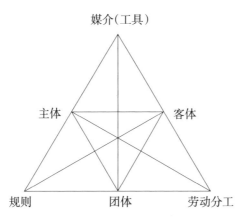

图 3-5 认知在社会中分布

资料来源:Cole,Engestrom.1993

5. 认知在时间上分布

认知横向分布于每个认知主体特有的时间维度上,纵向分布于特定认知主体的过去、现在和未来。例如,成人常常根据自己过去的或文化上的经验来解释儿童的一些行为。分布式认知观认为,一个古代制品是在很长的历史进程中逐渐形成的,随着人们对它们创造和应用的历史进程,它们的价值也在不断地发生改变,从而具有了物质性和观念性两方面的特征。物质性特征是指它们在人类有目的的历史进程中被创造的;观念性特征则是因为它们经历了一定跨度的历史进程,在其中不断介入不同时期的文化特征,并通过其所参与的不同时期社会文化因素之交互作用而定形。又如,一本书的特征,从内容目录、索引到注脚被认为是经过几个世纪的发展才形成的。再如,1456 年出版的古德堡圣经,虽然以后的出版呈爆炸性增长,但是它的编号方式、索引方式、目录表甚至标题页的方式却仍沿用经历了 100 多年才形成的方式,并成为现在这本书的标准特征。

(三)对交互作用的关注

分布式认知通过分析工作所产生的环境、表征媒体(如,工具、显示器、使用手册、导航图）、个体间的相互作用以及它们与所有人工制品之间的交互活动来解释认知现象。这些活动包括了个体的行为、个体与一系列设备之间的交互行为、个体与其他成员之间的交互活动或协同工作的成员之间，他们与工具之间的交互活动。赫钦斯认为分布式系统中的要素必须相互依赖来完成任务。

（四）关注表征状态的传播及转换

分布式认知关注系统中不同参与者间知识传播方式和协作中所需信息通过表征状态系统，超越制品进行传播的方式。为了使个人能分享分布式系统的成果，必须以外在于个体的形式对观点加以表征。分布式认知强调利用不同的表征系统来记录并在系统中发布观点。在这种情境下，认知活动被看作是一种通过媒体间的表征状态传播而发生的运算。媒体包括了内部表征（个体大脑记忆）和外部表征（包括计算机和纸质的显示物）两个方面，表征状态则指活动中信息和知识资源的转换方式。研究证明，对外部表征的关注也很有实用价值，"外部表征有助于解决河内塔（又称汉诺塔）问题和解决几何问题。哪些信息被外部表征以及如何表征，均对问题解决有影响"。

（五）人工制品（artifacts）的地位

分布式认知对人工制品给予了高度重视，认为人工制品在一个协作的共同体中有与人类参与者同等重要的地位，是表征和表征状态转换不可或缺的重要组成部分。人工制品在支持人的智能方面的作用，与其说是扩展了能力，不如说是对任务进行了转换，使之更明显和易于解决。赫钦斯通过轮船航行中的速度计算来说明这一点。他分析通过导航中一个特殊制品——列线仪，可在速度、距离和时间之间进行没有差错的转换（只需要指出其中两者便可找出对应的第三个需要知道的参数），有了这种人工制品，大脑内部的运算结构发生了变化，完全不同于用纸和笔来计算时的情形。另外，无论制品的设计是否帮助我们内化和发展认知技能，利用制品会产生认知留存。在个体必须在没有这些工具的情况下完成任务时，认知留存能够很好地为他服务。所谓认知留存就是在没有这种制品工具的时候你也知道怎么样去做。

（六）信息的共享

分布式认知强调一个协作共同体要共享相应的信息，这是进行协作的基础，也是参与者赖以建立工作过程中情境性共享理解,保证任务完成的基础。赫钦斯认为交流是分布式认知的必备条件,个体知识只有通过向他人表征,把知识可视化并与团体分享,才能成为团体可用的知识。共享的信息是集聚的信息(pooled information),这让情境中装备最佳的人(或设备)为所有其他人的利益而运用这些信息。分布式认知要求在系统的各要素之间共享认知活动。

(七)重视具体情境和情境脉络

对任务情境和情境脉络的关注,是分布式认知的另一特点。强调对特定的情境和境脉中的信息表征和表征状态转换进行记录和解释,也是分布式认知方法的明显特点。

【思考题】

1. 分析不同学习过程理论的合理之处。

2. 区分不同学习过程理论的异同点,制作成表格。

3. 根据你对学习过程的理解,阐述你对学习过程基本观点。

第四章　知　识

📖**学习目标**
  * 目标一:掌握知识的概念。
  * 目标二:熟悉知识的分类。
  * 目标三:掌握不同类型知识的心理表征。

知识是学习的主要结果之一,而不是唯一。但是在目前教育心理学的相关书籍和研究中不难发现,研究者们有些过分的关注了知识而忽略了其他。学习是一个知、情、意、行的统一体,人为的将其割裂开来必然会造成不良后果。从本章开始分别从学习结果的角度,重点以认知心理学的观点介绍不同类型的学习。在本章中,主要对知识的概念进行了操作性界定,并根据认知心理学的最新研究成果介绍了两种不同类型知识的心理表征。

第一节　知　识

一、知识与知识概述

(一)知识的含义

从心理学观点看,知识是个体头脑中的一种内部状态,它有广义和狭义之分。狭义的知识一般仅指存在于语言文字符号或言语活动中的信息,如各门学科中的基本事实、概念、共识、原理等。广义的知识则是指主体通过与环境相互作用而获得的信息及其组织,它既包括个体从自身生活实践和人类社会实践中获得的各种信息(狭义),也包括在获得和使用这些信息过程中所形成的各种技能和能力。从这个意义上说问题解决和创造就可以归为知识了。我们本章探讨的即为广义的知识观。

知识是主体通过与环境相互作用而获得的信息及其组织。这种信息可以存在于个体内部也可以存在个体外部。存在于个体内部的知识有的可以被个体赋予意义,有的不能被个体解释,是机械学习的结果,但是这类知识一定要可以被其他社会成员解释。处于个体外部的知识可能存在于其他个体内部,也可以存在于各种社会制品中,但是存在社会制品中的知识一定要通过所有社会成员都可以解读的形式存在,否则就成为不能在社会成员中运用的知识孤岛。可见知识不是一般的有组织的信息,而是一种可以被认识主体赋予具体意义的有组织结构的信息。

主体外部的知识,既存在于社会制品中的知识是以一种什么样的形式存在的呢? 显然应当以符号的形式存在。主体通过自身与环境交互所获得的信息是有限的,况且个体所获得的有组织的信息还需要代代相传下去,这就必须创造一种可以承载信息的载体,这就是符号。符号与信息可以人为的建立关系,人们希望通过符号把自身的知识传播出去,但是这些符号不可能全部的传递出自己希望表达的东西,只能以一种可以被理解的程度被他人接收,尤其是当这些符号所指代的是一些抽象概念的时候。

主体的知识是如何获得的呢? 客观世界中到处充满着信息,但是如何去实现对这些信息的理解呢?我想在主体最初接触客观世界的时候应该以一种或者一些先天具有的理解客观世界的方式或者结构建构各自的理解。有一点可以肯定,感觉是这种认识的起源,人只有通过感觉,以一种或者一些特定的结构把客观世界中的信息进行区分, 只有区分出不同的客观事物才有可能发现事物之间的关系,也才可能实现对客观世界的理解。显然这种理解最初是通过主体与客观世界的直接互动的过程中实现的。当个体发展到可以理解符号的时候才可能通过操作符号来间接理解客观世界。可见个体的知识可以通过两个途径获得:一是与客观世界直接的互动,二是其他主体通过符号进行传播。

(二)知识的分类

学校教育中把知识分为各种学科知识,心理学从知识学习过程的心理实质或特点等角度对知识进行分类。

奥苏贝尔将知识分为表征、概念、命题、问题解决及创造五个类型,加涅将知识分为连锁、辨别、具体概念、抽象概念、规则、高级规则六个类型。这些心理学家们力图根据知识获得过程的实质对知识进行分类,使知识的类型能反映出学习的不同心理过程。

现代认知心理学一般依据知识的不同表征方式和作用,将知识划分为陈述性知识、程序性知识和策略性知识。陈述性知识,即描述性知识,是关于事物及其联系的知识,主要用于区别和辨别事物;程序性知识,即操作性知识,是关于怎么做的知识,是一种经过学习自动化了的关于行为步骤的知识,表现为在信息转换活动中进行具体操作;策略性知识是关于如何学习和如何思维的知识,即个体运用陈述性知识和程序性知识去学习、记忆、解决问题的一般方法和技巧。

二、知识学习的标准

个体解决问题能力的高低取决于个体所获得有关知识的多少及其性质和组织结构。学生对知识学习只有实现概念化、条件化、结构化、自动化和策略化之后才能真正地促进问题的解决。

三、能力与狭义的知识之间的关系

能力是指顺利完成某一活动所必需的主观条件,能力是直接影响活动效率,并使活动顺利完成的个性心理特征。狭义的知识一般仅指存在于语言文字符号或言语活动中的信息。如各门学科中的基本事实、概念、共识、原理等。

能力和知识是有区别的。知识是人类经验的总结和概括;能力是一个人比较稳定的个性心理特征,它表现在人们掌握知识和技能的难易、快慢、深浅、巩固程度以及应用知识解决实际问题等方面。一般来说,能力的形成和发展远比知识的获得要慢。

能力和知识又是密切联系着的。一方面,能力是在掌握知识的过程中形成和发展的,离开了学习和训练,任何能力都不可能发展,能力也可以表现为对知识的运用;另一方面,掌握知识又必须以一定的能力为前提,能力是掌握知识的内在条件和可能性。但是能力与知识的发展并不是完全一致的。在不同的人身上可能具有相等的知识,但他们的能力不一定是相同水平的,而具有同样水平能力的人也不一定有同等水平的知识。可见在研究学习心理学时必须把知识和能力进行严格的区分。

如果对知识的形态进行划分,至少应该有五个类型:概念、命题、规则、操作步骤、策略。概念、命题和规则是表示客观事物以及事物之间相互作用关系的信息,本质上是描述性的;操作步骤是在解决具体任务时的具体步骤,这种信息以一系列的产生式形式存在;策略是表示如何有效认识事物和解决实际问题的信息,同样以一系列的产生式形式存在,这两类知识本质上是条件性的。

这五类知识是如何获得的呢?答案是本能与能力。本能是生来具有的,是人们认识得以发生的起源,而能力则是在后天的学习中习得的。人们在形成概念、认识事实、获取规则、完成任务、解决问题的过程中形成了能力,同时又运用到了先前已经具有的能力。这里的能力既有动作技能也有智慧技能(动作技能形成的过程中也会有智慧技能的参与)。因此,在实际学习中知识与能力总是相互交织的。

第二节　陈述性知识的心理表征

我们常听到教育界人士说,好的教学不只是单纯传授知识,更重要的是发展学生的能力。但是学生通过教学发展而来的能力的本质是什么?对此,研究教育学的人很少关心。在西方教育史上,杜威为了避免学生学了知识而缺乏能力的弊端,将知识一词改为经验,但杜威的教学改革并未成功。为了理清知识与能力之间的关系问题,这里要较深入地介绍现代学习心理学关于知识的心理实质(即知识的心理表征)的研究。

知识的表征或知识的心理表征(mental representation),是指信息在心理活动中表现和记载的方式。一个外在的客体在心理活动中可以以具体形象、概念或命题等形式表现出来。这些形象、概念或命题都是信息的表征形式。表征反映着客观事物,它代表相应的事物,如儿童见到过一只小花猫,便在他的头脑中留下"小花猫"的形象,该形象便是他见到小花猫的心理表征。同一事物可以有不同形式的表征。不同表征形式所具有的共同信息称为表征的内容,而每一表征形式称为编码。下面介绍现代学习心理学中的三种知识表征理论,以解释个体具有的知识的心理机制。

一、神经网络理论

有些认知心理学家对知识在人脑中表征的基本形式感兴趣,但是他们的大多数研究是通过计算机模拟进行的。也就是说,计算机程序可以将信息编成神经网络的代码,这些神经网络与生物神经网络有许多相似点。在计算机中研究的神经网络包括三种成分:第一,有与神经元相似的结点(nodes)或单元,但它们与神经元不同,只有一种性质,即可以在不同水平上被激活(神经元则有多种性质)。如果结点在高水平上被激活,则人可以意识到被激活的东西,结点也可以在低水平上被激活,此时人处于无意识状态。第二,结点与结点之间有联结。两个结点可以通过同时兴奋相联结,也可以通过一个兴奋与一个抑制的方式相联结。结点之间的这些联结是长时记忆的原材料。第三,学习是联结的创造及其强度的改变。与神经元之间的联结增强相似,联结加强的基本方式之一,是同时激活若干结点。

这种理论可以解释字母和词形的识别。就成人识别字母而言,字母有如下特征:横线、竖线、锐角、向右凸出的曲线和对角线。假定呈现某个字母,它激活了人脑中竖线和向右凸出的特征,因为成人无数次见过 P、R、Q,所以这两个特征与 P、R、Q 有牢固的联系。因此,当呈现 P 时,这两个被激活的特征与 P、R、Q 相联系,从而激活表征这些字母的结点,并认出 P。由于确认 R 需要激活另一特征,即字母下半部分的对角线,而确认 Q 需要激活下面的对角线和右面的凸出部分,所以上述两个特征与 P 相吻合,抑制的信号从 P 发送到 R、Q 和其他字母的结点。

儿童学习字母就是在特征和字母之间建立联结。幼儿在认识字母之前会唱字母歌,知道字母名称。以后,当幼儿见到字母并被告知这是字母 P 时,P 字母名称和其特征的联系得到加强。通过日常交往和看图画、书籍等,幼儿多次经历字母 P 名称和 P 的视觉表征之间的联系。每次接触,字母名称和其特征的联系得到一次加强,最终每当见到 P 的特征时,该特征便能自动激活 P 的名称。

同理,可以解释单词的再认。例如,当呈现单词 EACH 时,每一个字母的特征和这些字母之间的联结被激活。与此同时,该词中的 E 与首位之间的联结,A 与第二个位置,C 与第三个位置以及 H 与第四个位置之间的联结也被激活。也就是说,在激活了 E 的同时也部分激活了其与首位的联结,其他字母也一样。对于成人而言,他们曾多次经历第一个 E,第二个 A,第三个 C,第四个 H 这组字母与其位置的联结,所以在见到单词 EACH 时,EACH 的特征及其位置被激活,而其他词被抑制。

研究表明,英语词汇中相同词干的词语与无相同词干的词语相比,要易于识别。这可以用神经网络理论来解释,因为词的一个部分越是常用,人们接触的机会越多,所以越容易被激活。

鲁梅哈特(D.E.Rumelhart)和麦克里兰(J.McClelland)提出平行分布加工(parallel distributed processing)理论解释英语单词的识别。他们认为大脑由许多小机器构成,每一个小机器学习一类特征信息,这些小机器相互联系且能同时运作。例如,当呈现字母 E、A、C、H 及其位置时,大脑同时进行加工。一个多音节词可分成几个音节,每一个音节又由几个字母构成,每一个字母又具有几个特征。这样通过激活字母的特征及其联结来识别字母,通过激活一组特征字母及其联结模式来识别音节,通过激活一组特殊音节及其在词中联结的位置来识别多音节词。

按照平行分布加工理论,词义(概念)的激活依赖较低级音节和模式的激活。知晓意识中的任何东西(如,一个词、一个表象或一个概念)都要归根于神经网络中的基本表征,即联结的模式。虽然现代联结主义者对词义加工提供了解释,但是其解释不如解释字形与字音的知觉有效。

联结主义对知识的解释的重要教育含义是在掌握高级的知识之前,必须先掌握低级的知识。因此,在学习单词之前必须先掌握特定的字母,即在字母特征模式及其名称与声音之间建立联系。这种由低级到高级的知识加工被称为自下而上加工,与之相对的是自上而下加工。

许多心理学家在考虑人的心理时,重点放在高级信息加工,很少关心支配符号表征系统的结点的神经或特征模式的激活。有些心理学家认为,联结主义模型不能表征某些作为人类知识核心的关键信息。例如,该模型不能解释蕴含在命题中的句法关系。

二、命题与命题网络理论

(一)命题

命题这个术语来自逻辑学,是指表达判断的语言形式,由系词把主词和宾词联系而成。例如,"北京是中国的首都。"这个句子就是一个命题。

1. 命题的构成

在认知心理学中,命题是指词语表达意义的最小单位。一个命题是由一种关系和一组论题(arguments)构成的。关系一般由动词、副词和形容词表达,有时也用其他关联词(介词)表达。论题一般是指概念,由名词和代词表达。

请看下面的句子:

(1)小明给张英一本有趣的书。

这个句子可以分解成下面两个更简单的句子:

(2)小明给张英一本书。

(3)这本书是有趣的。

句子(2)和(3)各表达一个命题。句子(2)中的论题是"小明、张英和书",关系是"给"。句子(3)中的论题是"书",关系是"有趣的"。可见,句子(1)是由两个命题构成的,命题用句子表达,但命题不等于句子,命题只涉及句子表达的意义。人们在长时记忆中保持的不是句子本身,而是句子表达的意义。

例如,布赖恩斯福德和弗兰克斯给被试者呈现下列七个句子:

(1)蚂蚁吃了桌子上的甜果酱。

(2)石头滚下山并压坏了小屋。

(3)厨房里的蚂蚁吃了果酱。

(4)石头滚下山并压坏了树林边的小屋。

(5)厨房里的蚂蚁吃了桌子上的果酱。

(6)小屋在树林边。

(7)果酱是甜的。

这些句子可以分解成两组命题,每组由四个命题构成。

第一组:(吃了;蚂蚁、果酱)

(甜的;果酱)

(在……上;桌子、果酱)

(在……里;厨房、蚂蚁)

第二组:(滚下;石头、山)

(压坏;石头、小屋)

(在……边;屋、树林)

(小的;屋)

请注意:括号里分号前的词,如"吃了""甜的""在……上"等表示关系;分号后面的词,如"蚂蚁""果酱"等表示论题。

研究者呈现下面三个句子以检测被试者的再认记忆:

(1)原先学习过的:厨房里的蚂蚁吃了果酱。

(2)新的:蚂蚁吃了甜果酱。

(3)不可能的情形:蚂蚁吃了树林边的果酱。

句子(1)是实际学习过的;句子(2)未学过,但由已学过的命题组成的;句子(3)是由已学过的词构成的,但不能组成已学过的命题。研究结果表明,被试者几乎不能区别句子(1)和(2),认为他们实际上已学过这两个句子,但是他们很有信心地认为他们没有听到过句子(3)。实验表明,人的长时记忆保持的是句子的意义,而不是原先学过的词句本身。

2. 命题的表示方法

认知心理学家用了许多不同方法来表示命题。常用的方法是用一个圆(或椭圆)表示一个命题,用箭头将命题的论题和关系联系起来。例如,"蚂蚁吃了甜果酱"这个句子中包含两个命题,用上述方法表示(图中S代表主体;O代表客体,它们都是论题;R表示关系):

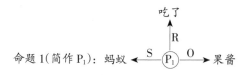

(二)命题网络

如果两个命题中具有共同成分，可以把若干命题彼此联系起来组成命题网络。例如，上面两个命题中有共同成分"果酱"，通过它可以把两个命题联系起来组成如下命题网络：

同样，"在厨房里的蚂蚁吃了桌子上的甜果酱"可以用如下命题网络表示：

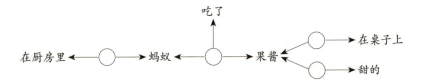

又如，威斯伯格（R.W.Weisberg）向被试者呈现如下英文句子:Children who are slow eat bread that is cold.译成中文是:慢速的儿童吃冷馒头。这个句子可用如下命题网络表示：

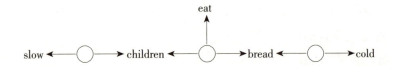

研究者用自由回忆方法检测被试者保持的命题成分的联想速度。当呈现slow，被试者最先联想到的是children;当呈现bread，被试者最先想到的是cold。这种自由联想现象可以用命题网络得到适当解释，即被试者读到句子，保持的不是句子原文，而是意义的命题网络。从命题网络来看，slow和children最接近，bread和cold最接近，所以它们联系更紧密，容易相互联想。而在句子中，slow和bread同它们分别与children和cold相比，联系更紧密，但由于人的记忆中未保持这个句子，所以当呈现slow时几乎没有人联想到bread。

再如，科林斯（A.M.Collins）和奎廉（M.R.Quillian）的一个经典实验支持了知识以命题网络的层次结构储存的观点。他们认为对动物、鸟、鱼等分类的知识,以下图的层次结构储存(如图4-1所示)。

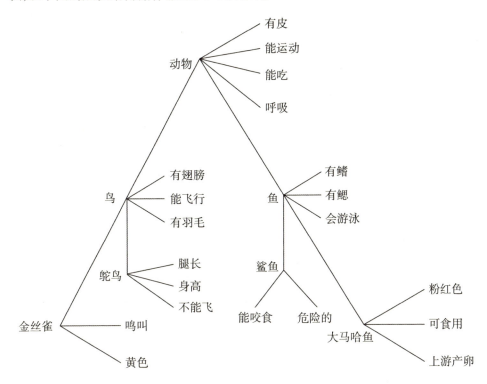

图4-1 命题网络的层次结构示意图

科林斯和奎廉认为,不同动物的知识概括水平不同。在每一概括水平上储存了可以用来区分其他水平的物体的属性。例如,"有皮"是所有动物的属性,储存在最高水平,用这一属性可以把动物与矿石(没有皮)等区分。又如,"有羽毛"是所有鸟的属性,储存在比"动物"低一级水平上,可以被用来区分鸟与非鸟的动物(如鱼、狗等没有羽毛)。科林斯等进一步假定,由于储存在知识网络中的事实的距离不同,提取它们的反应时也将不同。例如,"金丝雀是金丝雀吗?""金丝雀是鸟吗?""金丝雀是动物吗?"这三个问题,其中第一个问题概括水平最低(被定为0级),第二个问题概括水平较高(被定为1级),第三个问题概括水平最高(被定为2级)。研究表明,随着问题概括水平的提高,被试者判断问题真伪的反应时越长。

(三)图式与脚本

现代著名认知心理学家安德森(John R.Anderson)认为:"对于表征小的意义

单元,命题是适合的,但是对于表征我们已知的有关一些特殊概念的较大的有组织的信息组合,命题是不适合的。"例如,人们有关房子的知识,如果用"房子是人的居住处"这一命题表征,则不足以表征与人有关的"房子"的全部知识。他认为人的较复杂的整块的知识是用图式来表征的。[资料来源:John R.Anderson(1990). Cognitive Psychology and Its Implications,133~135]

康德认为人的心灵中生来就有某些认知图式,只有把这些图式施加于混乱的经验"材料"上,人才可以理解知觉经验。在皮亚杰认知发展理论中,图式是一个中心概念。皮亚杰认为儿童生来就有某些认知图式,如"吸吮图式""抓握图式"。现代认知心理学家在巴特利特和皮亚杰的图式概念基础上进一步发展了图式概念。

现代认知心理学家把图式定义为,人头脑中关于普通事件、客体与情景的一般知识结构。其含义是:

1. 图式具有概括性

图式具有概括性。例如,人关于房子的图式不只表示个别房子,而是表示个体所看到的一般的房子。

2. 图式中含有同类事物的本质特征和非本质特征

人关于鸟的图式中既有"有羽毛"这一本质特征,也有"能飞行"这样的非本质特征。因此,一类事物的图式不同于它的概念,后者只反映一类事物的本质特征。

3. 图式中的知识是以某种方式或结构组织起来的

房子的图式包括:

上位集合:建筑物

组成部分:房间

材料:木头、石头、砖头

功能:供人居住

形状:方形、三角形、图形等

大小:100 平方米~1000 平方米

房子图式的这些维度被称为图式的槽(slots)。每一个槽中的值不是一成不变的,如"功能"这个槽可以填充"供人居住""供人开会""展览场所"等不同的值。

4. 个体的图式是发展的

个体的图式是发展的。例如,儿童最初的房子图式只表征他所见到的茅草房,随着经验增长和图式变化,能表征砖瓦房、水泥房等。

心理学家把图式分为表征客体的图式与表征事件的图式两大类。香克(R.C. Schank)和阿伯尔逊(R.Abelson)把表征反复出现的有序事件的图式称为脚本(script)。脚本不同于客体图式,它表征的事件有一定的时间顺序。例如,"去电影院看电影"这个经常出现的事件,一般可以分解成如下阶段:上影院、购票、进场、观看影片、退场。由于这样的步骤多次重复出现,人头脑中形成有关上影院看电影的定型图式。

某些认知心理学家又提出课文结构图式(text structure schema)和数学问题图式,认为这些图式是学生理解课文和数学问题的关键。

三、双编码理论

双编码理论认为陈述性知识以言语和意象两种方式表征。这一理论的提出者佩维沃(A.Pavio)认为知识是由言语和意象(或表象)表征的联想网络构成的。言语系统中的词是客体、事件和抽象观念的代码,它们与其表征的对象的联系是任意的(如"书"这个词与实际书并没有物理上的相似性)。意象系统(imagery system)的非言语表征与引起它们的知觉具有某些共同特征(如一本书的表象与实际书的知觉有某些共同特征)。意象表征包括视觉表象(如铃的表象)、听觉表象(如铃声)、动觉(如摇铃的运动)、与情绪有关的骨骼肌感(如心跳加速)以及其他非言语表征。例如,一本书的意象表征涉及与书相关的视觉和触觉的性质。言语表征一般是系列化的,而意象表征能同时对许多特征进行编码。一个复合意象(如教室的意象)能同时对与教室有关的特征进行编码,而教室的言语表征一次只能涉及某一信息(如房子内有课桌,中间有通道,墙壁上有窗子,直至穷尽教室的所有特征)。

意象表征系统和言语表征系统的成分是彼此联系的。例如,大多数人的书的意象表征和言语表征之间存在联系。当客体与图片呈现时,由于有这样的联系,人们见到图片,就能生成心理表征和名称。又如,"外科"一词可以引起丰富的非言语联想,包括生动的疼痛的意象,缝针处一带撕裂和紧绷感的记忆。因此,双编码是有效和高效思维的重要方面。

佩维沃曾经列举了60种可以用双编码理论解释的现象。例如,具体材料比抽象材料易记,因为前者易于双编码,后者不易于意象表征。又如,图片与词语相比,图片比词易学,词读起来快,而图片的命名较慢。这表明对于词语而言,可以直接进行言语编码,在对图片的反应中,只能通过意象表征才能接近言语编码。许多证据表明,视觉表象的激活干扰视知觉,反之亦然。从神经生理学来看,左半球损伤更易于干扰言语加工。相反,右半球损伤则更易于干扰非言语加工。这些都是有利于双编码理论的证据。

班杜拉的社会学习理论也对双编码理论提供了支持。班杜拉认为观察事物主要依赖两种表征系统:意象表征系统和言语表征系统。有些行为以意象形式保持。感官刺激激活并引起外部事件的知觉,由于重复接触外部世界的结果,起榜样作用的刺激(观察)最终产生持久的、可提取的、被示范的行为。以后意象(内部唤起的知觉)能激活客观物质中不存在的事件。事实上,当事情高度关联(如当一个人的名字总是与该人相连)时,最终只听到名字,而未想象那个人是不可能的。同样,只要提及重复观察的活动(如开车),通常能唤起其表象。在发展早期,由于言语技能缺乏以及由于有些学习行为模式不易于言语编码。在这些条件下,视觉意象在观察学习中起特别重要的作用。表征系统涉及被示范的行为的言语编码,它能说明人类观察学习和保持的显著快速性。这种编码系统由于携带容易储存的大量信息,它能促进观察学习和保持。

第三节　程序性知识的心理表征

在信息加工心理学中,知识与技能这两个概念是密切相关的,所以在论述技能的心理实质之前,我们先来研究知识与技能的关系问题。

一、知识与技能的关系

(一)技能的传统定义

我国教育学和心理学沿用活动方式定义技能。例如,《中国大百科全书·心理学》把技能定义为"通过练习获得的能够完成一定任务的动作系统"(潘菽、荆其诚主编:《中国大百科全书·心理学》,中国大百科全书出版社,1991年,第153页)。《心理学大词典》的技能定义是:"个体运用已有的知识经验,通过练习而形成的智力动作方式和肢体动作方式的复杂系统。"(朱智贤主编:《心理学大词典》,北京师范大学出版社,1989年,第300页)《教育大辞典》的技能定义是:"主体在已有知识经验的基础上,经练习形成的执行某种任务的活动方式。"(顾明远主编:《教育大辞典》第一卷,上海教育出版社,1990年,第147页)

把技能定义为活动方式来源于苏联心理学。例如,1956年出版的由斯米尔诺夫主编的《心理学》说:"我们把依靠练习而巩固起来的行动方式叫熟练。"又说技能"正像熟练一样,它也是完成行动的方式。"(阿·阿·斯米尔诺夫主编:《心理学》,朱智贤等译,人民教育出版社,1956年,第459、468页)1980年出版的克鲁捷茨基主编的《心理学》把"人已掌握的活动方式叫技能"(B.A.克鲁捷茨基主编:《心理学》,赵璧如译, 人民教育出版社,1984年, 第86页)这两个定义都是针对动作技能而给出的。1953年苏联学者叶戈波罗夫在《阅读技能的掌握心理学》一书中曾使用智力熟练一词,后来梅钦斯卡娅等人在他(她)们的著作中把智力熟练称为智力技能。

把技能定义为活动方式的缺点是人们从这样的定义中看不出知识与技能到底有什么关系。看不清知识与技能的联系,人们就无法有效地指导技能的学习。

(二)从信息加工观看知识与技能的关系

从现代信息加工心理学的观点看,技能是广义知识中的一种类型,即程序性知识,这里的程序性知识是就个体知识而言的。程序性知识中包含做事的规则,如将主动句"红军打败了敌人"改为被动句"敌人被红军打败了",其暗含的规则是:第一,将主动句中的宾语"敌人"提前作为被动句的主语。第二,将主动句中的主语"红军"作为被动句介词"被"的宾语。第三,在被动句中,介词"被"的宾语常可省略(被动句是"敌人被打败了")。

按信息加工心理学的知识与技能观,如果学生能陈述将主动句改为被动句的三条规则,就可以认为,该学生习得了主动句改为被动句的陈述性知识。如果学生能正确完成主动句和被动句互换的任务,不论他能否正确陈述上述规则,都可以认为,该学生已掌握了主动句与被动句互换的技能。

技能习得可分为两种情况。一种情况是先知道做事的规则，然后学会用这些规则来支配自己的行为。如，给予"1/3+1/4=？"这样的问题，如果学过分数加法的小学生能顺利完成这一任务，就认为该学生已经掌握分数加法技能。这种技能一定是规则学习在先，而且这种规则是学生能意识到和能陈述的，故称为陈述性知识。其后经过反复的运用练习，当规则支配儿童的解题行为时，规则变成了技能。技能习得的另一种情况是行为或实践在先，对行为或做事规则的意识在后。这类技能的学习主要是通过模仿和自发发现进行的。本族语的学习是一个典型的例子。例如，通过反复模仿和语言实践，3~4岁的幼儿能正确说出"风吹倒了大树"和"大树被风吹倒了"这样的句子，但他们不知道其中暗含的主动句变为被动句的规则。这样的规则学习被称为内隐学习，习得的知识被称为默会知识。

从上面的实例分析可见，技能的本质是知识的运用，说得明确一点是程序性知识的运用。有些程序性知识是技能的执行者能意识到的，有些是他们意识不到的。

(三)技能的新定义

本书把技能定义为在练习基础上形成的、按某些规则或操作程序顺利完成某种智慧任务或身体协调任务的能力。这个定义强调技能是一种习得的能力，其实质是一套办事规则支配了人的行为，这一定义使技能变得可以捉摸和便于操作。

二、技能的心理实质

由于现代信息加工心理学用程序性知识来解释技能，这就与我们研究技能的心理实质(即技能的心理表征)问题提供了方便。

(一)产生式

信息加工心理学认为，表征程序性知识的最小单位是产生式(production)。产生式这个术语来自计算机科学。信息加工心理学的创始人西蒙和纽厄尔(A. Newell)认为，人脑和计算机一样，都是物理符号系统，其功能都是操作符号。计算机之所以具有智能，能完成各种运算和解决问题，是因为它储存了一系列以如果/那么(if/then)的形式编码规则的缘故。也就是说，由于人经过学习，其头脑中储存了一系列以如果/那么的形式表示的规则，这种规则被称为产生式。产生式即所谓的条件—行动规则(简作 C–A 规则)。C–A 规则与行为主义的 S–R 公式有相似之处,但也有原则上的区别。相同的是,每当 S 出现或条件满足时,便产生反应或活动。不同的是,C–A 中的 C 不是外部刺激,而是信息,即保持在短时记忆中的信息,A 也不仅是外显的反应,还包括内在的心理活动或运算。

正如命题网络有不同的表示方法一样,不同作者用于表示产生式的符号也不完全统一。以 E.D.加涅(E.D.Gagné)的描述方法为例,说明最简单的产生式(简作 P)的表示法(如表 4-1 所示)。产生式中的"如果"部分规定行为必须满足的条件,在第一个产生式中有两个条件,在第二个产生式中有三个条件;"那么"部分规定应进行的活动,第一个产生式中的活动是"表扬"儿童,第二个产生式中的活动是"识别"与"说"三角形。

表 4-1　实施强化和鉴别三角形的产生式

P1	实施强化的产生式:
如果	目标是要增加儿童的注意行为,且儿童注意时间比以前稍微延长,
那么	对儿童进行表扬。
P2	鉴别三角形的产生式:
如果	已知一个图形是两维的,且该图形有三条边,且三条边是封闭的,
那么	识别此图形为三角形,并说三角形。

（二）产生式系统

简单的产生式只能完成单一的活动,有些任务需要完成一连串的活动。因此,需要许多简单的产生式。经过练习,简单产生式可以组合成复杂的产生式系统。这种产生式系统被认为是复杂技能的心理机制。如果若干产生式通过控制流而相互形成联系,当一个产生式的活动为另一个产生式的运行创造了需要的条件时,那么控制流从一个产生式流入另一个产生式(如表 4-2 所示)。

表 4-2　分数加法前三步的产生式表征

P1	如果	我的目标是要将分数相加,且现在有两个分数,
	那么	建立一个子目标,即求出它们的最小公分母。
P2	如果	我的目标是要将分数相加,且现在有两个分数,且两个分数的最小公分母已知,
	那么	用最小公分母除第一个分数的分母,并得到结果 1。
P3	如果	我的目标是要将分数相加,且现在有两个分数,且两个分数的最小公分母已知,且已得到结果 1,
	那么	以结果 1 乘第一个分数的分子和分母。

三、技能与程序性知识分类

(一)加涅的广义技能分类

在加涅的学习结果分类中,广义的技能可分三类。

1. 智慧技能

智慧技能是运用规则对外办事的能力。

2. 认知策略

认知策略也称认知技能,学习者内部组织起来的、用以支配自己心智加工过程的技能,加涅认为认知策略是一种特殊的智慧技能。

3. 动作技能

动作技能是运用规则支配自己身体肌肉协调的能力。

加涅用对内调控和对外办事来区分智慧技能与认知策略,但在实际运用时,这一划分标准似乎难以操作。加涅的女儿 E.D.加涅提出程序性知识划分的两维标准,似乎更有助于区分一般技能与认知策略。

(二)E.D.加涅的程序性知识分类

1. 一般与特殊维度

根据这一维度,可以区分专门领域的程序性知识与非专门领域的程序性知识。

专门领域的程序性知识是由仅适用于特殊领域的产生式系统构成的。例如,分数加法产生式,只适用于解决分数加法问题(如表 4-2 所示)。又如,中小学生学习的算术四则运算规则,在语文课上学习的造句、改错句的规则,在英语课上学习的语法规则等,都属于专门领域的程序性知识。

非专门领域的程序性知识也称思维或解决问题的一般方法和步骤的知识,如"做事之前先有计划""三思而行""从多方面考虑问题"等等,这些规则不只是适用于特殊情境,还可以适用于多种多样的情境,所以这类程序性知识又称跨情境的程序性知识。描述"做事之前先有计划"的产生式系统(如表 4-3 所示)。

表 4-3 "做事之前先有计划"的产生式系统

P1	如果	目标是为 X 定一个计划,
	那么	建立一子目标:选择与 X 有关因素的最佳联合。
P2	如果	目标是选择与 X 有关因素的最佳联合,
	那么	建立一子目标:评价与 X 有关因素的各种联合。
P3	如果	目标是评价与 X 有关因素的各种联合,
	那么	建立如下子目标：制定评价各种联合的标准并根据它和已知限制条件比较,再说明已知限制条件。
P4	如果	目标是说明已知限制条件,
	那么	依次列出限制条件。
P5	如果	目标是建立评价各种联合的标准,
	那么	建立子目标:设想出与 X 有关的诸因素。
......		

2. 自动与受控维度

根据这一维度,可以区分自动化的程序性知识与受意识控制的程序性知识。

自动化的程序性知识是由经过系统练习而能自动激活的产生式系统构成的,也可以称为经过充分练习而达到熟练的技能。在现代认知心理学中,自动化程序性知识与熟练技能是等同的。如前面所说的异分母分数加法的程序,儿童在初学时要分成许多小步子,一步学一个子程序。首先,学习找最小公分母的方法;其次,学习通分方法,再学约分方法等等。有经验的教师在教这些子程序时,使儿童对每一个小步骤都有明确的意识,并能用明晰的语言说出每一个子程序所遵循的规则。但当学生的运算达到高度熟练以后,他们反而不能明确说出自己运算中每一步的规则。中小学生掌握有关读、写、算的程序性知识,大多数要达到自动化的程度。

受意识控制的程序性知识是由一系列未达到自动激活程度的产生式构成的。例如,"做事之前先有计划"的产生式系统,因为 X 所指对象是变化的,与 X 有关的因素及其组合也是变化的,所以这样的产生式系统难以达到自动化执行的程度。

应当指出的是,从受意识控制到自动化是一个连续不断变化的维度,完全自动化的与纯粹受意识控制的,只是这个连续体的两极,大量的程序性知识是介于这两极之间的。同理,从特殊到一般也是一个连续变化的维度,大量的程序性知识介于一般与特殊的两极之间。

【思考题】

1. 简述知识的本质属性及其存在方式。

2. 简述陈述性知识的心理表征。

3. 简述程序性知识的心理表征。

第五章　陈述性知识的学习

学习目标

* 目标一:掌握奥苏贝尔有意义学习的概念。
* 目标二:掌握奥苏贝尔提出的有意义言语学习理论。
* 目标三:掌握同化学习理论。

陈述性知识是一类关于世界"是什么"的知识,基本可以与加涅所讲的"言语信息"等同。但是对此研究较为深入的当推奥苏贝尔提出的有意义言语学习的理论。

第一节　言语信息学习

根据奥苏贝尔机械学习和有意义学习的分类,陈述性知识学习的结果可分为性质不同的两种类型。

一、机械学习

机械学习有两种情况:一是机械材料的机械学习,如记忆电话号码、人名、地名等;二是有意义材料的机械学习,如幼儿背诵唐诗、宋词、乘法口诀等。机械学习的结果是形成联结。所谓联结,按桑代克的解释是刺激(S)与反应(R)之间的联结(即 S-R),按现代神经网络理论的解释是神经元之间的联结。第二章介绍的艾宾浩斯研究的无意义音节学习、以后某些心理学研究的配对联想学习以及桑代克的动物学习,都是典型的机械学习,其学习结果是机械的。

二、有意义学习

按奥苏贝尔的有意义言语学习理论,有意义学习的结果是言语符号或其他符号在学习者头脑中引起的心理意义。符号引起的心理意义包括单个符号引起的具体事物的表象,一类事物的共同本质属性(即概念)以及一组符号引起的命题。

从知识的表征观来看,有意义学习的结果是学习者头脑中获得表象、命题、命题网络和多种形式的图式。

上述两类学习结果的性质不同,其学习的过程和条件也相应不同,因此解释不同类型的学习理论也相应不同。早期学习论的不足是未考虑学习类别差异,常常用机械学习规律来解释有意义学习,用低级学习规律来解释高级学习。联想主义学习理论和行为主义学习理论适合解释机械的、低级的学习,强调认知和组织的学习理论适合解释有意义的、高级的学习。例如,小学生的识字既包括机械学习,又包括有意义学习。字音和字形的记忆一般是机械的,其学习过程是刺激—反应(S-R)联结形成的过程,即呈现音、形(刺激),学生听或读与写(反应)和重复练习的过程。其学习的最重要条件是儿童的反应,教师针对学生的反应提供反馈与强化。字或词义的学习是有意义的,其学习过程不适合用S-R、重复练习、反馈与强化来解释,宜用强调认知和组织的学习理论来解释。

第二节　有意义的言语学习理论

学生学习书本知识的目的不是机械地记住孤立的知识项目,而是有效地形成组织良好的认知图式。宽泛地说,认知图式也可以称为认知结构。奥苏贝尔提出的有意义言语学习理论(theory of meaningful verbal learning)较好地解释了学生通过命题知识的学习而形成组织良好的认知结构的过程。

在奥苏贝尔的学习理论中,知识和意义是等价的。他区分了言语材料的逻辑意义、潜在意义和学习者个体的心理意义。逻辑意义相当于人类的知识,潜在意义是指在个体具有适当原有知识的条件下能被个体同化的人类知识,心理意义是指个体习得的知识。奥苏贝尔的有意义言语学习理论就是用同化的思想来解释外在的逻辑意义怎样向个体的心理意义转化的过程和条件的学说。下面先解释三类陈述性知识学习的一般过程,然后着重介绍奥苏贝尔的同化论(即有意义言语学习理论),用同化论思想解释各种命题知识的同化过程和条件。

一、符号表征学习

符号表征学习,即表征学习(representational learning),是指学习单个符号或一组符号的意义,即学习它们代表什么。符号表征学习的主要内容是词汇学习(vocabulary learning),即学习单词代表什么。在任何言语中,单词可以代表物理世界、社会世界和观念世界的对象、情感、概念或其他符号,这种代表关系是约定俗成的。对于新生的一代来说,某个词代表什么,他们最初是完全无知的,他们必须学会这些单词代表什么。

符号表征学习的心理机制是符号与其代表的事物或观念在学习者认知结构中建立相应的等值关系。例如,"狗"这个符号,对初生儿童是完全无意义的,在儿童多次同狗打交道的过程中,儿童的长辈或其他年长的儿童多次指着狗(实物)说"狗",儿童逐渐学会用"狗"(语音)代表他们实际见到的狗。我们说"狗"这个声音符号对某个儿童来说获得了意义。也就是说,"狗"这个声音符号引起的认知内容与实际的狗引起的认知内容是大致相同的,同为狗的表象(如图 5-1 所示)。

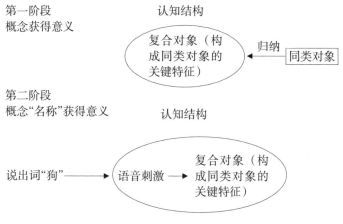

图 5-1　符号表征学习的心理机制

二、概念学习

概念学习(concept learning)实质上是掌握同类事物共同的关键特征。例如,学习"三角形"这一概念,就是掌握三角形有三个角和三条相连接的边这样两个共同的关键特征,而且知道与它的大小、形状、颜色等特征无关。如果"三角形"这个符号对某个学习者来说,已经具有这种一般意义,那么它就成了一个概念,成了代表概念的名词。同类事物的关键特征可以由学习者从大量同类事物的不同例证中独立发现,这种获得概念的方式叫概念形成(concept formation)。也可以用定义的方式直接向学习者呈现,学习者利用认知结构中原有的概念理解新概念,这种获得概念的方式叫概念同化(concept assimilation)。

需要指出的是,概念学习与概念名称(或概念词)的学习是两种性质不同的有意义学习。如上所述,获得概念,不论是经过概念形成的方式还是概念同化的方式,其最终结果都是理解一类事物共同的关键特征或本质特征。而概念名称的学习属于符号表征学习,即用符号代表概念。同一个概念可以用不同符号代表。例如,狗的概念可用"狗"或"dog"代表。同一符号表示的概念也可以发生变化。例如,"圆"这个符号,对于未学习有关平面几何知识的儿童来说,他们没有将平面上的图形和立体的球形分化,只有圆的模糊概念。在小学学过有关圆的几何知识以后,他们掌握了圆的本质特征:"圆在同一平面上而且圆周到圆心的距离处处相等。"进入中学经过系统学习平面几何知识后,他们才有圆概念的精确定义:"圆是一动点绕一定点等距离运动一周的轨迹。"

三、命题学习

命题学习(propositional learning)可以分为两类:一类是非概括性命题,只表示两个或两个以上的特殊事物之间的关系,如"北京是中国的首都",这个句子里的"北京"代表特殊城市,"中国的首都"也是一个特殊对象的名称,这个命题只陈述了一个具体事实;另一类命题是概括性命题,表示若干事物或性质之间的关系,如"圆的直径是它的半径的两倍",这里的倍数关系是普遍的关系。不论表示特殊关系的命题还是表示普遍关系的命题,它们都是由单词联合组成的句子表征的。因此,在命题学习中也包含了符号表征学习。由于构成命题的单词一般代表概念,所以命题学习实质上是学习若干概念之间的关系或者说学习由几个概念联合构成的复合意义。命题学习在复杂程度上一般高于概念学习。如果学生对一个命题中的有关概念没有掌握,他就不可能理解这一命题,命题学习必须以概念学习为前提。

四、命题知识的同化过程

同化一词的基本意义是接纳、吸收、合并成自身一部分的过程。在生理学中,指机体吸收食物并使之转化成原生质。德国教育家赫尔巴特最早用这一概念来解释知识的学习,他认为学习过程是新观念进入原有观念团内,使原有观念得到丰富和发展,从而为吸收新观念做好准备的统觉过程,即原有观念同化新观念的过程。皮亚杰用这一概念解释儿童的认知发展,他认为心理同生理一样,也有吸收外界刺激并使之成为自身一部分的同化过程,不同的是涉及的变化不再是生理性的,而是心理机能性的。

奥苏贝尔用同化的思想系统地解释命题知识的学习。由于命题是由概念构成的,而概念的定义本身也是一种形式的命题,所以此处命题知识的同化过程也包含了概念的同化过程。

有意义言语学习理论强调,在新知识的学习中,认知结构中原有的适当观念起决定作用。这种原有的适当观念对新知识起固定作用,故称这种观念为起固定作用的观念(anchoring idea)。新的命题与认知结构中起固定作用的观念大致可以构成三种关系:第一,类属关系或下位关系,即原有观念为上位的,新学习的观念是原有观念的下位观念;第二,总括关系或上位关系,即原有观念是下位的,新学习的观念是原有观念的上位观念;第三,并列结合关系,即原有观念和新学习的观念是并列的。在这三种关系中,学习的内部和外部条件不同,新旧知识的相互作用的过程和结果也不同。下面分别论述有关这三种关系的命题学习。

(一)下位学习(subordinate learning)

认知心理学假定,在观念的抽象、概括和包容的水平方面,认知结构本身倾向于按层次组织。新命题的出现,最典型的反映是新旧知识之间构成一种类属关系。由于认知结构中原有的有关观念在包容和概括水平上高于新学习的知识,因而新知识与旧知识之间构成的这种类属关系,又称下位关系,即下位学习。这种类属过程多次进行,就导致知识不断产生新的层次,因而也就不断分化与精确化。类属学习的效率取决于认知结构中原有的起类属作用的观念的形成和巩固。这种概括和包容水平较高的观念一旦形成,便具有以下四个特点:第一,对后继的学习任务特别适合,并有直接关系;第二,具有足够的稳定性,有利于牢固地固定新学习的意义;第三,围绕一个共同的知识点组织有关的知识,使新知识彼此联系,又使新旧知识相互联系;第四,能充分解释新学习材料的细节,使这些任意的事实细节具有潜在意义。在下位学习中,需要区分两种不同的类属过程。

1. 派生类属过程(derivative subsumption)

当新的学习材料作为原先获得概念的特例或作为原先获得的命题的证据或例证而加以解释时,便产生了派生类属学习。在上述两种情形中,所要学习的新材料可以直接从认知结构中原有的具有更高包容性和概括性的概念或命题中推衍出来或者蕴含在其中,即新知识只是旧知识的派生物。在这样的条件下,派生材料的意义出现很快,学习比较省力。例如,学生在学习正方形、长方形、三角形时已形成轴对称图形概念。在学习圆时,"圆也是轴对称图形"这一命题被纳入(类属)于原有轴对称图形概念,新的命题很快就获得意义,学生立即能发现圆具有轴对称图形的一切特征。这种类属作用的结果,不仅使新的命题获得意义,而且使原有的概念或命题得到充实或证实。

2. 相关类属过程(correlative subsumption)

新的学习材料类属于原有的具有较高概括性的概念中,原有的观念得到扩展、精确化、限制或修饰,新的命题或概念获得意义,在这种条件下产生相关类属学习。例如,昔日"挂国旗是爱国行动",如今"保护能源是爱国行动"。新命题类属于原有的"爱国行动"中,结果新命题获得意义,原有的"爱国行动"被扩展或深化。在这类学习中,新的学习材料与一些具有较高包容性和概括性的类属者发生相互作用,如结合"爱国行动",但前者的意义并未完全蕴含在后者之中,也不能为后者所代表。

通过类属过程,原有的概念或命题是否发生本质属性的改变,这是区分上述两种类属过程的关键。在派生类属学习中,新知识纳入原有的旧知识中,原有的概念或命题只是得到证实或说明,本质未变。例如,"圆"属于轴对称图形,轴对称图形的本质特征未变。但在相关类属学习中,每次新知识类属于原有的概念或命题中,原有的概念或命题便扩张、深化、精确化或修改,如"保护能源""卫生大扫除""五讲四美"等新知识类属于"爱国行动"(如图5-2所示)。

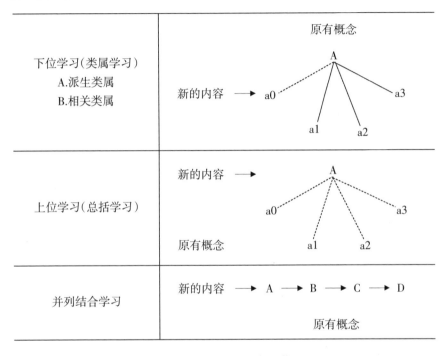

图5-2 三种关系的命题学习

(二)上位学习(superordinate learning)

当认知结构中已经形成几个概念,现在要在这几个原有观念的基础上学习一个包容程度更高的命题时,便产生了上位学习,又称总括学习。在对被提供的材料进行归纳组织或综合成整体时,都需要进行总括学习。总括学习在概念学习中比在命题学习中更为普遍。例如,儿童在知道"青菜""萝卜""菠菜"等概念之后,再学习"蔬菜"这个总括性的概念时,新学习的概念总括了原有的概念,新的概念就有了意义。又如,在小学教授面积概念时,教师让学生比较台面、桌面、教室地面、墙面、操场等等的面积大小,最后概括出"面积就是平面图形或物体表面的大小"的面积定义,这样的学习也是上位学习。一旦一般面积概念形成以后,再学习具体图形,如三角形、圆形等的面积概念时,这种学习又转化为下位学习(如图 5-2 所示)。

(三)并列结合学习(combinatorial learning)

当新的命题与认知结构中的原有特殊观念既不能产生从属关系,又不能产生总括关系时,它们在有意义学习中可能产生联合意义,这种学习称为并列结合学习。许多新的命题和概念的学习都是有潜在意义的,因为它们是由一些已经学习过的观念结合而成的,这些观念与整体的有关认知内容一般是吻合的,因而能与认知结构中有关内容的一般背景联系起来。它们与上位命题、下位命题不同,不能与认知结构中的有关特殊观念相联系。在并列结合的命题学习中,由于只能利用一般的和非特殊的有关内容起固定作用。因此,对于它们的学习和记忆都比较困难。

学生在数、理、化以及社会科学中学习概括的许多例子,都是并列结合学习。如学习质量与能量、热与体积、遗传结构与变异、需求与价格等概念之间的关系,就属于并列结合学习。假定质量与能量、热与体积、遗传结构与变异为已知的关系,现在要学习需求与价格的关系,这个新学习的关系虽不能类属于原有的关系之中,也不能概括原有的关系,但它们之间仍然具有某些共同的关键特征。例如,后一变量随前一变量的变化而变化等。根据这种共同特征,新关系与已知的关系并列结合,新关系便具有了意义(如图 5-2 所示)。

(四)同化论

行为主义心理学反对猜测学习者头脑内部的机制,只强调研究所施加的刺激与所引发的可观察的行为之间的关系。同行为主义心理学相反,认知心理学强调研究学习者内部的心理过程。行为主义心理学在研究学习时,主要研究动物的学习和人类的机械学习。由于动物并不能形成真正的抽象概念,而概念学习正是人类学习的核心,所以不言而喻,早期的行为主义学习理论对解释动物学习比较有效,而对学校教育实践的作用则不大。本书主要阐明有意义学习,特别是概念和命题的学习,我们用认知心理学的同化论来解释这些学习的内部心理机制。

上面提到的上位学习、下位学习和并列结合学习都是内部的认知过程。我们强调,新知识的获得主要依赖认知结构中原有的适当观念;必须通过新旧知识的相互作用,有意义学习才能实现。这种新旧知识相互作用的结果,就是新旧意义的同化,进而形成更为高度分化的认知结构。

同化论的核心是相互作用观。它强调学习者的积极主动精神,即有意义学习的心向,强调有潜在意义的新观念必须在学习者的认知结构中找到适当的同化点。新旧观念相互作用的结果导致有潜在意义的观念转化为实际的心理意义。与此同时,原有认知结构发生变化,这种变化既有质变,又有量变。总之,在人类的认识运动中,奥苏贝尔提出的几种同化模式体现了"外因是变化的条件,内因是变化的依据"的辩证思想。这几种同化模式较具体地描述了人的认识是如何通过不同的内外因素之间的相互作用而产生新的认识的。

【思考题】

1. 思考奥苏贝尔的有意义学习理论与罗杰斯的有意义学习理论的区别。

2. 简述命题学习的一般过程。

3. 简述同化学习理论的基本观点。

第六章 程序性知识的学习

学习目标

* 目标一:掌握三种主要智慧技能的学习过程。
* 目标二:掌握认知策略与智慧技能的区别及其学习过程。
* 目标三:熟悉广义的知识学习的过程。

前面章节中已经说明技能的类型与程序性知识的对应关系,本章专门论述作为程序性知识的智慧技能以及认知策略的习得过程。直到目前为止,加涅对智慧技能学习做了最全面的研究,所以第一节主要参照他的观点具体论述智慧技能中各个亚类的学习过程和条件。

第一节 加涅的智慧技能层次论

智慧技能作为学习结果的一种,被加涅分成五个亚类:辨别、具体概念、定义性概念、规则、高级规则。加涅进一步提出五种智慧技能的习得存在着如下的层次关系:高级规则学习以简单规则学习为先决条件,规则学习以定义性概念学习为先决条件,定义性概念学习以具体概念学习为先决条件,具体概念学习以知觉辨别为先决条件(如图 6-1 所示)。这是加涅的智慧技能层次论的核心思想。

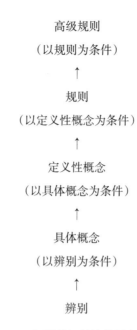

图 6-1　加涅的智慧技能层次

第二节　三种基本智慧技能的习得过程

根据加涅的智慧技能层次论,要阐明智慧技能的习得过程与条件就必须分别阐述辨别、概念(含具体概念和定义性概念)、规则和高级规则的习得与运用的过程和条件。

一、辨别技能的形成

辨别是指对刺激物的不同物理特征做出不同反应的能力。正常儿童都具有进行辨别学习的神经生理基础。人有惊人的知觉辨别学习的能力。例如,心理学家斯坦丁(L.Standing)进行过"学习 10000 张图片"的实验。他尽量使图片具有各自的特征,以减少混淆。实验前,被试者被告知:要注意每张图片,之后需要做记忆测验。每张图片呈现 5 秒,每看完 200 张图片后停顿片刻,看完 1000 张后休息 1 小时,2 天后进行再认测验。测验时把看过的与未看过的图片混杂呈现,被试者需要指出哪些图片是学习过的,结果正确率达到 99%。儿童的知觉辨别学习多半是在无意中自发进行的。有一位心理学家认为这种能力不是习得的,而是在发展过程中自然"获得的"。

信息加工心理学把知觉辨别学习的能力的形成过程看成模式识别能力的习得过程。模式是由若干元素集合在一起组成的一种结构,物体、图像、语言、文字或人物的脸都可以看成模式。较为复杂的模式往往可以分成若干子模式,这些子模式也可以是由若干元素按一定关系组成的结构。模式识别是人们把输入的刺激(模式)信息与长时记忆中的有关信息进行匹配,从而辨别出该刺激物属于什么范畴的过程。

显然,发展模式识别能力就是要习得和保持外界事物的各种刺激模式。尽管有许多知觉学习任务是在未经专门教学的条件下实现的,但是到了学龄期,儿童在语文识字、外语语音和词汇学习以及其他许多学科的学习中仍有辨别学习的任务,所以教师需要知道促进辨别学习的下列条件,并采取相应的教学方法。第一,刺激与反应接近。在教授辨别技能时,教师提供刺激,要求学生立即对刺激做出反应。例如,教授汉语拼音 yin 和 ying 的区别时,教师提供这两个音的标准读音,要求学生立即辨别出教师读的是哪个音?第二,反馈。教师对学生的反应及时做出肯定或否定判断,即肯定正确的反应,否定不正确的反应。如此,学生的辨别就会出现分化和精确化。第三,重复。包括刺激和反应的重复。吉布森(E.J.Gibson)的知觉实验表明,在没有外部反馈信息或强化的条件下,单纯重复观察图片,也能提高知觉辨别学习的能力。

此外,教师在实际教学中可以灵活应用扩大关键特征、对比、强化或反馈、发挥多种知觉系统的协同作用等技术,促进知觉辨别学习的能力。(皮连生主编:《学与教的心理学》,华东师范大学出版社,1997 年,第 114~115 页)

二、概念学习

(一)对概念的进一步分析

概念是知识的细胞,概念可以作为命题知识的成分。例如,"中国的首都是北京"这个命题陈述的是事实性知识,但其中的"首都"代表的是一个概念。又如,"如果两个三角形的两边夹一角对应相等,那么这两个三角形全等"这个命题陈述的是一条平面几何定理,这条几何定理可以作为陈述性知识来学,也可以作为智慧技能的程序性知识来学。检验前一知识的行为指标是学生陈述或解释这条定理,检验后一知识的行为指标是学生运用这条定理办事,如判断两个三角形是否属于全等三角形。在后一情况下,定理控制了个体的行为,便成了指挥个体行为的规则。这样,作为定理的知识就转化成了技能。但是,该定理(规则)中的"三角形""全等""对应""夹角"等代表的都是概念。可见,在陈述性知识学习和程序性知识学习中,掌握概念都是十分重要的。在前一章已经谈到作为陈述性知识细胞的概念学习,在本章又要进一步谈到作为程序性知识构成要素的概念学习。

概念可定义为符号表征的、具有共同本质特征的一类人、事、对象或属性。例如,"首都"是指作为国家政权所在地的一类城市,"三角形"是指有三条边相连的一类平面图形。可以从以下两点理解:第一,世界上单一事物或人等不可能作为概念。例如,"地球""天安门"代表的是单一对象,不代表概念;"雷锋"代表单一的人,不代表概念。第二,概念是一种抽象,没有具体的实体。又如"书"代表一类书,此处的书是抽象的,不指某本具体的书。

(二)概念的构成成分

一般而言,一个概念是由概念例子、概念名称、概念定义和概念属性四个成分构成的。

1. 概念例子

每个概念都指的是一个类,这个类中有许多成员,如"首都"这个类中有北京、莫斯科、东京、华盛顿等。首都概念就是从这个类的例子中概括出来的共同本质特征——国家政权所在的城市。凡符合概念本质特征的例子是概念的正例,凡不符合概念本质特征的例子是概念的反例,如纽约、上海是首都的反例。

2. 概念名称

对大多数人来说,"三角形""首都"这些文字符号引起的是概念的意义,而不是具体的图形或城市,这些词是概念的符号或名称。但研究表明,婴幼儿或动物可能有初级概念,但无概念的符号或名称。

3. 概念定义

概念定义是其正例的共同本质特征的概括,但也有一些具体概念没有定义,如小学低年级学生在语文实践中初步掌握了句子概念,但他们未掌握句子的定义。

4. 概念属性

概念属性又称关键特征或标准属性,是指概念的一切正例的共同本质属性。例如,一切哺乳动物都有胎生和哺乳这两个属性,则胎生和哺乳便是哺乳动物这一概念的属性。

(三)概念的习得

1. 具体概念的学习

具体概念一般是不下定义的概念,其学习过程是从例子中学,可以用奥苏贝尔的上位学习同化模式解释。小学生在语文学习中要学习许多词的词义,如小学一年级学生学习:"一年有四季,春天暖,夏天热,秋天凉,冬天冷。"这里"暖、热、凉、冷"所涉及的概念是具体概念,不能通过下定义,只能从具体实际例子中学习。这种从具体例子概括习得概念的方式称为概念形成,其学习过程是从例子中发现共同本质特征的过程,其条件是同时呈现若干例子(包括正例和反例),学习者提出共同本质特征的概念假设,外界提供假设正确与否的反馈信息。

2. 定义性概念的学习

定义性概念是通过下定义揭示其正例的共同本质属性的概念。其基本学习形式是概念形成和概念同化。关于概念形成的过程和条件上文已经讲清楚了,现在举例说明概念同化。

在奥苏贝尔的同化论中,概念同化是一种下位学习,其先决条件是学习者认知结构中有同化新的下位概念的上位概念。如,百分数这个定义性概念,如果学生头脑中已有"分数"这个上位概念,那么百分数可以用概念同化的形式学习。其学习过程是一个接受过程,即百分数的定义特征不必经过学习者从例子中发现,可以直接以定义形式呈现。学生利用其原有上位概念"分数"同化"百分数"。在学习时,学生找出百分数与分数的相同点,新的百分数被纳入原有分数概念中;同时要找出新知识(百分数)与原有知识(分数)的不同点,这样新旧知识可以分化,不致混淆。奥苏贝尔认为,中小学生在各门学科中学习的大量概念都是通过概念同化的方式习得的。

变式练习是知识转化为技能的途径。不论用何种方式教授概念,学生理解了概念并能用语言陈述同类事物的共同本质特征,这仅仅表明智慧技能学习达到了陈述性知识阶段。概念作为一种智慧技能的本质特征,在不同于原先的学习情境中应用,而促进应用的关键是变式练习。

变式是指概念的正例的变化。例如,2、3、5、7、11、13、17、19 等都是"质数"的变式,鸡、鸭、企鹅、鸵鸟、麻雀、鸽子都是"鸟"的变式。在概念形成中,总是先出现若干变式例子,使概念的无关特征不断变化,但保持概念的本质特征不变,这种习得概念的方式本身包含了变式练习,而且如果还伴随出现反例,保证学生掌握的概念精确化,那么学生的概念掌握已经达到应用水平,智慧技能已经形成。在概念同化中,如果通过呈现定义"分母为 100 的分数是百分数",学生理解了概念,教师仍需要设计一些计算百分数的变式练习,保证百分数概念的应用达到熟练程度。在概念的检测阶段,教师提供概念正反例让学生进行判断的过程,实际上也是变式练习的继续。例如,检测质数概念时,出示 19、20、21、22、23、24、25、26、27、28,让学生判断哪些是质数?哪些是合数?如果学生判断正确则是一种变式练习,如果判断有误,说明学生未掌握概念,还要设计更多的变式并伴随反馈练习,直到学生精确掌握概念为止。

三、规则学习

(一)从结论、原理到规则

人们在实践中认识事物的内在联系,得出一般结论、原理等。这样的结论和原理原先作为命题知识储存在人的记忆中,这样的知识是陈述性的。如果经过一定的练习,使结论和原理以产生式的形式表征,那么原先的结论和原理就转化成人们的办事规则。也就是说,当规则支配人们的行为时,规则就转化成做事的技能。

人们认识到:"火成岩由于受到高温和高压,所以是很硬的。"这一结论以命题网络储存,属于陈述性知识。如果把这一结论转化成如下的规则"如果用榔头敲击,石头不碎,那么此石头为火成岩。"人们可用这一规则去检测石头。如果这一规则支配了某人的行为,那么可以说某人习得了检测火成岩的技能。

规则与概念一样,也有适合它应用的情境,这些情境就是能体现规则的例子和情形。例如,体现"加法交换率"的例子有 25+13=13+25, 1/2+1/3=1/3+1/2 等等。缩句的规则是:"删去句子的次要成分,保留句子的主要成分。"例如,"小明的妈妈是纺织厂的工人"缩成"妈妈是工人"又如,"小明高高兴兴上学"缩成"小明上学"等是体现缩句规则的例子。规则作为一种智慧技能,其学习的实质是学生能在体现规则变化的情境中适当地应用规则。

(二)规则学习的两种基本形式

按照奥苏贝尔同化论,习得规则的形式有上位学习、下位学习和并列结合学习。但最基本的学习形式是上位学习和下位学习。

1. 从例子到规则的学习

从例子到规则的学习是上位学习的一种形式,也称发现学习。即教学方法简称"例—规法"。

2. 从规则到例子的学习

从规则到例子的学习是下位学习的一种形式,也称接受学习。即教学方法简称"规—例法"。

第三节　解决问题的研究概述

解决问题(problem solving),也译作问题解决。解决问题的研究涉及问题与问题解决的科学定义、问题情境的类型、问题解决的心理过程、影响问题解决的心理因素。

一、关于问题与解决问题的科学含义

(一)问题与解决问题的早期观点

早期的问题解决研究者并未给问题与问题解决下一个令人满意的定义。早期行为主义心理学家研究学习的基本课题是条件反射、动物走迷宫和打开迷笼等行为。在斯金纳提出操作条件反应概念之前,心理学家把桑代克的猫学习逃出迷箱和动物学会走迷宫等行为称为解决问题。解决问题也就是机体获得对新的刺激情境做出适当反应的过程。例如,桑代克迷箱中的猫学会抓住联结门闩的金属绳,把箱门打开,逃出迷箱,就是解决了问题。行为主义心理学家把斯金纳的操作条件反应看成是一种解决问题的学习形式。

格式塔心理学家为了便于与行为主义进行争论,用动物作为被试者研究解决问题。黑猩猩面对放在栅栏远处的香蕉,用两根棒中的任何一根都够不着香蕉,这也成了它的问题。格式塔心理学家认为黑猩猩将两根棒子接起来够到远处的香蕉也是解决了问题。

早期的研究者缺乏学习分类观,混淆了人的学习与动物学习的区别,人类低级学习与高级学习的区别,自然不能给问题与解决问题提供一个科学的定义。研究得出的结论也很难在学校教学中应用。

(二)问题与解决问题的现代观点

直到 20 世纪 60 年代学习分类理论提出以后,把解决问题放到不同学习类型的层次排列之中,问题与解决问题才得到较明确的定义。

在奥苏贝尔的有意义言语学习理论中,学习由低级到高级分为符号表征学习→概念学习→命题学习→概念和命题的应用→解决问题(包括创造性解决问题)。在加涅的学习结果分类中,智慧技能的学习由低级到高级依次为辨别学习→具体概念学习→自定义概念学习→规则学习→高级规则学习。高级规则可以通过接受学习来习得,也可以通过发现学习来习得,高级规则的发现学习也就是解决问题。

根据学习分类理论,应将解决问题与概念和原理的简单应用或在熟悉情境中的应用相区别,因为这种应用的结果未习得新的概念和规则。解决问题是学习者将原有的概念和规则加以综合,在新情境中应用并得到新的认知成果的过程。这种新的认知成果可能是新的规则(高级规则),可能是新的解决问题策略,也可能是一篇新的文学作品或一份研究计划等。

信息加工心理学家把问题定义为:"给定信息和目标之间有某些障碍需要被克服的刺激情境。"学生解决一道算术应用题或证明一条定理,成人谋求一份工作,教师转变一个学生的态度,医生治愈某种疾病,至少在当前缺乏现成方法的条件下,他们都处于问题情境中。

根据问题的起点、目标和允许的操作(运算)的不同,可以将问题分为定义明确的问题(well defined problem)和定义不明确的问题(ill defined problem)。前者指问题的三个成分都明确的问题,也称常规性问题(routine problem);后者指三个成分中有部分不明确的问题,称为非常规性问题。

二、关于解决问题的过程

20世纪60年代前,关于解决问题的心理过程,许多研究者依据个人研究的方法和掌握的资料不同,提出了不同的观点和阶段模式。

行为主义心理学家和格式塔心理学家都是以动物为被试者研究解决问题,由于观察到实验中动物行为表现的不同,提出了完全对立的观点。行为主义心理学家桑代克、斯金纳等,以较低级的动物如猫、白鼠为实验对象,认为解决问题是一个尝试错误的过程。正如鲍尔和希尔加德在《学习论——学习活动规律的探索》(1981)一书中所述:"碰到新的陌生问题时,学习者是怎样解决的呢?刺激—反应理论家认为,学习者将其过去经验中与新问题有关的行为集中起来或是按照新情境与以前遇到的情境的相似方面做出反应。如果这些反应不能使问题获得解决,学习者便求助于尝试错误,从他们的全部行为中发出一个又一个反应,直至问题解决。"(鲍尔,希尔加德著:《学习论——学习活动规律的探索》,邵瑞珍等译,上海教育出版社,1987年,第30页)

格式塔心理学家以高等动物黑猩猩为被试者,认为解决问题中很少有尝试错误,主要是一个顿悟的过程,而且一旦解题方法被顿悟,便能保持。

哲学家杜威、心理学家华莱士和邓克尔以人为研究对象,对人解决问题的心理过程分别提出了不同的阶段模式。第一个著名的解决问题的过程模式是由哲学家杜威于1910年提出的。他在《我们怎样思维·经验与教育》一书中(杜威著:《我们怎样思维·经验与教育》,姜文闵译,人民教育出版社,1991年,第88~93页),提出反省思维经过如下五个阶段。第一,暗示。困惑、挫折或意识到困难的状态。第二,理智化。确定疑难究竟在什么地方,包括不太具体地指出所追求的目的,需要填补的缺口或要达到的目标。第三,假设。提出问题的种种假设。第四,推理。如有必要连续检验这些假设,并对问题重新加以阐述。第五,用行动检验这些假设。进行验证,证实、驳斥或改正假设。杜威提出的反省思维五个阶段被后人称为解决问题的五个阶段,并被广为引用。

后来,英国心理学家华莱士(G.Wallance)通过对名人传记的研究,提出解决问题的四个阶段。第一,准备(preparation)。由刺激情境发现问题及寻求解题线索。第二,孕育(incubation)。因问题复杂程度不同而经过一般或长或短的反复酝酿时间,以进行深入探索和思考。第三,明朗(illumination)。突然找到问题解答方法,有豁然开朗之感。第四,验证(verification)。用实践来检验所提出的解决方案。

20世纪40年代,德国心理学家邓克尔(Kar Danker)通过医学治疗研究,提出了范围逐渐缩小的解决问题过程模式。第一,确定问题的一般范围。第二,进行功能性解决,即缩小问题范围,寻找符合既定方向的解题途径。第三,进行特殊解决,进一步缩小功能解决的途径,使功能解决具体化。

1978年,奥苏贝尔说:"60多年来并没有人对杜威1910年的描述作过明显改进。"(奥苏贝尔等著:《教育心理学——认知观点》,佘星南、宋钧译,人民教育出版社,1989年,第698页)从奥苏贝尔的这一评论可见,解决问题过程问题虽是心理学中研究的一个老问题,长期以来研究进展甚微。

20世纪60年代后,由于心理学研究方向整体转变,即从行为观转向认知观,研究手段也多样化,如计算机模拟、专家与新手解决问题比较研究、口语报告与分析法,心理学家不再只是对解决问题的心理过程的阶段做出一般描述,而是更注重于揭示不同类型的知识在解决问题不同阶段的作用。例如,奥苏贝尔和鲁宾逊提出了解决问题四阶段模式,并分析了问题背景知识、推理规则和策略在解决问题不同阶段的作用。此后信息加工心理学家和持认知建构观的心理学家把这种知识类型分析深入到许多学科问题的解决,这类分析为学科教师培养学生的解决问题能力指明了方向。

三、关于影响解决问题的心理因素

20世纪60年代前,心理学家提出并研究的较多的影响解决问题的心理因素是心理定势、功能固着。

心理定势(mental set)也称心向,是指个体经由学习而积累起来的习惯倾向。它在学习和解决问题中既可能起积极作用,也可能起消极作用。

心理学家卢钦斯(A.S.Luchins)用三个大小不等的杯子盛水注入另一容器的

实验演示了心理定势的作用。下面是演示这一现象的另一个例子：

> 下面是由几根火柴杆排成的等式。请你在一个等式中仅移动一根
> 火柴杆，以此改变该等式，使之成为如 V=V 这样的真正的等式。
>
> V=V11   V1=X1   X11=V11   V1=11

资料来源：Raudspp & Haugh，1977

改变第一个"等式"的正确答案是 V1=V1，改变第二个和第三个"等式"的正确答案不难找到，但第四个"等式"，你将会按原先的"习惯"（即定势）行事，结果将遇到困难。此时，你必须克服心理定势，改变思考方向才能求得正确答案。

功能固着（functional fixedness）是指个人在解决问题时表现出的思考僵化现象。对问题情境不能多方面考虑，对工具使用缺乏变通能力，认定老虎钳只能拔钉，而不能随机应变作为钉锤之用。

梅尔（N.R.F.Maier）演示了功能固着现象。被试者进入一房间，内有两根绳子从天花板垂下，实验人员要求被试者将两根绳子结起来（两绳长度可以联结）。室内另有一张桌子，桌上有榔头和钳子。被试者可能试着一手握住一根绳，再去抓另一根绳，但是够不着，在此情况下被试者应如何办呢？

研究表明，被试者不易想到用榔头或钳子作为摆锤，通过绳子摆动，以便同时够到两根绳子。这就表明了功能固着现象。

从上述有关影响解决问题的因素及其研究的介绍可见，传统的解决问题研究大多在人为的条件下进行的，这些因素的影响的确存在，但不是最重要的因素。影响解决问题的最重要因素是个人的原有知识及其组织的性质。

第四节　认知策略的习得过程

前面曾提及认知策略，但对认知策略的性质与类型未做深入分析。本节将进一步论述认知策略的性质与分类，然后说明认知策略学习的过程。

一、认知策略的性质

应从以下两个方面理解认知策略的性质。

（一）从学习的信息加工过程来看

从学习的信息加工过程来看,信息加工心理学家一般将学习的信息加工过程区分为加工过程和执行控制过程。前者如信息的输入,短时记忆、长时贮存和提取等过程;后者指对信息加工过程起监测与控制作用的过程,如通过复述、精加工和归类组织等活动,使短时记忆中的信息在长时记忆中持久保存。因此,从过程来看,认知策略是指对人的心理加工过程起控制和调节作用的执行控制过程。

（二）从学习的结果来看

从学习的结果来看,信息加工的结果是学习者获得广义的知识,包括陈述性知识和程序性知识。认知策略的知识在本质上是一种特殊的程序性知识。这种知识是在认知活动中习得的。在心理学家对认知策略教学开展广泛研究之前,儿童或学生的认知策略多数是自发习得的。如西方心理学家发现,学前儿童在计算如8+5、7+4、6+3 这样的两位数加法时,某些聪明的幼儿自发习得了"在心里记住大的数目,如 8、7、6,然后数较小的数目"的计算策略。这种策略被心理学家称为"数数"(count on)策略。又如,人们在打电话时,当电话号码超过记忆广度时,会采用复述策略帮助记忆,这种复述策略也是人们自发习得的。这种自发习得的策略背后暗含相应的支配认知活动的规则,如"数数"(count on)策略的规则可以陈述为:"当遇到两个数相加时,先在心里记住大的数,然后用数数的方法在大数上加上较小的数"。复述策略的规则可以陈述为:"当遇到一连串的项目(如数字、字母、词等)时,采用口头复述这些项目的方法帮助记忆"。人们在实践中自发地习得认知策略,但往往没有明确意识到支配这些策略的规则。这样的程序性知识被称为默会知识(tacit knowledge)。

二、认知策略的分类

（一）根据所支持学习过程的阶段分类

认知策略可以根据不同标准划分许多类型,加涅根据认知策略支持的信息加工过程的阶段提出划分的策略类别(如表6-1 所示)。

表 6-1　据信息加工阶段对认知策略的分类

学习过程	支持学习过程的策略
选择性知觉	集中注意
	画线
	先行组织者
	附加问题
	列提纲
	解释意义
复述	做笔记
	运用表象
	形成组块
	概念示图法
语义编码	类比法
	规则/产生式
	图式
	记忆术
提取	运用表象
	元认知策略
执行控制	

(二)根据适用的范围分类

据 E.D.加涅的程序性知识两维分类,认知策略可分为专门领域和一般领域的认知策略。专门领域的认知策略是指适合特殊领域的认知策略,如适合物理概念和原理的学习的推理策略,通过操作实验变量,推导出物理概念和原理的策略;适合语文学科中写作的特殊策略,通过具体描写人物语言、行动和外貌特征,揭示人物内心世界的策略;在解决几何问题时通过作辅助线把未知图形与已知图形联系起来,从而使问题得以解决的策略。一般的认知策略是指跨学科领域的认知策略。心理学家研究较多的有"目的—手段分析法""爬山法""倒溯法"等,这些方法可以广泛地适用于自然科学、社会科学和日常生活的问题解决。

三、认知策略学习的一般过程和特点

既然智慧技能和认知策略同属于程序性知识范畴,那么上述有关概念和规则学习的规律也应该适合认知策略学习,但是也不能把一般概念和规则学习的规律简单地推论到认知策略学习上。因为认知策略是一种特殊的程序性知识，其学习有自身的特点。下面先举例说明认知策略学习的一般过程，然后说明其特点。

(一)认知策略学习的一般过程

上面提到，儿童的许多认知策略是在他们的实践中自发形成的，这样习得认知策略的过程就不为人所知。但是根据程序性知识学习的一般原理，心理学家可以创设外部条件，有目的和有意识地教会儿童掌握某些认知策略，据此可以演示认知策略的学习过程。

(二)认知策略学习的特点

从上述分段策略的教学可见，认知策略的学习具有不同于一般智慧技能学习的特点。

第一，支配认知策略的规则具有内潜性。根据加涅的学习结果分类，支配智慧技能的规则是对外的，而支配认知策略的规则是对内的。对外办事的规则易于通过实物或其他媒体进行演示，而由于人的认知活动潜藏人脑内部，无法直接观察到，所以难以把支配人的认知活动的规则用演示的方法告诉学生。第二，支配认知策略的规则具有高度概括性和模糊性。学生要学习的认知策略主要是思维与解决问题的策略。支配这些策略的规则一般具有高度的概括性。例如，上述按时间分段的规则尽管是属于具体领域的，但也是高度概括的，因为以时间为分段线索的文章内容千变万化，可以写人、记事、写景、状物等。支配认知策略规则的高度概括性也给它带来了模糊性。例如，按时间分段的文章很可能与按地点或按事物发展顺序分段的文章交叉重叠，这样给学生的掌握带来了困难。第三，支配认知策略的规则多数是启发式的。例如，按时间分段的三条规则是启发式的。运用这三条规则进行阅读，有助于学生分段，但不能保证学生分段的成功。

由于这些特点，认知策略的学习一般比智慧技能的学习更困难，需要接触的例子更多，需要变式练习的机会更多，需要从外界得到更具体的反馈和纠正，需要反省认知(元认知)的参与。

第五节　广义知识学习阶段与分类模型

现代认知心理学家认为陈述性知识的学习可以分为三个阶段（如图 6-2 所示）：第一阶段，新信息进入短时记忆，与长时记忆中被激活的相关知识建立联系，从而出现新的意义的建构；第二阶段，新建构的意义储存于长时记忆中，如果没有复习或新的学习，这些意义会随着时间的延长而出现遗忘；第三阶段，意义的提取和运用。

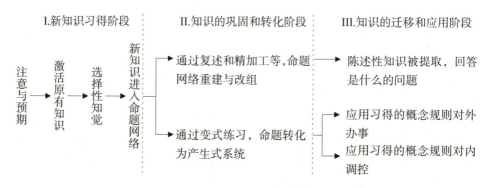

图 6-2　广义知识学习阶段与分类模型

程序性知识的学习一般分为三个阶段：第一阶段与陈述性知识的学习相同。例如，在英语学习中，"将'We go to school yesterday'改成合适的时态"，这是一种典型的程序性知识的学习（或智慧技能的学习）。学生要能顺利完成这一任务，必须知道英语中动词时态变化的规则，在这里是将动词改为过去式的规则。知道某一规则或能陈述该规则，与应用这一规则支配自己的行为并不是一回事。所以，第一阶段学习是陈述性知识，也就是说程序性知识学习的前身是陈述性知识。第二个阶段是通过应用规则的变式练习，使规则的陈述性形式向程序性形式转化。就"英语动词一般现在时态改为一般过去时态"来说，学生通过教师讲解或阅读教材，知道了一般现在时态改为一般过去时态的规则，并能陈述这些规则（陈述性知识），再通过大量的句子变化的练习，每当看到"yesterday""some years ago"等表示过去某时刻的词时，能立即根据规则把句子中的动词改为适当的过去式。此时相应的规则已经开始支配学生的行为,规则开始向办事的技能转化。第三个阶段是程序性知识发展的最高阶段,规则完全支配人的行为,技能达到相对自动化的程度。例如,熟练掌握英语的人,可以脱口说出规范的符合时态规则的英语句子,而不必有意识地去考虑有关规则。作为一种特殊的程序性知识的认知策略的学习也是如此,必须先要知道学习的认知策略是什么;然后通过应用有关策略的练习,使有关学习、记忆或思维的规则支配自己的认知行为;最后能在变化的条件下顺利地应用有关规则,支配和调节自己的认知行为,达到提高学习与记忆效率的目的。

综上所说,根据学习结果和学习过程这两个维度,可以用图描绘广义知识学习的阶段和类型之间的相互关系。它是根据现代认知心理学的知识分类理论和认知学习理论提出的广义知识学习与分类模型,该模型可以解释学生认知领域绝大多数的知识、技能和策略的学习。

一、陈述性知识的学习

无论是陈述性知识学习还是程序性知识学习,都是以他们对知识的表征为依据展开的。陈述性知识的表征是以命题和命题网络的形式实现的,而命题的构成是由最基本的符号以及基本的概念, 所以本书对陈述性知识的学习从表征学习(符号学习)、概念学习和命题学习三个方面展开。程序性知识的表征是通过产生式和产生式系统实现的,产生式有条件项和行为项两部分组成,条件项的判断和确定是依据对知识的模式识别来进行的,行为项就是识别了条件项以后,跟随其后产生的具体的行为,行为的学习就是一系列动作的学习。所以本书对程序性知识的学习是从模式识别学习(概括化和分化)和动作步骤学习(程序化和程序化合成)两个方面展开的。

(一)陈述性知识学习的一般过程

陈述性知识的掌握过程,主要是个体新建构的意义能够长时间地存储于长时记忆中,而且在运用时能迅速提取。

皮连生根据奥苏贝尔的同化理论和安德森的激活理论,提出了陈述性知识的学与教的模型,把陈述性知识的掌握过程分为六个阶段:注意与预期(心向)、激活原有知识(认知结构变量)、选择性知觉、新旧知识的相互作用、认知结构的改组或重建、根据需要提取信息。

（二）陈述性知识的掌握方式

1. 表征学习（符号学习）

表征学习是指学习单个符号或一组符号的意义。表征学习的过程：前期阶段（获得意义）和后期阶段（建立表象）。

2. 概念学习

概念学习是指掌握概念的一般意义，其实质是掌握一类事物共同的本质属性和关键特征。概念学习的过程：可通过概念的形成和概念的同化两种形式获得。

3. 命题学习

命题学习是指由几个概念构成的命题的复合意义，实质上是学习表示若干概念之间关系的判断。奥苏贝尔根据新知识与原有认知结构的关系，将概念学习和命题学习分为下位学习、上位学习和并列结合学习三种不同的意义获得模式。

（三）陈述性知识的教学策略

陈述性知识的主要教学策略可分为五种：动机激发策略、注意策略、精细加工策略、组织者策略、认知结构优化策略。

二、程序性知识的学习

（一）程序性知识学习的一般过程

程序性知识包括三个阶段：程序性知识阶段、转化阶段、自动化阶段。

（二）程序性知识的掌握方式

按照安德森的观点，程序性知识学习包括两种类型：模式识别学习和动作步骤学习，他们存在不同的掌握机制。

1. 模式识别学习（产生式的条件项学习）

模式识别学习是指学会对待特定的内部或外部刺激模式进行辨认和判断。主要任务是学会把握产生式的条件项，通常要经过概括化和分化两种心理机制。概括化是对不同刺激或同类刺激做出相同或相似反应的机制（产生式的条件项发生变化，两个产生式的条件部分中的共同部分构成了新的产生式的条件部分，概括化后的产生式适用范围更广）。分化是个体对不同类别刺激做出不同反应的机制，分化是在原来的概括不能适用时出现的（导致增加产生式的条件，是产生式适用范围缩小）。

2. 动作步骤学习（产生式的行为项学习）

动作步骤学习是指学会顺利执行某一活动的一系列操作步骤，主要是对产生式行为项的学习，实际上代表了个体对做事、运算或活动的规则或顺序的实际运用能力。动作步骤学习以模式识别为基础，主要通过程序化和程序的合成两个机制来完成。程序化指动作步骤从陈述性知识的表征转换为程序性知识的表征，不再依赖于陈述性知识而独立完成动作步骤的过程。程序的合成是指在练习的过程中，把若干产生式合成一个产生式，把简单的产生式转变成复杂的产生式，实际上就是对程序性知识的组块。程序化和程序的合成的基本条件都是练习和反馈，借助大量的练习和反馈才能得以实现。

（三）程序性知识的教学策略

程序性知识的主要教学策略可分为六种：课题选择与设计策略、示范与讲解策略、变式练习与比较策略、练习与反馈策略、条件化策略、分解性策略。

【思考题】

1. 简述加涅的智慧技能层次结构。

2. 简述概念智慧技能形成的过程。

3. 简述规则智慧技能形成的过程。

4. 分析认知策略与智慧技能的区别。

5. 简述广义知识的学习过程。

第七章　动作技能与学习

学习目标

* 目标一:能指出动作技能与一般认知能力的相同点和不同点。
* 目标二:能用实例说明动作技能形成的不同阶段的特点。
* 目标三:陈述能力倾向测验各个项目的内容。

　　动作技能本质上隶属于程序性知识，与前面所介绍的程序性知识不同的是，动作技能指的是学习者对身体的操控，而不是对认知过程的操控。

　　动作技能的掌握不仅是学生学习的重要组成部分,而且动作技能的学习与知识的学习有着十分密切的关系。一般说来,掌握动作技能的水平较高,则对学生知识的学习和能力的培养都有积极的促进作用。因此,学校培养的学生,不仅要善于动脑,而且要善于动手。教师不仅要知道学生的文化知识和智慧技能的获得过程,也要懂得动作技能形成的过程与特点，这样才能有效地指导学生的动作技能学习。本章将着重论述动作技能的性质、学习与保持过程以及有效指导与练习的方法,最后还将简要介绍动作技能的能力倾向的测量方法。

第一节　动作技能的性质

一、动作技能的含义

　　什么是动作技能? 尽管心理学家对动作技能的定义不尽相同,但他们都认为

动作技能的构成包括三种成分。第一,动作或动作组。需要指出的是动作不等于动作技能,只有当人们用一组动作去完成一项具体任务,这时才称为动作技能。如用一组身体动作去表现情感,像走路、穿衣等不是动作技能。第二,体能。主要包括耐力、力量、韧性、敏捷性等。第三,认知能力。包括视觉、听觉、触觉、动觉等知觉能力,其中手脚协调、身体平衡对完成动作技能意义更大。因此,我们认为,动作技能是人类一种习得的能力,是人类有意识、有目的地利用身体动作去完成一项任务的能力。个体越是经济、有效、合理地利用身体动作完成任务,其动作技能的水平就越高、能力就越强。

二、动作技能的分类

对于动作技能的分类,一般从三个维度进行划分:动作的精确性、动作从开始到结束的连贯性和环境的稳定性。

（一）粗大动作技能和精细动作技能

根据动作的精确性可以把动作技能分成粗大动作技能和精细动作技能两种。粗大的动作技能是指在较大空间范围内进行并要求做大幅度动作的技能,如跑步、打球等,其特点是需要整个躯体和大块肌肉群的运动才能完成运动。成功完成这种活动对动作精确性的要求较低,但对动作的流畅性、协调性要求较高。精细动作技能是指在狭小空间范围内进行,并要求动作协调、精致、小幅度的展开技能,如绘画、电脑录入和弹琴等。其特点是仅仅靠身体或四肢小肌肉群的运动来完成活动,通常涉及手眼的协调,对动作的精确性有较高的要求。

实际上,粗大与精细只是一个连续体的两个极端,它们的区分只是相对的,骑自行车更多地靠近粗大动作技能一端,打台球更多地靠近精细动作技能一端。这种划分动作技能的方法在特殊教育、适应性体育教育、治疗和儿童期动作技能发展研究中得到了广泛的应用。

（二）连续性动作技能和非连续性动作技能

根据如何定义动作技能的开始与结束可分为以下两种技能。如果一种动作技能可以很清楚地定义起点和终点,那么这种动作技能就是非连续性动作技能;如果可以任意定义一个动作技能的起点和终点,那么这种动作技能就是连续性动作技能。

非连续性的动作技能只包含短的序列，可以进行精确计数，并对一个特定的外部刺激做出一个特定的反应。它是由突发的动作组成的，如射箭、打字等。其特点是动作是间断的，动作与动作之间可以直接感觉到起点和终点，动作突然爆发等。

连续性的动作技能需要完成的动作序列较长，而且在完成活动任务的过程中需要根据复杂的内外部刺激连续、不间断地调节和校正的动作技能。如游泳、弹琴等。其特点是动作的延续时间较长，动作与动作之间没有明显可以感知的起点和终点，难以精确计数。

（三）封闭性动作技能和开放性动作技能

1957年，英国心理学家剖尔顿最早提出根据环境的稳定性来区分动作技能。如果一种动作技能面对的外界环境是稳定的、可以预测的，这种动作技能就是封闭性动作技能。如果一种动作技能面对的外界环境是不断变化的、不可预测的，那么这种动作技能就是开放性的动作技能。

封闭性动作技能发生在固定的、环境不变的条件下，完全依赖肌肉的内部反馈信息来进行指导，如跳高、投掷标枪等。其特点是不需要外部环境因素作为参照，而且具有相对固定的动作模式，该种技能与预测性高的稳定环境因素有关。

开放性动作技能发生在时间或空间不断变化的条件下，练习者必须根据外部刺激的变化而相应调节自己的动作，如开车、打球等。其特点是必须参照外部环境刺激来调节动作，该种技能与预测性低的不稳定环境因素有关。

第二节　动作技能的习得与保持

一、关于动作技能学习的理论

像其他领域的学习一样，心理学家对动作技能的学习也提出了多种解释，可分为强调行为的、强调认知的和强调生态的三种不同的观点。

（一）习惯论

动作技能是由一系列动作构成的。那么，这些动作是如何联系起来而形成连续的动作系列呢?习惯论主张用习惯来解释,认为一种运动成分所产生的反应刺激,通过习惯的形成而与下一个运动成分联系起来。当习惯联结形成时,一旦开始某一动作,那么这种反应所产生的刺激就引发了另一个行为成分,从而使一系列动作得以流畅地执行。习惯在这里所起的作用不仅是将外部的刺激与一种反应联系起来,而且还将一种动作成分与另一种动作成分联系起来。习惯的形成遵从桑代克提出的效果律,即通过奖励和惩罚来增强或减弱习惯的强度。

(二)认知观

20世纪六七十年代以后,许多心理学家偏向于用认知的理论来解释动作技能的学习。在这些理论解释中,比较突出的是闭环理论和开环理论。

1. 闭环理论

闭环理论是由加拿大心理学家亚当斯(J.A.Adams)提出的。他认为,人学习动作技能是对反馈信息进行加工并减少错误的过程,并不是习惯强度的增强,换句话说,动作行为是由反馈机制控制的。当我们执行动作行为时,可以从肌肉与关节的感受器以及前庭器官中得到一些来自内部的反馈,此外还可以从视听渠道获得一些来自外部的反馈。接下来,我们会把这些反馈信息与头脑中表征的预想达到的状态进行比较,当觉察到不一致时,便对当前的动作行为进行修改,以便达到或维持预想的状态。闭环理论强调反馈的作用,尤其适合解释相对缓慢或连续的动作行为的习得与控制(如开车之类的追踪任务)。

2. 开环理论

开环理论认为我们的动作行为受头脑中的动作程序控制,不涉及反馈信息的加工和使用,因而也没有觉察和纠正错误的机制。这一理论适合解释那些要作为整体而快速执行的动作技能的习得和控制。美国心理学家施密特(R.A.Schmidt)提出的图式理论是开环理论的重要代表。在他的理论中,动作行为不是由具体的动作程序控制的,而是由一般化的动作程序(即图式)控制。一般化的动作程序是在一类动作的许多具体例子基础上概括而成的,它有一些固定不变的成分(如运动的顺序),也有一些参数或变量需要在动作行为执行之前或之中得到满足(如动作的执行要使用哪些肌肉)。

（三）生态观

生态观点强调在动作的控制中,动作执行者与动作发生的环境之间的相互作用,倾向于在自然的研究场景中研究动作行为。该理论认为知觉和动作在机能上是密不可分的,由一些肌肉、关节和动作单元组成的动作系统调适于并直接受知觉状态的影响,而不是受计算性的、类似于人的中枢脑结构所控制。

二、动作技能形成的阶段与习得的指标

费茨(T.M.Fitts)和波斯纳(M.I.Posner)概括了人类学习动作技能的一般过程,为进一步详细研究动作技能提供了基础。他们把动作技能的学习分为三个阶段。

（一）认知阶段

认知阶段也称知觉阶段,主要是理解学习任务,并形成目标意象和目标期望。目标意象主要是指学习者对自己解决问题的目标模式反应和动作形式,在头脑中形成一个表象,即明确解决问题的目标模式。目标期望则是指对自己的作业水平的估价,即明确自己能做得如何。这两种期望都起着学习定向作用。

（二）联系形成阶段

联系形成阶段重点是使适当的刺激与反应形成联系。即使是一个简单的动作所包含的刺激和反应也非常复杂,所以联系的形成比想象的要复杂得多。用加涅的话来说就是必须建立动作连锁。在这一阶段必须排除过去经验中习惯的干扰。

（三）自动化阶段

动作技能的学习进入自动化阶段时, 一长串的动作系列似乎是自动流出来的,无需特殊的注意和纠正。技能逐步由脑的较低级中枢控制,人们可以一面从事熟练的活动,一面考虑其他的事情。例如,有经验的司机在正常开车时,可以顺利地与别人交谈。上面所讲的熟练操作的特征就是动作技能的学习进入第三阶段的特征。

三、动作技能习得的指标

根据学习的定义,动作技能学习是由经验引起的内在运动能力的相对持久的变化。内在的运动能力不能直接观察到,但可以通过外显的动作行为推测出来,这

里的动作行为称为表现。相应地,运动能力相对持久的变化,也反映在表现的相对持久的变化上。这就是说,动作技能的学习可以通过表现的相对持久的变化来判断。据此,测量出表现的相对持久的变化情况,也就测量出了动作技能学习的情况。学习心理学家目前主要采用保持测验和迁移测验来测量表现的相对持久的变化。保持测验是在一段时间之后测量表现,迁移测验则是在变化条件下测量表现。之所以采用这两种测验,是因为在动作技能的学习中,有两种导致表现发生变化的因素:一是导致学习的表现特征发生相对持久变化的因素,二是导致表现发生暂时变化的因素。由于训练期间(习得阶段)观察到的表现的任何变化,可以是暂时的变化,也可以是更持久的变化,因而有必要进行保持测验和迁移测验。

四、动作技能的保持

大家都有共同的经验,动作技能一经学会,便不易遗忘。例如,学会了游泳和骑自行车的人,若干年以后,虽未经练习,其技能基本上保持如故。

我国心理学工作者以大学生为被试者,研究了动作技能的遗忘进程。学习内容为一套新编的徒手体操,十分钟学会,一分钟完成动作。1986 年,许尚侠研究发现,动作技能的遗忘进程同艾宾浩斯无意义音节的遗忘进程有很大的区别。

为什么动作技能不易遗忘呢? 弗雷西门和派克的实验可以部分回答这个问题。他们设计了一个类似驾驶飞机的任务。在实验中,被试者握一个操纵杆,该操纵杆可以左右前后移动,控制两维的运动。被试者要用脚去控制方向舵,方向舵像一块跷跷板,可以围绕一个支点上下运动。被试者需要使操纵杆在一个阴极射线管的中心保持一个光点,若光点偏离中心,他必须及时调节操纵杆,使光点回到中心位置。在阴极射线管的上方有一个伏特计,被试者用脚踏方向舵,使伏特计指针同样保持在中心位置上。这一任务是颇为复杂的。

被试者既要观察光点和伏特计的移动,又要手脚并用进行不同的操作。练习50 次,每次 6 分钟,达到了熟练水平,历时 17 天。在训练完成后,将被试者平均分成 3 个组。其中 1/3 的被试者在 9 个月后进行测验,1/3 的被试者在 12 个月后进行测验,1/3 的被试者在 24 个月后进行测验。结果表明,前两部分被试者对技能没有遗忘,最后那部分被试者对技能虽有少量遗忘,但经 6 分钟练习后,便完全恢复。这就是说,已经掌握了的动作技能,经过 24 个月以后,仍然保持完好。对于动作技能为什么不易遗忘这一问题,上述实验可以给我们如下三个启示:第一,动作技能是经过大量的练习之后获得的。在上述实验中,被试者用脚踏方向舵,经过 300 分钟练习,反复将伏特计指针调整到中心位置,这里有大量的过度学习。一般来说,经过过度学习的任务是不易遗忘的。第二,许多动作技能是以连续任务的形式出现的。在上述实验中,被试者要追踪光点和指针,连续进行调节。连续的任务相对简单,故不易遗忘。如果动作技能是由许多完全不同的、孤立的动作成分构成的,其遗忘的程度大致会同言语材料的遗忘程度相近。第三,动作技能不同于言语知识,它保持的高度依赖小脑和脑低级中枢,而这些中枢可能比脑的其他部位有更大的保持动作痕迹的能量。

五、影响动作技能学习的因素

(一)有效的指导与示范

动作技能的学习必须经过认知阶段,教师在这一阶段促进学生的学习时,经常采用指导和示范的方法。

(二)指导与发现的比较

在学习比较复杂的运动时,指导与发现的效果有何不同? 早在 1945 年,心理学家戴维斯曾做过比较研究。在实验中,被试者分为两组学习射箭。甲组受到详细指导,演示如何站立、如何握弓、如何放箭;乙组自行尝试,未受严格指导。经 18 次练习,甲组射中率为 65%,乙组射中率为 45%。研究者指出,甲组更多地注意了技术和正确的姿势,而乙组更多地注意目标,只有当他们的预期未成功时,才考虑到姿势,这对他们改进技能并无帮助,似乎他们未认识到改进技术的必要性。

1972 年,麦伦洪做了类似的比较研究。他要求乙组更多地注意姿势、计划并评价自己的技术,以此提高乙组的效果。即使如此,甲组的成绩仍然高于乙组,因为乙组的学生使用的是比较笨拙的技术。

1. 指导的内容

(1)对理解任务性质和形成作业期望进行指导

指导学生理解学习任务,既涉及对学习任务本身的界定、说明或演示学习任务的性质,也涉及指导学习者积极利用以往相关的经验,让当前的学习与以往的经验相联系。指导者还应明确作业所应达到的目标,使学习者对自己的作业有一个明确的期望和目标。一般说来,有明确的期望和目标的学习比无明确期望、目标模糊的学习有效。在指导中,要注意目标的可行性和期望的现实性。有些学生往往过高估计自己的能力而提出不切实际的目标,而有些学生则对自己的能力估计不足,提出过低的目标。目标和期望的提出既要考虑到任务的难易,又要熟悉学生的实际情况。指导者可以将复杂的学习任务目标分解成一系列具体目标,分步达成。

(2)对完成任务的学习策略进行指导

动作技能的学习也包括学习策略问题。在尝试完成一个动作任务时,专家与新手使用的策略不同,不同专家使用的策略也不同。通常,专家使用较有效的策略,使用策略时的熟练程度也比新手高,完成动作任务涉及的策略面也很广。例如,如何从自己的动作库中选择并组织基本动作,这一选择的结果通常是形成目标意象,即学习者在头脑中假想出一套连贯的、自认为有效的动作形式,如何选择动作的参数(力量、速度、角度、时间、节奏等),如何对动作进行编码,等等。在学习或作业时,学习者会在以上方面有意无意地表现出自己采用的策略,这种学习者自发产生的策略,称为自发性策略。许多研究发现,自发性策略并非是有效的策略。因而,学习者有必要得到策略方面的指导。指导者提供给学习者的策略称为外加的策略,外加的策略通常是在成功完成任务的基础上总结出来的,一般比较有效。指导者可以通过演示、解说、放有关录像等方法对学习者进行策略方面的指导。一旦学习者利用外加的策略有效地完成任务后,这些策略便会成为学习者的经验,并有可能自发地在后继学习中进行使用。尽管有关动作技能学习策略的研究材料远比不上研究言语材料学习策略的资料丰富,但是威恩斯坦等人的研究表明,在记忆动作形式、动作的编码、动作的组织等方面进行策略性指导,对学习是有益的。

2. 指导的方法

汤姆森曾对不同的演示方法做过比较研究,他将被试者分成 5 个组,分别学习装配锯齿形的七巧板。分别给被试者不同的指导,然后由被试者独立拼成,直至无错误为止。各组被试者的学习成绩(如表 7-1 所示)。

表 7-1　不同指导方法的不同效果

（单位：分钟）

组别	儿童在观察时的活动	示范者的言语解释	拼七巧板所需时间（易）	拼七巧板所需时间（难）
1	连续加 2 至 100	无	5.7	25
2	说出示范者所演示的	无	3.1	22
3	静默观看	不完整的描述	3.5	16
4	静默观看	完整的描述	3.2	14
5	说出示范者所演示的	纠正儿童叙述中的错误	2.2	12

　　由表可见，不同组的指导条件是不同的。第一组，在观看示范时，由于大声数数，他们不能对自己复述。第二组和第五组都要说出示范者所示范的动作技能，这就迫使他们努力注意示范者的演示。示范者对各组的言语指导也不完全相同。第一组与第二组无言语描述，第三组与第四组有言语描述但完整程度不同，唯有第五组示范者除了说出所示范的动作技能外，还纠正学生讲述中的错误，结果这组的学习效果最好。这个实验说明，在学习动作技能的认知阶段，教师要使学生注意观察并理解他所演示的动作技能。采取"纠正儿童叙述中的错误"的方法（第五组）之所以成绩最佳，其原因可能就是示范者不仅要求儿童注意观察，而且使其理解正确（不正确的部分被纠正）。

　　在 40~50 人的班级里，教师的讲解与示范很难做到使每个学生都注意到，即使学生都注意听、注意看，也很难说每个人都理解了，所以在人数较多，尤其是学生纪律又不够好的情形下，一般化的动作技能的教学效果往往不好。例如，我们曾在一所中学里看到，该校的一位体育老师教了几个学期，却没有能将学生的队列操训练好。后来，一位班主任老师从外校请来一批队列操出色的高年级小学生到他领队的班级进行训练，结果没有花很多时间，效果却极为显著。其原因是：第一，班主任亲自抓队列操，学生就会重视，能够集中注意力；第二，大量"小教练"帮助训练，讲解与示范可以做到个别化；第三，学生观察或理解有错误，可以立即得到纠正。在军队里，这就是所谓"官教兵、兵教兵"的训练方法。在学员人数较多，而教练员又少的条件下，许多动作技能的教学，都可以采用这种方法。

3. 示范

这是将动作技能演示出来以便学生能够观察到动作的成分。示范通常是由榜样来进行的。在进行示范时，是示范专家完美无缺的动作表现还是示范初学者学习的过程？前者称为专家榜样，后者称为学习榜样。麦卡拉和凯尔德的研究回答了这一问题。他们选择三组被试者，让一组被试者不断地观察榜样完美地执行任务的录像，另两组则观察榜样学习这项任务的录像；给其中一组提供榜样执行结果的信息，另一组则不提供。结果发现，观察学习榜样并接到榜样执行结果信息的一组成绩最好，这些被试者在习得阶段，在没有得到有关其表现的任何信息的情况下，仍持续地改进了作业表现。而且，和其他观察者相比，也都很好地保持了作业水平，还能更好地迁移到新的任务中。新手从观察专家表现中，除了可能获得一些如何执行任务的基本信息之外，只能获得极少的启示。例如，在收看职业高尔夫球手的电视节目时，评论员通常重新播放专家犯错误的录像，并准确地指出错误之处。如此，研究中真正的问题可能不在于榜样的技能水平，而在于展示的是何种信息？是错误的动作还是完美无缺的动作？

许多研究表明，在动作技能学习的初期阶段，要使示范有效，示范动作必须慢速进行。这是因为初学者在刚刚接触一个新的动作时，往往顾了手，顾不了脚，他们很容易因新的信息量过多而超载。当超载发生时，学习便终止了。有人比较过两种演示打结方法的效果：一种方法是在电影中呈现完整的打结过程，另一种方法是给学习者提供一套部分打完的结。前一种方法不能顾及学习者的个别速度，当学习者在中途遇到困难时，影片不易停下来；后一种方法可以照顾学习者的个人需要，当他在某个部分发生困难时，可以来回研究，反复琢磨，其效果较好。例如，有人将上述影片的呈现与练习做不同的安排，研究结果表明，影片连续放映两遍，让学生仔细观察，其效果最好。这说明学习者的知识未达到某一关键点时，其练习是无效的。

4. 练习

练习是指有意练习（deliberate practice），它是影响动作技能学习的重要因素，即练习者要抱有改进其作业水平的目的，而这种练习并不是快乐有趣的，更需要付出一定的努力。研究发现，练习的不同形式对动作技能的学习有重要影响。

（1）心理练习

1967 年,里查逊评述 11 个有关心理练习的研究。这些研究涉及许多不同技能,如打网球、倒车、投标枪、肌肉耐力、理解、玩魔术。他的一般结论是心理练习与作业改进有一定的相关,如果将心、身二者的练习相结合,其效果更佳。决定心理练习有效性的关键是学习者要对练习的任务熟悉。从未进行过身体练习的动作,不可能做心理练习,若练习也只能是错误的练习。另外,心理练习的时间不能太长,否则容易产生厌烦情绪,使作业水平下降。

心理练习的效果也决定于任务的性质。若任务中认知因素起的作用较小,反应主要是依靠肌肉的线索,则心理练习作用甚微。例如,有人研究了心理练习对单腿站在高杆上突然起跳的影响。结果表明,心理练习对这项技能的改进无帮助,因为这个动作可能主要是由脑低级中枢和小脑控制的。

（2）练习的分布

练习中还应考虑时间安排上的分配与集中的问题。集中练习是指将练习时段安排得很接近,中间没有休息或只有短暂的休息;分配练习是指用较长的休息时段将练习时段分隔开。在设计实验时,集中练习是指练习的时间比休息的时间长,分配练习是指休息的时间通常等于或大于练习的时间。一般来说,分配练习对连续动作技能学习的效果较好,不易疲劳。对非连续动作技能的学习,现有的研究结论还不明确,有人认为集中练习与分配练习效果一样,也有人认为集中练习效果好。

（3）练习中的整体与局部

通常,一套完整的动作技能可以分解成同时或按先后次序出现的局部技能。例如,游泳同时进行的包括腿的打水和手臂的划水,还包括在手臂划水之后进行的转头和换气,学习游泳,既要学习局部技能,又要学习将局部技能综合起来。

许多研究涉及动作技能的练习是先从局部开始还是先从整体开始的问题。目前,应根据不同性质的动作技能做出不同的安排。如果动作技能由若干局部技能构成,且各个局部技能之间不存在相互协调的问题,那么先进行局部技能的部分练习,而后再进行整体练习,这样效果更佳。例如,打网球的技能包含托起即将着地的险球、封球、扣球和发球四个局部技能。比赛时要将这四个局部技能有机地结合起来,灵活运用。但初学者在练习时应分别进行训练,当有了一定训练基础后,再把这四个局部技能结合起来练习,这样做更有效。但是,如果连续性动作技能的各部分要经常相互协调,那么打破这种协调,孤立地练习某一部分,其效果往往不佳。如游泳,用手臂划水、呼吸、蹬腿的动作要协调起来构成整体,若孤立地练习这些局部动作往往无助于整个技能的学习。

还有人认为,局部练习和整体练习孰优孰劣,主要的决定因素是运动本身受单独一个程序支配的程度。如果运动非常快,几乎可以肯定,它由一个动作程序支配,就应将它作为一个整体来练习;如果运动很慢,行动中存在间隙,那么该运动有可能由一个以上的程序支配,这时可以把这种任务分成几个部分来单独练习。

(4)练习中的情境干扰效应

假设有 X 项任务(或一种任务的 X 种变式)要练习,每项任务练习 N 次,有两种安排。一种是在进行第二项任务的练习之前,先完成第一项任务的 N 次练习,在进行第三项任务的练习之前,先完成第二项任务的 N 次练习……直到所有的任务都练习完为止,这种方法叫区组练习。另一种安排是,一项任务(任务 A)的一次练习后,紧接着进行任务 B 的一次练习,接着任务 C 的一次练习……直到 X 项任务上所有 N 次练习都完成为止,而且一项任务(如任务 A)的练习结束后,接下来练习哪项任务是随机确定的,这种方法叫随机练习。

这两种练习形式对动作技能学习的影响是否一样?西和摩根做了先驱性的研究。他们让被试者学会对不同颜色的灯光刺激做出反应,即尽快地将手臂按一定的运动模式移动到具体的目标位置。学习的运动模式有三种,每种都由三步组成,而且都对应于一种颜色的灯光刺激。对每种模式,要求被试者练习 18 次,总共有 54 次练习。区组练习组在练习一种模式前,先完成一种模式的 18 次练习(将被试者分成不同小组以便平衡练习顺序的影响,这样并不是每个区组被试者先练习同一项任务)。随机练习组每次练习后都随机变换一种模式练习。因变量是完成任务的平均时间,是对灯光刺激的反应时加上完成手臂运动的时间。结果发现,在练习期间,区组练习组的表现优于随机练习组。练习结束后,对所有的被试者进行保持和迁移测验。在实施保持测验时,一半被试者在 10 分钟之后将练习过的模式练习 18 次,另一半被试者则在 10 天之后练习。18 次练习中,有 9 次是按区组的方式安排三种练习模式(每个区组有 3 次练习),另 9 次则按随机的顺序练习三种模式。

在保持测验后,被试者在两种迁移任务上各练习 3 次,一种迁移任务是由三步组成的新的运动模式,另一种任务则是由五步组成的运动模式。结果发现,在保持和迁移测验上,随机练习组的成绩优于区组练习组,区组练习的学习效应反而不如随机练习。这说明,区组练习在动作技能的习得阶段有积极作用,但在保持和迁移阶段则不如随机练习。换言之,随机练习对动作技能的学习要比区组练习产生更持久的影响,这一发现在心理学中称为情境干扰效应(contextual interference effect)。后来,有人用更复杂、更现实的任务进行研究,发现情境干扰效应不仅适用于实验室任务,而且适用于日常活动任务的学习。当然,练习的变化形式并不仅仅局限于这两种。给定 X 项任务,每项任务练习 N 次,有多种安排练习的方式。区组练习和随机练习只是两个极端。李和马吉尔研究了介于这两个极端中间的一种练习安排。在他们的研究中,练习在三项任务间轮换,但总是以同样的顺序(如 B-C-A-B-C-A-B-C-A)。这样,和随机练习一样,练习是不重复的,但下一个练习的任务又是可以预测的,这一点类似于区组练习。结果发现,进行这种练习的被试者的表现基本上与随机组的表现一样。这说明,区组练习的重复性是促进表现和抑制学习的关键因素。

随之而来的一个重要问题是,中等程度的练习重复性安排是否对表现与学习都有益。阿尔艾米尔和图尔将被试者以随机和区组的顺序练习类似于西和摩根(1979)的任务,习得和保持的结果也与之类似。但他们的研究又增加了两组被试者,进行随机化的区组练习,即被试者练习一项任务 2~3 次,然后随机转向另一项任务,再练习 2~3 次。结果表明,随机化的 3 次区组练习促进了习得期间的表现(相对于随机组),而且在学习上的效应和随机练习一样。

这些结果表明,有可能既减少随机练习中看到的表现水平下降,而又不牺牲长时的学习效应。这些结果对于将情境干扰实验的结论用于日常活动有重要意义。完全随机化安排的一个缺陷是难以经常地从一项任务转到另一项任务上。例如,要训练新工人的几项技能,如果这些任务要在不同的厂房完成,那么在练习新任务前做一些区组练习是合乎逻辑的。随机化的区组练习研究表明,这种练习条件综合了随机练习与区组练习的优点。

5. 反馈

（1）反馈的含义与分类

与运动有关的信息分两类：一是在运动之前得到的，二是在运动之中或运动之后得到的。在运动之前得到的信息如动作技能练习前的言语指导和示范。在运动之中或运动之后接到的运动产生的信息，通常叫作运动产生的反馈，简称反馈，如感觉到、听到、看到的方式及运动在环境中产生的结果。

反馈又称可分为固有的反馈（inherent feedback）和增补的反馈（augmented feedback）两种。固有的反馈，又称内反馈（intrinsic feedback），是练习者不依赖外来帮助而自己获得的反馈，它可以是练习者在执行某个动作时肌肉中的动觉感受器提供的感受，如在做了一个错误的潜水动作后感觉到的刺痛感。也可以是练习者对自己行为结果的直接观察，如练习者在投篮中可以看到球是否投中。增补的反馈是由教师、教练或某种自动化的记录装置提供给练习者的反馈信息，通常是在练习者得不到固有反馈信息时给予的，是对固有反馈的增加和补充。如在练习射击时，是否击中了靶心，往往要由别人告诉给我们。例如，在练习舞蹈动作时，教练会对我们的动作进行一些评点和指导，这里我们接受的信息就属于增补的反馈。

增补反馈的一种形式叫作结果的知识（knowledge of results，KR），这是在运动之后由别人以言语的方式提供给我们的关于运动目标达成状况的信息。如教练讲"这次你没有击中目标"。结果的知识可以很具体，也可以有一定概括性，还可以包括诸如很好之类的奖励成分，有时也会重复固有的反馈（你没有击中）。需要指出，结果的知识是关于运动结果是否达到目标的反馈，不是关于运动本身的反馈（如你的肘弯了）。

增补反馈的另一种形式叫作表现的知识（knowledge of performance，KP），是关于学习者做出的运动模式的反馈信息（如你的肘弯了）。表现的知识更多的是教师提供给学生，旨在改正错误运动模式的反馈，而不是运动在环境中产生的结果。表现的知识还可指被试者模糊意识到的运动的一些方面，如在复杂运动中某个手臂的动作，还可指被试者通常意识不到的身体中的过程，如血压或具体运动单元的活动——通常叫作生物反馈。比较常见的一种表现的知识是录像回放，就是把练习者练习的过程录制下来,再回放给练习者。

(2)反馈在动作技能学习中的作用

在反馈的两种形式中,心理学研究比较多的是增补的反馈,而增补反馈的研究又大量集中在对结果的知识的研究上。因为结果的知识是由教师提供的,相当于一种教学措施,能够对学生的动作技能学习产生影响,因而这方面的研究对于如何指导学生进行动作技能的训练有重要意义。

①反馈的信息功能

在动作技能的学习中,学习者是将反馈作为需进一步加工的信息,而不是作为一种奖励。研究发现,动作技能学习中呈现的结果的知识与动物学习中呈现的奖励不是一回事。在动物学习研究中,不呈现奖励,动物习得的行为就倾向于消退,而在动作技能学习中,不呈现结果的知识(即 KR),被试者倾向于重复而不是排除所学习的运动。在 KR 呈现时,被试者才对其动作做出修改,明确努力的方向,看来被试者并不将 KR 用作奖励,而是用作下一次如何行动的信息。此外,在动物学习研究中,即使是短的时间间隔后再给予奖励,也会极大地削弱动物习得的行为,延迟奖赏 30 秒左右,会完全排除学习。但在人类身上并未发现这些效应,延迟呈现 KR 对动作技能的学习没有影响。

施密特详细分析了练习之后练习者对反馈信息的加工活动。他指出两次练习之间存在三个与反馈信息的加工关系密切的时间间隔:KR 延搁、后 KR 延搁以及练习间间隔(如图 7-1 所示)。

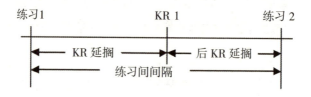

图 7-1　KR 研究中的时间间隔

被试者先进行练习 1,然后在一段延搁之后(叫作 KR 延搁,这期间被认为是练习者对操作完成后获得的固有反馈进行加工的时段),由实验者提供这次练习的 KR。从 KR 呈现到下次练习开始之间的延搁,叫作后 KR 延搁,这一时段被认为是个体加工 KR 并做出下次运动决策的时段。KR 延搁和后 KR 延搁时段的总和叫作练习间间隔,通常练习间间隔在 10~20 秒之间。可见,练习间间隔是对反馈信息进行加工的重要阶段。

这三个时间间隔,对动作技能的学习有什么意义?目前研究比较多的是 KR 延搁。研究发现,在 KR 延搁期间如果进行一些妨碍学习者对完成操作后获得的固有反馈进行加工的活动,那么这些活动就会对动作技能的学习产生干扰。如果在这一时段采用一些引发学习者对反馈信息进行加工的措施,则会促进动作技能的学习。

西和尤普顿让被试者执行线性定位运动。他们在练习中让被试者学习两种运动而不是一种。其中一组被试者先练习运动 1、运动 2,然后进行其他运动。另一组被试者练习完两种运动后则进行休息。接着,30 秒后两组被试者都接受运动 1 和运动 2 的 KR,然后进行下次练习。结果发现,在 KR 延搁期间插入其他活动增加了在习得练习上的绝对误差,表明额外的运动对表现有消极影响。后来的迁移测验表明,导致表现水平下降的额外运动,事实上干扰了任务的学习。

施密特等人也指出,练习后立即呈现 KR 对动作技能的学习是有害。立即呈现的 KR 给学习者提供了太多的信息,使他们过分依赖这种信息,如此,学习者就不会被迫去学习撤去 KR 后对表现十分重要的信息加工活动。

霍根和亚诺维茨的研究证实,在 KR 延搁期间要求被试者有意识地加工反馈信息,对动作技能的学习有促进作用。他们要求一组被试者在限时爆发(ballistic timing)任务中,在接受每次练习的 KR 之前,估计自己的错误,以促进学习者对固有反馈的加工,对另一组则不要求估计自己的错误。在 KR 呈现的习得阶段,两组无实质性差异,但在没有 KR 的迁移测验上,进行错误估计的被试者几乎完美地保持了表现,没有进行估计的被试者,则在练习中出现了系统的回退。

②反馈与学生觉错能力的形成

觉错能力是指练习者将练习后获得的固有反馈与已习得的正确参照进行多次比较后形成的独立觉察自己错误的能力。这项能力的形成需要练习者在记忆中保存运动的感觉效果(即固有的反馈),而后将这种感觉与外来的 KR 不断进行比较对照,具备觉错能力的练习者可以不依赖 KR 而进行自主的学习。觉错能力也是动作技能形成的一个重要指标。

KR 作为一种促进动作技能学习的教学措施，也应着眼于觉错能力的培养。有关 KR 的研究指出，在呈现 KR 时，要注意两个问题。

一是由学习者来决定何时呈现结果的知识，这样学习效果比较好。这就是说，在练习者完成一项运动任务过程中，只有当他们想得到增补的反馈时，再给他们提供反馈。初步研究结果表明，自己决定何时得到 KR 的被试者，其保持得到了促进，即使与接受同样数量的 KR 的控制组（由实验者来决定何时给予 KR）相比，其保持效果仍然很好。

二是在练习期间不宜频繁地呈现 KR。许多研究表明，在练习的起始阶段要经常提供 KR，在接近练习的结尾时，要逐渐减少 KR 的呈现。为什么要这样做呢？施密特等人认为，当每次都提供 KR 时，这一条件对表现十分有效，但被试者会过分依赖这种信息，实际上并未对这些信息进行加工。但接受 KR 相对较少的被试者，从 KR 的呈现中并未明显改进表现，这样就被迫在习得阶段进行这种加工从而使得被试者学到了完全不同的一些东西，如觉察自己错误的能力。这种学习在习得阶段表现不出来，但在延迟的没有 KR 的迁移测验上则能表现出来。根据这一假设，如果目标是在以后能够进行没有 KR 的运动，那么在习得阶段呈现太多的 KR 是有害的。

六、动作技能学习的能力倾向测量

大量的能力测量材料和实际生活经验表明，有些人擅长抽象思维，有些人擅长动作技能学习，也有少数人既擅长抽象思维，又擅长学习动作技能。鉴别那些擅长学习动作技能的人，对青少年的教育和职业训练具有重要意义。研究者早就看到了动作技能学习能力的鉴别问题，并且开展了积极的研究。动作技能领域也像一般智力领域一样，存在着一般动作能力与特殊动作能力的问题。最经济的做法就是鉴别出一般动作技能的种类并且据此对青少年进行测量，预测其在动作技能方法的发展潜力。

在一般智力测验出现之前，英国人高尔顿就编制了一套对数千人做动作能力测量的测验。20 世纪初，美国心理学家开始对动作能力倾向测验发生兴趣。许多心理学家认为测量简单的动作技能,可以预测包括这些简单动作技能的复杂活动的成绩。例如,测量手的稳定性可预测学习射击的成绩,因为射击中包括了手的稳定性这种技能。又如,测量手指的灵活性,可预测学习修表的成绩,因为修表包含手指的灵活性这种技能。这样的预测有时相当准确,但由于多种原因,有时预测却不够准确。

弗雷西门和赫孟帕鉴别出有助于预测动作学习的十种简单动作能力:第一,反应时间。反应时间是人对正在预期的刺激做出反应的速度,如对一预先确定的信号(节拍器响声或灯光)出现举起一只手指以测量其反应速度。第二,连续轻拍的能力。这种技能使人能迅速运动,如拍桌的速度快。第三,动作协调。既包括精细的运动,也包括大肌肉的运动,如需要手眼协调的技能。第四,手的灵活性。是指迅速做出熟练的和有控制的手臂或手的运动的能力,如让被试者尽可能迅速地传递积木块,以测量这种能力。第五,手指的灵活性。包括用手迅速操纵物体。例如,要求被试者用镊子把小钉子钳出来,可以测量这种能力。手指的灵活性同手的灵活性不一样,不包括手臂的运动。第六,动作的精确性。这种能力不仅要求精确性,而且要求速度。它与手指灵活性相似,但需更多的手与眼睛的协调。第七,稳定性。是指手的稳定性。在测验中,稳定的手得分高,如在书写毛笔字时,需要手的稳定性。第八,运动感受。将被试者置于某种不稳定的装置里,如仿制的飞机舱内,可以测量这种能力。机舱左右倾斜,但被试者必须通过控制方向舵使机舱保持平稳。第九,对准目标。这是以高速度完成一项简单任务,如在许多圆内画圆点或在标准答卷上做记号的技能。第十,左右手都灵活。要求惯用右手的人用左手去完成某项简单测验或者要求惯用左手的人用右手去完成某项测验,可以测量这种技能。

研究表明,上述不同能力的独立性是相当高的。也就是说,某人在某一能力的测量中得到较高的分数,但在其他能力的测量中不一定也得高分。1980年,陈舒永等人研究了业余运动员和非运动员的手和脚的反应时间和运动时间。反应时间是从刺激的呈现到外部反应开始的时间,运动时间是从开始运动到完成运动所需的时间。研究发现:反应时间——手比脚快;运动时间——脚比手快。研究还发现,手的反应时间与脚的反应时间之间的相关较高,手的运动时间与脚的运动时间之间的相关也较高。然而,反应时间与运动时间之间虽成正相关,相关程度却较低。

这说明反应快的人,运动动作不一定迅速。

动作技能的能力倾向测验不同于一般智力测验,一般需要仪器和设备。目前即使在发达国家,这方面的研究也因仪器的昂贵而受到阻碍。但是在这方面的研究进展,无疑将有助于人才的选拔和培养,其带来的经济效益是无法计算的。随着我国教育体制的改革,职业教育的发展,这方面的研究将越来越重要。

【思考题】

1. 简述动作技能与一般的智慧技能的异同点。

2. 简述动作技能不易被遗忘的原因。

3. 简述动作技能能力倾向测验的方法与意义。

第八章　社会规范与学习

* 目标一:能根据态度的性质,指明其与认知学习和动作技能学习之间的相同点与不同点。

* 目标二:能举例说明态度与品德之间的联系与区别。

* 目标三:能够用实例说明品德发展的阶段性及其对品德培养的意义。

个体从一个自然人成长为一个社会人,必须要形成各种态度,养成一些品德,这样才有可能成为符合社会要求的成员。态度、品德形成与改变的过程实质就是个体社会化的过程,也是进行社会规范学习的过程。

那么,什么是社会规范? 规范本义是指木匠使用的"规尺",后来被用来研究人的社会行为作为人的行为标准。不同的学科和领域对社会规范的界定不同。社会学家认为社会规范是历史形成或规定的行为与活动标准;行为科学家则认为社会规范指一个社会中诸成员共有的行为规则和标准。因此,社会规范是在一定社会中形成的用以调节其他成员的社会行为的规则。社会规范按照内容可以分为思想规范、政治规范、法律规范、道德规范、生活规范、工作规范与学习规范等等。

在教育心理学研究领域,一般认为社会规范的学习与教学主要表现为态度和品德的学习与教学。因此,本章将着重从态度和品德两个方面探讨社会规范的学习与教学。

第一节　态度与品德的性质

一、态度的性质

(一)态度的定义

什么是态度呢? 尽管"态度"一词表面上看起来很好理解,但是要想给"态度"下一个公认的定义却是一件很难的事情。从行为特征来看,态度往往表现为趋向与回避、喜爱与厌恶、接受与排斥等。但是,态度不是实际反应本身,而是在特殊情境下以特定方式反应的内部准备状态。例如,一些成绩好的学生倾向于歧视(回避、排斥)成绩差的学生,但是这种倾向性并不一定转化为外显的反应。

态度是一种反应的准备状态,表现在态度并不决定特定的行为,相反态度在不同程度上决定个人一定类型的行为。教师有时讨论某学生学习态度不认真,可能是指这个学生对学习不够关注。例如,迟交作业、作业潦草、作业题目经常看错等等。

态度是学习的结果。有几种态度可列为学校必要的学习目标:一是与人交往活动的态度,如容忍、帮助别人等等;二是对学科的态度,以至更为一般的对学校、对学习的态度,如喜学电脑,爱护学校公物等等;三是与公民身份有关的态度,如热爱祖国,关心社会需求和目标,愿意承担和履行公民的职责,等等。心理学一般把态度定义为"个体对自己和对外部世界的客体、人、情境或任何其他抽象观念或政策等的喜爱或讨厌的评价性反应"。

(二)态度的构成

一般说来,态度包括以下三种成分:一是认知成分,与表达情境和态度对象之间关系的概念或命题有关;二是情感成分,与伴随概念或命题的情绪或情感有关,是态度的核心成分;三是行为倾向成分,与行为的预先安排或准备有关。以上三种成分之间的关系比较复杂,它们是相互协调一致的,但有时三者之间也会出现不协调的情况。态度受到情感、认知和行为倾向各成分之间关系的影响。根据各成分的强度、范围或包含的内容,可以区分出一个人同另一个人在态度上的差异。要想了解一个学生的态度,既可以分别考查态度的三种成分,也可以同时考查态度的三种成分。特别要注意,人们有时难以从外显的行为推断出一个人内在的真实态度。

态度中的行为倾向成分可以独立于其他两种成分,这一点对教学设计非常重要。许多所谓的态度教学,其实只是态度的认知成分或情感成分的教学,而这些成分可能与行为毫无关系。

二、品德的性质

(一)品德的定义

品德反映了个体的行为是否符合社会的道德规范和准则,它是社会规范的内化。了解品德的内涵有利于我们更客观地去评价一个人的品德,也有助于我们找到品德学习的重点。

品德(德性),即个人的道德面貌,是与道德有关的概念。道德是一种社会现象,是行为规范的总和。道德的效用在于和平地解决人际间的冲突,发展人与人之间理想的良好关系。如果人的行为符合社会行为规范,符合人与人之间合理的契约,这类行为就被称为是善的、道德的,反之则称为恶的、不道德的。道德的性质、发展等问题是伦理学研究的对象。

品德是社会道德在个人身上的反映,是个人依据一定的社会道德行为规范,在行动时表现出来的较稳定的特征,其形成和改变是教育心理学的研究对象。品德不是先天就有的,而是在一定的社会与教育环境中习得的,经历着外在准则规范不断内化和内在观念外显的复杂过程,这一过程也是个体性格形成的社会定向过程,品德是性格的一个方面,是性格中具有道德评价意义的核心。

(二)品德的构成

个人的品德体现在他的一系列行为中,体现在当个体的行为可能影响他人的利益时个体所作的行为选择。随着品德的发展,个体可能学会体谅别人、自制和利他。良好的行为是与个人的道德认识和道德情感联系在一起的。

1. 道德认识

道德认识,又称道德观念,是指对道德行为准则及其执行意义的认识,其中包括道德的概念、命题、规则等。道德认识的产物是个人的道德价值观念的发展,道德价值观念作为认知结构中的一种成分,又会影响进一步的道德认识。

道德价值观念是对各种涉及他人利益行为的价值概括化。在一定的道德价值观念中,某些行为的价值高于另一些行为的价值。道德价值观念是一种标准观,个人按照自己的道德价值观念,判断自己或他人行为的是非、善恶和好坏。道德价值观念是道德价值的内容,道德价值的内容直接受到不同文化背景的影响。我国专家近期研究发现道德价值主要包括集体、真实、尊老、律己、报答、责任、利他、平等这八个独立的内容。

在道德事件上,个人的道德认识往往是极为重要的。就某一个体而言,怎样才称得上"道德",这涉及道德的实质——"意向"和"理由"。离开这个实质,便无从谈论道德。也就是说,如果一个人无意中做了好事(没有"意向"或"理由"),其行为称不上道德。

2. 道德情感

道德情感是人的道德需要是否得到满足而引起的一种内在体验。它伴随着道德观念并渗透到道德行为中。个人在对自身的行为和他人的行为做出道德判断时都会出现与这些判断有关的情感。苏霍姆林斯基说过,"道德情感——是道德信念、原则性、精神力量的血肉和心脏。没有情感的道德就变成干枯、苍白的语句,这语句只能培养出伪君子"。道德情感在品德中的重要性已受到心理学家的重视,但有关的研究材料仍十分贫乏。20世纪90年代初,我国有人研究心境对助人行为的影响,发现积极、愉快的心境能够促进助人行为。当与道德观念相伴随的道德情感成为推动个人产生道德行为的内部动力时,就成了道德动机。

3. 道德意志

道德意志是道德认识的能动作用,是人利用自己的意识,通过理智的权衡作用去解决道德生活中的内心矛盾,是支配行为的力量。道德意志与道德行为是密切联系的,离开了道德行为,道德意志就无从表现。

4. 道德行为

道德行为是实现道德动机的行为意向及外部表现。道德行为是研究者十分关注的品德成分。这不仅因为道德行为是社会、教育者要求个人达到的目标,更因为道德行为体现了人类行为的高度复杂性。

道德行为是衡量品德的重要标志。看一个学生的品德，主要不是看他认识到什么，而是看他是否言行一致。一个欲望强烈而缺乏自制的人，在行为上可能与他的是非观念相矛盾，这是品德不良的个体表现。所以，在评定一个人的品德时，更多的是依据这个人的道德行为。正是出于这样的考虑，教育部门制定了一系列的中、小学生的行为条例和规范，作为学校教育中的德育目标。其实，人的品德不是道德认识、道德情感、道德意志、道德行为的堆积。品德的这四种成分之间是相互联系、相互制约的，在培养学生的优良品德时，不能忽视任何一种成分。

三、态度与品德的关系

通过对态度与品德这两个概念的定义及其构成成分的分析，可以发现两者涉及的问题基本上是同性质的，有时我们甚至难以把两者严格区分开来。例如，说某个学生有尊老的品德，这里所说的品德是指这个学生遇到老人时做出行为选择的内部准备状态或反应的倾向性，我们也可称为尊老的态度。但是态度与品德这两个概念仍有区别。

一是价值（或行为规范）的内化程度不同。克拉斯沃尔（D.K.Krathwohl）和布卢姆在《教育目标分类学，第二分册：情感领域》中提出，因价值内化水平不同，态度可以从轻微持有和不稳定到受到高度重视且稳定之间发生多种程度的变化。从态度的最低水平开始依次是接受（receiving），即注意，如学生愿意听老师宣讲雷锋精神；反应（responding），即超出单纯注意的一种行动，如学生愿意参加学校组织的向雷锋学习的活动；评价（valuing），即行动后获得满意感，赋予行动以价值，并显示出坚定性，如学生刻苦学习新的写作类型；组织（organization），即价值标准的组织，通过组织判断各种不同价值标准间的相互联系，克服其间的矛盾与冲突，最终达到性格化的高水平；性格化（characterization），即价值性格化。上述价值内化水平的五种变化，就是态度变化发展的水平。只有价值内化达到最高级水平的态度，也就是价值标准经过组织成为个人性格系统中的稳定态度，方才称为品德。幼儿由于价值内化水平低，尚未具有价值标准，所以他们的一些行为表现不应视为品德的表现，只能看作态度的表现。例如，常常损坏别人的东西或讲假话。

二是涉及的范畴有别。在诸如对祖国、对集体、对学习、对劳动、对事物、对事件以及对人、对己的等等态度中,有些涉及社会道德规范,有些并不涉及社会道德规范。例如,某学生做作业粗心大意,我们可以说这个学生学习态度不认真,而不应说他品德不良。只有涉及社会道德规范的那部分稳定的态度,才能称为品德。个人的品德是其性格系统中与道德感、道德观有关的部分。简言之,品德是性格的一个重要方面。

第二节　关于态度与品德形成与改变的几种理论

一、态度学习的认知失调理论

许多关于态度学习的理论都假定,人类具有一种"一致性需要",需要维持自己的观点或信念的一致,以保持心理平衡。如果个体的观点或信念出现不一致或不协调时,即出现认知失调,就会力求通过改变自己的观点或信念,获得一致与协调,以达到新的平衡。因此,认知失调是态度发生变化的先决条件。

费斯廷格和卡尔史密斯(L.Festinger & J.M.Carlsmith)设计了一个研究态度的实验。在这个实验中,被试者必须完成一项极为无聊的任务。费斯廷格等人相信,对于这个任务,被试者都会持消极的态度。完成这个任务以后,他们却要被试者告诉另一个人,说这个任务是很有趣的,然后确定这样说是否改变了被试者本人对这个任务的态度。其中一组被试者在按照要求说了这句话后得到 1 美元的报酬,另一组被试者得到 20 美元。此外,一个控制组完成同样的任务,但完成后不用告诉另一个人他怎样看待这项任务的。最后,要求所有参加实验的被试者评价这项任务实际的有趣程度。

这个实验的目的是:一是说出与自己的态度相反的话,是否能使态度向所说的方向转变。被试者被说服去告诉别人这个无聊的任务是有趣的,而实际上不是这样,这样说是否使这个任务看起来比实际更有趣呢? 二是说这样的话与获得 1 美元或 20 美元的不同奖励,是否造成态度差别? 即使能以奖励使被试者屈从于说出与自己的态度相反的话,实际上又能否改变被试者的态度呢?

实验的结果是相当有趣的,实验后将该任务评为有趣的组是只得到 1 美元奖励的组,控制组和高奖励组在看待这项任务方面没有什么变化。

费斯廷格提出认知失调理论来解释这个结果。当一个被试者说一个非常无聊的、乏味的任务是有趣的时候,他便在认知上产生失调。因为该任务的实质与所说的话显然是矛盾的。在被试者说了这番话后得到 1 美元的情况下,被试者解决失调的最简单方法是对自己说,也许这个任务确实比刚才看起来要有趣些。被试者难以从 1 美元这个奖励因素方面找到解决失调的理由,因为在美国 1 美元的用处实在太小了。被试者这样说服自己是对于这个任务态度的一种转变或改变。那么,如何解释得到 20 美元奖励组的态度未发生转变这种现象呢? 根据认知失调理论,这组被试者以不同的方式来解决失调。首先,被试者仍然陷于失调,因为要求说的话与事实不符。其次,说此话能够得到 20 美元,这就提供了 1 美元奖励组所没有的解释失调的途径。得到 20 美元的人会说服自己:"我不相信我所说的,20 美元一定具有利诱的性质。不过得到 20 美元还是不坏的。"于是,20 美元奖励组的认知失调以另一种方式解决,但原来坚信这项任务十分无聊的态度全然未变。

因此,认知失调是态度改变的必要条件,但不是充分条件。

二、品德(道德)发展的理论

品德发展的特点是什么呢? 一些研究集中于儿童道德判断的发展,以此推论品德发展的特点,有关的理论统称为道德认知发展理论。这种理论最早是由皮亚杰提出,其后由科尔伯格(L.Kohlberg)、吉利根(Caro Gilligan)、艾森伯格(Nancy Eisenberg)等进一步发展深化的。

(一)道德发展阶段理论

1. 皮亚杰的道德发展阶段论

皮亚杰的理论受到康德哲学的影响。康德假定在人类行为中有天赋的道德因素:道德意识、道德观念和绝对真理。如果一个人的行为不够高尚,那是因为这种天赋的道德价值观还未展示出来。皮亚杰开始着力研究这种天赋因素的本质,从而产生道德发展阶段论。根据皮亚杰的观点,儿童道德判断的发展有一个有序列、合逻辑的模式。这方面的发展根植于以逻辑思维的出现为特征的阶段中。皮亚杰认为教授儿童道德准则并不比教授儿童数量守恒更容易。随着儿童在智力上越来越能够应付同他们相互作用的环境,他们就自然地发展了新的更高层次的道德准则。通过主动理解周围世界和组织自己的社会经验,产生出是非观念。儿童的认知发展和道德认识也会进入一个新的层次。

皮亚杰在《儿童的道德判断》一书中,根据他的理论和大量临床研究的事实,分析了儿童对游戏规则的理解及遵守过程,并通过一些两难故事的观察实验,把儿童的品德发展划分为四个阶段。

(1)自我中心阶段

自我中心阶段(2~5岁)是从儿童能够接受外界的准则开始的。儿童在打弹子游戏中总是自己玩自己的,按照自己的想象去执行规则。这是因为儿童还不能把自己同外在环境区别开来,而是把外在环境看作是他自身的延伸。规则对儿童来说,还不具有约束力。

(2)权威阶段

权威阶段(6~8岁)的儿童绝对地尊敬和顺从外在权威。儿童尊重道德的权威,认为服从有权威地位的人就是好的。正因为这样,儿童规定的准则看作是固定的、不可变更的。

(3)可逆性阶段

可逆性阶段(8~10岁)的儿童已不把准则看成是不可改变的,而把准则看作是同伴间共同约定的。儿童一般都形成这样的概念,如果所有的人都同意,规则是可以改变的。儿童已经意识到一种同伴间的社会关系,且应相互尊重。准则对儿童来说已具有一种保证他们相互行动、互惠的可逆特征。同伴间这种可逆关系的出现,标志着品德由他律开始进入自律阶段。

(4)公正阶段

公正阶段(11~12岁)儿童的公正观念是从可逆的道德认识脱胎而来的。他们开始倾向于主持公正、平等。公正的奖惩不能是千篇一律的,应根据每个人的具体情况进行。

皮亚杰认为品德发展的阶段不是绝对孤立的,而是连续发展的。儿童品德的发展是一个连续的统一体,应用时加以界说只是为了研究的方便,并不表明这个连续统一体的中断。

2. 柯尔伯格的道德发展阶段论

像皮亚杰一样,科尔伯格等(1969)描述了个人在不同的生命阶段是如何进行道德问题推理的? 他主张品德发展具有固定顺序的六个阶段,儿童和青少年逐渐由一个阶段进入另一个阶段,要达到任何阶段都需要通过前面几个阶段,而且后续阶段高于前面阶段。由低级阶段进入高一级阶段,不表现出文化价值知识方面的增长,只是包含道德判断早期形式的重组和转换。因此,道德发展不是通过直接的生物成熟,也不是通过直接的学习经验,而是通过有机体与环境相互作用的心理结构的重新组织这个发展过程出现的。

虽然个体可能停留在这个固定顺序的某个阶段, 但是能够促使其向上进步。因此,科尔伯格说:"教育的基本目的是促进这些阶段的发展"。

科尔伯格是通过询问儿童一些假设的故事中的问题来收集资料的。其中一个经典的道德困境故事是"海因茨偷药救妻"。

在欧洲,一位患有癌症的妇女快要死了,医生认为有一种药可以挽救她, 它是同一城市一位药剂师最近发明的一种镭制剂。该药售价昂贵,药剂师又索取比造价贵 10 倍之多的药价。病妇的丈夫海因茨向他的每一个熟人借钱才够药价的一半。他对药剂师说, 他的妻子快要死了, 要求把这种药廉价卖给他或者让他延期付款。但药剂师则说:"不行,我发明了这种药,我将用它赚钱。"海因茨是那样强烈地想得到这种药,于是闯入药剂师的仓库,为他的妻子偷窃了药物。这个丈夫应该那样干吗?

基于儿童和成人对这类道德困境的反应,科尔伯格在道德判断的发展方面鉴别出了六个阶段。他将这些阶段划分为三种道德水平:前习俗水平、习俗水平和后习俗水平。其归纳了这些水平和阶段的含义及其心理特征(如表 8-1 所示)。

表 8-1　柯尔伯格的道德判断发展阶段

三种道德水平		发展阶段		心理特征
一	前习俗道德期 （9岁以下）	一	避罚服从取向	只从表面看行为后果的好坏，盲目服从权威，旨在逃避惩罚
		二	相对功利取向	只按行为后果是否带来需求的满足以判断行为的好坏
二	习俗道德期 （10~20岁）	三	寻求认可取向	寻求别人认可，凡是成人赞赏的，自己就认为是对的
		四	遵守法规取向	遵守社会规范，认定规范中所定的事项是不能改变的
三	后习俗道德期 （20岁以上）	五	社会法制取向	了解行为规范是为维护社会秩序而经大众同意所建立的，只要大众共识社会规范是可以改变的
		六	普遍伦理取向	道德判断是以一个人的伦理观念为基础。个人的伦理观念用于判断是非时，具有一致性与普遍性

根据我国心理学家韩进之等(1986)的观点,科尔伯格与皮亚杰在儿童道德判断发展问题上的主要差别在于:前者认为儿童道德判断的发展比较迟缓,后者认为发展比较早。这也许是由于两位研究者调查儿童道德判断的课题不一样。皮亚杰主要是通过儿童的现实课题对品德发展阶段做了考查,而科尔伯格则完全是通过两难故事进行考察的。

皮亚杰和科尔伯格的卓越研究已使众多研究者接受了品德发展阶段说。我国心理学家李伯黍等人从 1978 年起,对皮亚杰和科尔伯格的理论做了系统的验证性研究与客观性评价。研究表明,我国儿童和青少年的道德判断,也经历着由他律到自律的发展过程,由低阶段、低水平向高阶段、高水平发展的过程等等。研究发现,我国中学生的道德发展水平大多数处于科尔伯格道德发展阶段论的第三、第四阶段。在对行为后果和原因的道德判断上,我国儿童从小学三年级起,绝大多数已能根据行为的动机意向或从行为的因果关系上做出判断,而且已有半数以上的儿童能把行为原因和后果两个方面联系起来进行比较判断。在某些特殊行为的判断上(如人身损害与财物损害比较),我国儿童的两种判断形式的转折年龄比国外已有研究中的要早。我国学生的品德发展水平与执行行为规范程度之间有显著的相关。研究还指出道德判断水平受到个体发展年龄阶段的制约，但是可以通过教育得到促进。教师应培养学生在面临社会道德问题时的道德判断推理和道德决策能力，这是极为重要的。

(二)吉利根的关怀道德理论

尽管科尔伯格的道德发展理论产生了重大影响，并且得到了众多研究的支持，但是也有许多人对该理论提出一些异议，其中就有他的研究生及助手吉利根。

皮亚杰和科尔伯格的道德发展阶段理论，都假定公众是以"公正"作为道德取向的，但是吉利根利用科尔伯格的"海因茨偷药救妻"的故事进行研究时发现，被试者除了有以"公正"为道德取向这一类反应外，还有以"关怀"为取向的另一类反应。例如，有的被试者在陈述海因茨不应该偷药的理由时说："如果他侥幸成功地偷到了药，也未必能救活妻子;若被抓住，我想他妻子更没希望用上药。这两种选择，都无助于海因茨的妻子。"可见，该被试者关注的是当事人的选择是否会解除海因茨妻子的痛苦，这是一种"关怀"而非"公正"的取向。

吉利根及其合作者经过一系列研究，得出三个结论。第一，在道德判断和推理中存在公正和关怀两种典型的道德取向，女性是典型的关怀取向，男性是典型的公正取向。第二，男性更重视诸如公平和尊重他人权利这样的抽象、理性的道德原则，而女性看待道德时，倾向于关注人类的幸福。第三，女性关怀道德的发展具有自己的特点，它一般要经过自我生存定向、善良、非暴力道德三个发展水平。

吉利根的关怀道德取向理论，在一定程度上揭示了道德发展的性别差异，这不仅是对传统道德发展理论的重要修正，而且为我们针对不同性别学生开展道德教育提供了一条重要思路。

(三)艾森伯格的亲社会道德理论

同样对科尔伯格的道德发展理论提出异议的，还有美国亚利桑那州立大学的艾森伯格教授。

与吉利根的视角不同，艾森伯格(1989)注意到，科尔伯格研究所用的两难故事在内容上主要涉及法律、权威或正规的责任等问题。例如，在"海因茨偷药救妻"

的故事中,海因茨必须在违法和履行丈夫的责任之间做出选择。其认为这些问题在一定程度上会限制儿童的道德推理,使他们的推理局限于一个方面,即禁令取向的推理(prohibition oriented reasoning)。

为了弥补这一不足,艾森伯格设计出不同于科尔伯格两难情境的另一种道德两难情境,即亲社会道德两难情境,以此来研究儿童的道德判断发展。亲社会道德两难情境的特点是一个人必须在满足自己的愿望、需要与满足他人的愿望、需要之间做出选择。如一名同学面临这样的情境,他必须在自己帮助学习困难的同学与牺牲自己的学习时间之间做出选择。

经过大量研究,艾森伯格总结出儿童亲社会道德判断发展的五个阶段。

第一阶段:享乐主义、自我关注的推理。助人与否的理由包括个人的利益得失、未来的需要或者是否喜欢某人。

第二阶段:需要取向的推理。他人的需要与自己的需要发生冲突时,儿童开始对他人的需要表示出简单的关注。

第三阶段:赞许、人际取向和定型取向的推理。儿童在分析助人与否的理由时,涉及的是好人或坏人、善行或恶行的定型印象、他人的赞扬和许可等。

第四阶段:移情推理。儿童分析助人与否的理由时,开始注意与行为后果相关联的内疚或其他情绪体验,初步涉及对社会规范的关注。

第五阶段:深度内化推理。儿童决定助人与否,主要依据内化的价值观、责任、规范以及改善社会状况的愿望。

艾森伯格的亲社会道德发展阶段理论,得到不少跨文化研究的支持。我国学者程学超、王美芳(1992)参照艾森伯格的设计,研究了幼儿园大班到高中一年级学生的亲社会道德推理的发展,其研究结果也基本上支持该理论的观点。这说明,艾森伯格的亲社会道德发展阶段理论具有一定的普遍适用性。

艾森伯格关于儿童亲社会道德的研究提示我们,儿童面临的情境不同,产生的道德认识、道德情感、道德行为都有可能存在差异。我们对儿童的道德教育,必须注意因势利导,针对不同情境,采用不同策略。

第三节 态度与品德学习的过程和条件

一、态度的形成与改变

虽然心理学对态度形成的内部心理机制做出了不同的解释,但是都认为态度的形成是一个过程,是可以训练的,在训练改变时要经历不同的阶段。

（一）态度的形成

个体态度的形成是个体与环境相互作用的结果,而态度一旦形成,就具有相对稳定性,成为个体内在的一种心理结构,从而对其行为产生一定的影响。之所以如此,是因为情感成分在态度中占有特别重要的地位,而一个人情感的改变比认知的改变困难得多。

20 世纪 60 年代,美国心理学家班杜拉提出"社会学习理论",其主要观点是,个体是通过观察和模仿来进行社会学习的。态度学习作为社会学习的一种当然也不例外。班杜拉认为观察学习是指个体以旁观者的身份观察他人的行为表现,并形成相应地态度和行为方式。观察不需要个体亲身经历某种刺激—反应联结,因而班杜拉称之为"不需要练习的学习"。模仿学习是指个体模仿他人的态度和行为方式而行动,力图使自己的态度和行为方式与被模仿者相同。模仿包括四种类型:一是直接模仿,个体通过榜样的行为直接学到一定的态度;二是象征模仿,个体对广播、电视、电影和小说等媒介中显示的榜样态度进行学习;三是创造模仿,学生将各种榜样的态度和行为方式综合成新的态度体系来进行模仿;四是延迟模仿,个体观察榜样一段时间后才出现的模仿行为。

班杜拉并不认为强化是学习的必要条件,但他十分强调强化在个体学习中的作用。他认为强化有三种类型:一是外部强化,这种强化一般在个体出现合乎要求的行为以后以某种奖赏物的形式出现;二是替代强化,个体观察他人的某种行为,若该行为受到强化,个体会因此而增强自己该行为的出现频率;三是自我强化,个体的态度会因是否达到自己设置的目标而自我肯定或者自我否定。

加涅认为导致个体向榜样学习的一系列事件,大体上按照以下四个顺序进行:第一,建立榜样的感染力和可信性;第二,刺激学习者回忆态度的对象以及适当的态度出现的情境,如教师在培养学生"帮助他人"的态度时,提供一些信息,以提醒儿童回忆"帮助"的心理意义以及在什么情境下出现"帮助";第三,榜样人物示范或显示合乎需要的个人行为;第四,显示或介绍榜样人物受到强化后的结果,以使观察者得到替代性强化。

(二)态度的改变

凯尔曼提出态度变化的过程可以分为三个阶段。

1. 顺从

顺从是指人们为了获得物质与精神的报酬或为了避免惩罚而往往采取表面的顺从行为。顺从行为不是个体内在的愿望,而仅仅是某种"权宜之计",一旦某种条件不再存在,顺从就可能不再存在。

2. 认同

与顺从不同,认同是人们自愿地接受某种观点、信念,使自己的态度与他人的要求相一致。如人们自愿加入一些社团并自觉遵守该社团的各种章程。认同的实现与他人或群体对个体的吸引力有很大关系。认同时可以有榜样的存在,不过与模仿不同的是,模仿的榜样必须是具体的,而认同的榜样则是可以抽象的。

3. 内化

内化是指一种观念或行动与个体的价值体系相一致时,个体就接受这种观念或行动,并将其与自己现在的价值体系融化一体。这一概念最初由法国社会学家迪尔凯姆等人提出,是指社会意识向个体意识的转化。后来美国的英格里希将内化理解为采纳别人的或社会的观念、做法、标准与价值观作为自己东西的过程,指出社会规范的内化即是从社会或者一个参照组接受行为的标准或准则。美国社会心理学家阿伦森则将内化视为把准则、信念纳入自己体系的过程。

到了内化的阶段,人们真正从内心深处相信并接受他人的观点而彻底地改变自己的态度,这意味着个体主动地将新观点和新思想纳入自己的价值体系之中,使之成为自己态度体系的有机组成部分。显然个体的态度只有达到了内化阶段,才是稳固的、持久的、难以改变的。相比较而言,表面的顺从就显得肤浅、被动,尽管如此,在态度形成的过程中,被迫进行的顺从其作用并不是可以忽略的,在一定程度上,它是态度形成的必经之路。

二、品德的形成与改变

品德不是在短时间内形成的,而是经过一系列的学习不断构建而成的。正因为它的形成是一个变化过程,所以对品德不良的转变可以根据情况从不同的阶段着手。了解品德的形成与改变对品德不良的转化也具有重要的意义。

（一）品德的形成

个体品德的形成是个体在社会化过程中,在社会舆论和教育等影响下将外部道德规范进行内化的过程。也就是说,品德是在人际交往中,在对社会规范的学习和接受中形成和发展的。品德结构的构建同社会规范的遵从、态度的确立是一致的,规范的接受是品德结构不断构建的过程。这一过程包括心理准备、道德信念的形成、道德意志与道德行为习惯的培养等几个阶段。

1. 心理准备

心理准备就是个体希望接受教育的心向,它是道德教育的前提条件。学生对教师的态度是影响心理准备的重要因素。

2. 道德信念的形成

道德的实质涉及道德行为的意向和理由。所谓意向,是指个体对自己受意志支配下的行为意识。理由不同于原因。所谓理由,是指个体在理智、信念指导下的行为目的,而原因只表明行为逻辑上的因果关系。因此,培养个体形成一定的道德价值观念,学会用道德观念来调节自己的行为,在品德培养方面是必要的。

道德价值观念还不能成为个体行为的动机力量,而道德信念就是坚信行为规范的正确性并伴有情绪色彩与动力特点的观念,它是一种主动要求得到维护与实现的道德需要,即观念动机。

培养个体的道德判断能力有利于个体形成某种道德信念。道德判断能力是个体运用已有的或正在形成的道德准则、道德价值观念,对别人或者自己的行为品质做出判断是非善恶的能力。这种能力是个体评判自己的道德认识以及他人对自己的道德要求的正确性所必须的。

3. 道德意志力与道德行为习惯的培养

当一种道德行为无需意志努力时,我们就把这种道德行为称为习惯。这一阶段中,应提供的条件是适当的强化、榜样的选择和给予实践机会。

(二)品德不良的转化

品德不良是指学生经常产生违反道德准则的行为或者犯有较为严重的道德过错,这是目前多数研究者都比较公认的"品德不良"的定义。不良品德是指个体具有的不符合道德要求的品德。品德不良既有可能是由于道德认识方面的原因造成的,也有可能是由于道德意志或者道德行为习惯方面的原因造成的。品德不良的转化过程大致经历以下三个阶段。

1. 醒悟阶段

在社会实践活动中,品德不良者经常会因为自己不恰当的言行而遇到一些挫折,这样就有可能促使他们去反思自己的行为,认识到自己的行为违背了社会道德规范。此时个体处于醒悟阶段,引起醒悟的方法有以下两种。

(1)消除疑惧

品德不良的人由于经常受到社会的责难,故而对他人抱有戒心,但他们的内心同样也有被社会、被他人尊重的需要。如果教育者适时、适当地给予关心、鼓励,就会慢慢地消除他们的疑惧,为进一步的道德教育提供互相信任的基础。

(2)引发其他需要

许多品德不良的人往往意识不到自己的行为会给予自己有切身利益的人或事物带来什么后果。教育者如果能够抓住时机适时引导,可以引发这些人的其他需要,从而导致他们醒悟。

2. 转变阶段

当品德不良者产生了改过自新的意向,并且对自己的错误有了初步认识之后,在行为上则会产生一定的转变。当然教育者也应该清醒地看到,冰冻三尺非一日之寒,品德不良是在长期的社会生活中形成的。这些个体往往缺乏上进心,有事抵制不了诱惑,并常常抱有侥幸心理。在转变阶段,品德不良者常有反复现象。出现反复的情况有两种:一是前进中的暂时后退,二是由于教育的失败而出现的大倒退。

常用的避免反复的方法有以下三种:第一,暂时避免旧的刺激;第二,创设积极的情境让他们获得积极的情感体验和进取心态;第三,在时机成熟的时候让他们在消极的情境中接受考验。

3. 自新阶段

进入这一阶段的个体,完全以崭新的面貌出现在社会生活中。对待这些个体,教育者要特别注意两个方面的问题:第一,要避免歧视和翻旧账,要加倍关心他们的成长;第二,更为积极的是要使他们形成完整的自我观念。一个具有完整的、健康的自我观念的个体,敢于对自己的行为负责,并具有强烈的进取心,而不为别人的歧视所动。

三、影响态度和品德的形成与改变的条件和因素

态度与品德都是可以改变的,掌握影响态度和品德形成和改变的条件和因素,有助于我们从不同层面、不同角度进行态度和品德的培养。

(一)影响态度和品德形成与改变的条件

1. 外部条件

(1)强化

强化同其他种类的学习一样,在态度、品德的学习过程中,强化起着重要的作用,强化可以增强个体对客体的内部准备倾向。

(2)榜样人物的选择

正如,班杜拉的“社会学习理论”所指出的,许多态度是个体通过观察、模仿他人的行为而习得的。

2. 内部条件

(1)相应的概念

加涅认为学习者应具备以下概念:首先,学习者必须具有那种新的态度将要指向的事物、事件或者人的概念;其次,应具有一套行为与相应情境关系的概念。比如,某学生知道,帮助同学会收获同学的友谊。

(2)认知不均衡

20 世纪 50 年代的后期,社会心理学界出现了几种强调态度的认知成分的模

型,这些理论模式均包含着"一致性需要"的假设,即假定个体总是力图保持自己在思想、信仰、态度和行为方面的一致性。当出现不一致或不协调时,个体就会力求获得一致,此时其态度就有可能发生变化。

个体要求形成或改变提到与品德的心向。学习者在具有上述两类条件的状况下,并不一定会形成或改变某种态度。例如,日常生活中人们不可能解决所有的不均衡。此时个体具有态度学习的心向显得尤为重要,影响个体态度学习心向的条件包括形成或改变态度是否影响各方面的适应,态度学习中所获得的强化与不学习所遇到的惩罚或损失的严重性之间的比较等。

(二)影响态度和品德形成与改变的因素

1. 客观因素

客观因素是指个体自身以外的一切条件,包括家庭、社会、学校、班集体和同伴,这些因素对学生的态度和品德的形成与改变有着重要的影响。

(1)家庭教养方式

对于家庭的重要性,一般人都比较容易理解。心理学中的大量研究也证明,家庭教养方式对孩子的心理有着非常重要的影响,尤其是在态度和品德学习方面更是如此。艾森伯格等人研究发现,儿童如果在早期具有较丰富的父母或者兄弟姐妹的交往经验。那么,他们在幼儿园和学龄阶段就对他人的情感更敏感,也更容易对自己的违规行为产生羞怯的情绪。

(2)社会环境

社会风气包括社会舆论、大众媒介传播的信息、成年人的榜样作用等。美国学者帕克等人研究表明,在其他生活条件相似的情况下,观看暴力电影的学生比其他学生有更多的攻击性行为。

(3)学校教育

青少年主要的活动时间是在学校度过的,很自然地,学校教育环境就成为教育环境主要的组成部分。研究表明,课堂管理无序化,师生关系不和谐,教学方法不得当以及教师随意给学生贴上带有导向性的标签,都会导致学生的课堂问题行为,久而久之,容易导致学生品德不良。林崇德研究发现,班风对学生的品德发展有影响,良好而稳定的班风有积极的影响作用,而不健康的班风则会给班集体的道德行为带来消极的影响。

(4)同伴影响

青少年的同伴集体既包括正式的班集体和各种学生团体,也包括一些非正式的小集体。社会心理学家认为这些同伴集体之所以能对青少年产生重大影响,主要因为"从众现象"存在。所谓从众是指个人的意见、态度和行为倾向与大多数人保持一致。值得注意的是,随着儿童年龄的增长,他们与父母、教师的关系逐渐疏远,他们更喜欢与同伴交往,希望得到同伴小集体的接纳与认可。在同伴集体中,非正式集体对个体的影响与正式的集体对个体的影响相比,呈逐渐增强的趋势。

(5)榜样吸引力

研究表明,榜样的吸引力是影响个体态度和品德形成、改变的重要因素。一般地说,有较大影响的榜样通常有三个特征:一是这些榜样的行为达到要求并得到了奖励,而其他人也常效仿他们的行为;二是这类榜样有权力、有能力奖励学习者,尤其是已经奖励过学习者的榜样;三是这些榜样与学习者有类似之处,即这些榜样可以反映学习者的自我概念和志向。

学校所能提供的榜样一般来自教材、教师和优秀学生。布莱恩等人研究发现,如果儿童看到榜样把自己参加比赛得到的奖品捐赠给慈善团体的话,他们也会这样做,如果榜样不这样做,儿童就会留下自己的奖品。研究还发现,如果是口头说教对儿童的亲社会行为没有什么影响。

2. 主观因素

(1)智力水平

智力水平与品德、态度的学习有着比较复杂的关系,有人就一般少年与品德不良的工读学校(是中华人民共和国为有轻微违反法律或犯罪行为未成年人开设的一种特殊教育学校,不属于行政处分或刑罚的范围)少年的智力差异进行了比较研究。结果发现,工读学校的少年无论是在言语智商、操作智商,还是总智商上,都显著低于一般少年。智力既是影响学业成绩的重要因素,也是影响态度和品德形成的重要因素。

(2)教育程度

青少年的道德认识与判断不仅与智力有关,还随着年龄的升高、教育水平的提高而进步。有人以小学二年级、五年级和初中二年级的学生为被试者,研究者在谈话中告诉他们许多问题情境和纠纷事件,要他们设想出最好的解决办法。结果发现高年级的学生给出了更合理的答案。

(3)道德认知水平

如上所述,皮亚杰认为儿童道德认识的发展与儿童认知能力的发展是息息相关的,并用对偶故事法来研究儿童的道德发展,最终把儿童的道德认知发展划分为三个可识别的阶段。科尔伯格借鉴了皮亚杰的对偶故事法采用了两难故事法来研究儿童的道德认知发展,最终把儿童的道德认知发展最终划分为六个可识别的阶段。

【思考题】

1. 简述态度的形成与认知学习、动作技能学习之间的相同点与不同点。

2. 简要论述态度与品德的区别和联系。

3. 分析几种道德形成理论的相同点与不同点。

4. 简要说明态度与品德形成的过程与条件。

第九章 学习的内部条件

学习目标

* 目标一：了解生理因素对学习可能产生的影响。
* 目标二：了解心理因素对学习可能产生的影响。
* 目标三：掌握智力因素与非智力因素共同影响学习的机制。

在前面章节中从中观层面介绍了学习的一般过程，并从学习结果的角度出发，重点以认知心理学的观点介绍了不同类型学习的过程。从本章开始用两章的篇幅介绍学习发生所需要的内外部条件。本章中主要从生理和心理两个方面介绍学习发生的内部条件。在生理条件中我们重点从发展心理学的视角考察了学习者的一般心理发展以及个体学习风格的差异，在心理条件中我们分别讨论了影响学习的智力因素、非智力因素以及学习者原有认知结构因素。

第一节　智力因素与学习

学习活动是一个非常复杂的过程，各种智力因素和非智力因素交织在一起共同影响学习的进程。智力因素作为心理过程中的认识过程直接影响着学习活动，而非智力因素虽然不直接参与认识过程，却是学习活动赖以高效进行的动力因素。

国内外学者的多项研究结果表明，智力与学生的学业成绩存在着中等程度的相关，智力不仅影响着学生的学业成就，更重要的是影响着学生掌握知识与技能的速度、深度和灵活性，并且在很大程度上决定着学生的准备状态，决定着学生学习的可教育性程度。

智力是一种综合的认识能力,它包括注意力、观察力、记忆力、想象力和思维力五种基本因素,抽象思维能力是智力的核心,创造力是智力的最高表现。智力的这种观点应理解为:第一,智力与认识过程有关,但并非认识过程本身;第二,构成智力的各种认识特点必须比较稳定,那些变化无常的认识特点不能称为智力;第三,智力不是五种因素的机械相加,而是五种因素的有机结合;第四,智力是一种能力,而情绪、情感、性格、气质、动机、兴趣、意志等非能力的特征则属于非智力因素。

一、智力与智力结构

(一)智力的定义归纳分类

1. 智力是抽象思维的能力

法国心理学家比纳(A.Binet),智力测验的创始人,他认为善于判断、善于理解、善于推理是智力的三要素。美国心理学家推孟(L.M.Terman)也认为一个人的智力和他的抽象思维能力成正比。

2. 智力是一种学习的潜在能力

有些心理学家认为智力就是学习能力,学习成绩代表智力水平。智力高的学生,学习快,获取和保存知识多;智力低的学生,学习慢,获取和保存知识少。有人认为智商在 105 以下的高中生不易考取大学,智商在 120~125 的高中生可考取理想的大学。

3. 智力是适应环境的能力

瑞士心理学家皮亚杰认为智力的本质就是适应,儿童认识的发展就是个体对环境适应的逐步完善和日益智慧化的过程。这一类解释认为:在特定的环境中,智力高的人能很快地做出相应的反应,智力低的人则相反。

4. 智力是各种认知能力的有机综合

把智力看成是一种整体的能力,是各种基本认识能力的综合。美国心理学家韦克斯勒(D.Wechsler)与我国心理学家朱智贤对智力的定义反映了这种认识。韦克斯勒认为智力是一个假设的结构,它是一个人有目的地行动,合理地思维,并有效地处理周围事物的整体能力。朱智贤认为智力是一种综合认识方面的心理特征,主要包括三个方面:感知记忆能力(特别是观察能力)、抽象概括能力(包括想象力)、创造力(即创造性解决问题的能力)。

5. 智力就是智力测验所测的能力

有些心理学家认为智力是抽象的概念,离开智力测验几乎无法了解智力的含义。这是一种操作性的定义,对智力的内涵并没有做出规定。例如,弗里曼(F.W. Freeman)指出智力就是运用智力测验所得到的东西。希尔加德指出智力是智力测验测定的结果。

(二)智力结构的理论

智力究竟由几种因素构成的?不同的学者有不同的看法。有人主张单因素,有人主张二因素,也有人主张多因素,形成各种不同的智力结构理论。了解这些理论,对于了解智力的本质,深化我们的认识都是必要的。

1. 单因素论

主张智力单因素论的人认为人与人之间智力上有高低,但智力只是一种总的能力。例如,高尔顿、比奈、推孟等人都主张智力是单因素的,他们编制的量表只提供单一分数(智商),只测一种智力。

2. 斯皮尔曼的二因素论

英国心理学家斯皮尔曼(C.E.Spearman)提出二因素说,他将人类智力分为两个因素:一是普遍因素,又称 G 因素,是在不同智力活动中所共有的因素;二是特殊因素,又称 S 因素,是在某种特殊的智力活动中所必备的因素。二者相互联系,完成任何作业都需要 G 因素和 S 因素的结合。例如,完成一个算术推理测验需要 G+S1,完成一个语言推理测验需要 G+S2,完成第三种测验则需要 G+S3。由于每种作业都包含各不相同的 S 因素,而 G 因素则始终不变,因此 G 因素是智力结构的基础和关键,各种智力测验就是通过广泛取样而求出 G 因素的。

3. 瑟斯顿的群因素论

20 世纪 30 年代,美国心理学家瑟斯顿(L.Thurstone)提出智力结构的群因素论。他认为智力包括七种彼此独立的心理能力,即语词理解(V)、语词流畅(W)、推理能力(R)、计数能力(N)、机械记忆能力(M)、空间能力(S)和知觉速度(P)。瑟斯顿为此设计了智力测验来测量这七种因素,测验结果与他原来认为各种智力因素之间彼此无关的设想相反,各种因素之间存在着正相关。例如,计算能力与语词流畅相关为 0.46,与语词理解相关为 0.38,与记忆相关为 0.18。事实说明,各种智力因素并非彼此无关,而是存在相互关联的一般因素,这就与二因素论接近了。

4. 吉尔福特的智力三维结构模型

1967 年,美国心理学家吉尔福特(J.P.Gvilford)提出智力三维结构模型。他认为智力结构应从操作、内容、产物三个维度去考虑。智力的第一个维度是操作,即智力活动过程,包括认知、记忆、分散思维、聚合思维、评价五种因素;第二个维度是内容,即智力活动的内容,包括图形、符号、语义、行为四种因素;第三个维度是产品,即智力活动的结果,包括单元、门类、关系、系统、转换、蕴含六种因素。把这三个变项组合起来,会得到 4×5×6=120 种不同的智力因素。吉尔福特把这些构想设计成立方体模型,共有 120 个立体方块,每一个立体方块代表一种独特的智力因素。

1971 年,吉尔福特将智力加工内容中图形分为视觉和听觉两部分,智力因素为 180 种。1988 年,他又将智力活动过程中的记忆分为短时记忆和长时记忆两部分。至此,将智力分解为 180 种元素。

吉尔福特的智力三维结构模型,是当前西方比较流行的一种智力理论。它对我们认识智力结构的复杂性,把握各智力要素之间的关系,启发我们对智力结构进行深入细致的讨论,都具有积极意义。

5. 阜南的等级层次理论

20 世纪 60 年代,英国心理学家阜南(P.E.Vernon)提出了智力层次的因素理论。他认为智力是按等级层次组织起来的,最高层次是一般因素,相当于斯皮尔曼的 G 因素;其次是言语—教育能力和操作与机械能力两个大因素群;第三层是小因素群,如言语—教育能力又可分为言语因素、数量因素等;最后是特殊因素,相当于斯皮尔曼的 S 因素。其实,阜南的智力层次理论是在斯皮尔曼的 G 因素与 S 因素之间增加了两个层次,是斯皮尔曼二因素论的深化。

6. 卡特尔的流体智力和晶体智力理论

20 世纪六七十年代,美国心理学家卡特尔(R.B.Cattell)等人根据智力的不同功能,将智力划分为两种:流体智力和晶体智力。流体智力是指人不依赖于文化和知识背景而对新事物学习的能力,如注意力、知识整合力、思维的敏捷性等。晶体智力则是指人后天习得的能力,与文化知识、经验的积累有关,如知识的广度、判断力等。从时间上看,流体智力在人的成年期达到高峰后,就随着年龄的增大而逐步衰退,而晶体智力自成年后不但不减退,反而会上升。

7. 斯腾伯格的三元智力理论

当代美国心理学家斯腾伯格(R.J.Sternberg)从信息加工心理学的角度出发,提出了三元智力理论。他认为智力理论可分为三个分理论:情境分理论,阐明智力与环境的关系;经验分理论,阐述智力与个人经验的关系;成分分理论,揭示智力活动的内在心理结构。其中,智力成分结构有三个层次,元成分是高级管理成分,其作用是实现控制过程,包括在完成任务过程中的计划、鉴别和决策;操作成分,其作用是执行元成分的指令,进行各种认知加工操作,如编码、推断、提取、应用、存贮、反馈等;知识获得成分,学会如何解决新问题,学会如何选择解决问题的策略等。

三元智力理论是现代智力理论的代表之一,它与当代认知心理学的发展产生了契合,使智力理论的研究有了突破性进展,不再局限于传统的因素分析方法,为今后的智力理论与实践的研究指出了一条可行之路。

二、智力发展的年龄变化

在人的一生中,智力的发展水平随年龄发展而变化,但并不是匀速直线前进的。一般说来,出生后的前五年智力发展最迅速,5~12岁发展速度仍有较大增长,12~20岁智力缓慢上升,到20岁左右智力达到高峰,这一高峰期一直持续到34岁左右。然后直到60岁,智力缓慢下降,60岁以后,智力下降迅速。当然,不同学者的研究结果不尽相同,但都表明了这样一个结果:智力的绝对水平在儿童成长过程中随着年龄的增长而增长,但它的增长与年龄的增加不是线性的关系,从总体上讲,是先快后慢,到一定程度停止增长,并随衰老而呈现下降趋势。

各种智力因素的发展也存在明显差异,它们在发展的速度、高峰期范围、衰退时间方面都不相同。

迈尔斯(W.R.Miles)等人研究发现:知觉能力发展最早,在10岁就达到高峰,高峰期持续到17岁,从23岁便开始衰退;记忆力发展次之,14岁左右达到高峰期,持续到29岁,从40岁开始衰退;再次是动作和反应速度,18岁达到高峰期,持续到29岁,也是从40岁开始衰退;最后是思维能力,在14岁左右达到高峰期的为72%,有的18岁达到高峰期,持续到49岁,从60岁以后开始衰退。智力何时出现衰退不仅取决于智力因素的不同,而且取决于个体的状况。一般说来,智力低的人发展速度慢且停止较早,智力高的人发展速度快,停止的年龄也较晚。通常身体健康、勤于参加体力和脑力劳动的人,智力会衰退较慢。体弱特别是神经系统和脑部有疾病的人,智力才会迅速衰退。

(一)水平差异

智力的水平差异主要用智力测验来研究并用智商(IQ)值来表示。心理学研究表明,智力是随着年龄增长而发展变化的。在同龄人口中,人们的智力水平不同,有的智力高有的则低;在不同的年龄阶段,人们的智力水平也存在着很大差异,有一个智力水平不断增长到稳定最后又逐渐衰退的过程,而且不同的智力因素,其发展的速度也很不相同。研究表明,智力在同龄人口中基本上呈常态分布:两头小、中间大,即智力很高和智力很低的人都是极少数,而智力中等的人占绝大多数。

(二)表现早晚差异

人的智力表现早晚是各不相同的。有的人在儿童时期就显露出非凡的智力和特殊能力,这叫"人才早熟"或能力的早期表现。但也有人智力表现较晚即所谓"大器晚成"。一般说来,智力突出表现的年龄阶段在中年。

(三)类型差异

1. 知觉方面

根据知觉时是主动还是被动的,分为主动观察型和被动观察型;根据知觉时主客观所占比例的大小,分为知觉客观型和知觉主观型;根据观察时知觉的速度和效率,可分为快速型和精细型;根据感知和观察的方法来分,有知觉描写型和知觉解释型两种;根据知觉时分析和综合所占比重,可分为知觉分析型、知觉综合型、知觉分析—综合型。

2. 表象方面

根据某种表象占优势的程度,可分为不同的表象类型,如视觉表象型、听觉表象型、运动表象型、混合表象型等。

3. 记忆方面

根据各种分析器参加的情况,可分为视觉记忆型、听觉记忆型、动觉记忆型、混合记忆型等。根据记忆不同材料的效果和方法,可分为形象记忆型、抽象记忆型、形象—抽象记忆型。

4. 言语和思维方面

言语和思维方面可分为生动的思维言语型、逻辑联系的思维言语型、中间型。

5. 想象方面

想象方面表现在想象力的强度、广阔性以及是否主动、大胆等方面。

智力的类型差异,除了表现在完成同一种活动时不同人可能采取不同的途径外,还表现在完成同一种活动时不同的人是由不同的智力因素的综合来保证的。例如,同样智力优秀的人,有的记忆力特强,抽象概括能力并不怎么好;有的则相反,抽象概括能力很好,而记忆能力并不突出。

智力类型的差异还可以有其他表现形式。如用韦克斯勒儿童智力量表测量不同年龄的儿童,发现智商相同的儿童,有些言语智商显著高于操作智商,而有些操作智商显著高于言语智商,还有一些言语智商和操作智商差不多。不少心理学家还指出学生之间有"认知方式""认知风格"的不同,即使他们智力水平相同,在领会、记忆、运用知识的方式方面却有很大差异。一些学生通过模仿学得好;一些学生通过试误学得好;一些学生能很快了解概念之间的关系,把握某一学科的轮廓,但很快忘掉细节;一些学生对知识细节领会得很好,却难以把细节综合起来;一些学生领会知识主要靠教师的讲解;一些学生主要靠课后阅读教材,他们从教师的讲授中得到的东西很少。另外,一些心理学家和教育家认为儿童对认知方式的选择和偏好在一定程度上是由其"左优势脑""右优势脑"的生理特点所决定的,即表现出左脑智力优势或右脑智力优势。左优势脑的儿童,更善于对语言、逻辑符号及时间性的信息进行加工;右优势脑的儿童,更善于对那些非语言的视觉和空间的信息进行加工。那些属于"左优势脑"的儿童,在学习需要右脑去加工完成的任务时就会显得力不从心,反过来也是如此。

智力是各种因素构成的综合体。同一种智力在不同的人身上会有不同的表现,构成了各种不同的智力类型。人们在知觉、表象、记忆、想象、言语和思维等方面都表现出类型差异。

(四)性别差异

传统观点认为女性的智力较弱,但长期的研究结果表明,男女之间在智力上的差别总体平衡而部分不平衡,男女两性在不同的智力类型上各有优势。其差异表现在以下三个方面。

1. 男女智力发展水平的差异

就全体男性与全体女性的平均智力而言,总体上是平衡的,但在个体智力上则有很大差异。男性智力低下与智力超常这两种情况和比率都高于女性,也就是说,男性的智、愚较为悬殊,女性的智力发展则较为均匀。我国的心理学工作者研究发现,无论在中学还是在大学里,成绩优秀和较差的两端男性居多,而成绩中等的女性居多。国外的研究结果也说明了这一点。男女两性智力上的这种差异对其事业的影响是比较大的。创造力强并在事业上取得优异成绩者,男性居多。比如,400 名左右的诺贝尔奖金获得者中,女性不足 10 名。

2. 男女智力发展速度的差异

研究表明,男女在不同的年龄阶段,智力的发展是有差异的,并随年龄的发展互占优势。婴儿期,男女智力几乎没有差异;幼儿期,女孩的智力略高于男孩,但不明显;从学龄期开始,男女两性的智力出现了明显差异,女性智力明显优于男性。这种优势到了青春发育高峰期有所下降。从 12 岁以后男性的智力就开始逐渐赶上并开始超过女性,并随年龄的增长这种优势表现得越来越明显,这种优势一直维持到整个青春发育期结束,以后这种明显的年龄差异才逐渐减弱。

男女在智力上的表现也有早晚差异。就"早慧"这一方面而言,女性在音乐、舞蹈等艺术领域较男性更早地显露出才能。在文学方面,特别是编讲故事方面,女性早期表现的比率也大于男性。而在绘画、书法方面,男性早慧的比率大于女性。就"晚成"而言,女性在文学、艺术、新闻、教育、医疗等方面较明显、较多。而男性在哲学、经济学、自然科学方面较多一些。

3. 男女智力类型的差异

（1）感知方面

女性感知一般优于男性，但在空间知觉能力方面不如男性，女性更容易产生各种错觉和幻觉。

（2）注意力方面

女性的注意稳定性优于男性，但注意的转移品质不如男性。一般而言，女性较之男性更容易在实践活动中获得较高的注意分配性，另外，男性的注意多定向于物，而女性注意多定向于人。

（3）记忆方面

女性擅长形象记忆、情绪记忆和运动记忆，但逻辑记忆不如男性。女性擅长于机械记忆，而男性擅长于意义记忆。

（4）思维方面

女性更多地偏向于形象思维，而男性则偏向于抽象逻辑思维。从总体上讲，无论是思维的深刻性，还是思维的灵活性、独创性和敏捷性，男性均优于女性。

（5）想象方面

无意想象上的性别差异不明显，在有意想象的发展上，女性更容易带有形象性的特点，男性更容易带有抽象性的特性。在再造想象中，男女两性无明显的水平差异，但在创造想象中，男性水平明显高于女性。

20世纪70年代以后，研究主要是从数学能力、空间认知能力和语言能力三个方面探讨智力的性别差异。研究发现：女孩在语言能力测验中占优势，而男孩在空间能力、数学能力测验中占优势。

虽然国内外大量研究表明，女性总体的智力水平并不弱于男性，但在所取得的社会成就方面，男性却明显高于女性。这主要是由于教育、角色地位、社会期望以及动机水平等因素使女性天赋潜能的发挥受到了限制。

第二节　非智力因素与学习

1935年，美国心理学家亚历山大就提出非智力因素，此后为韦克斯勒所继承和发展,但是这一概念在西方并未引起多大反响。1943 年,我国心理学家曹日昌提出"非智慧的心理特质"一词。1983 年,燕国材在《光明日报》发表《应重视非智力因素的培养》一文,引起国内教育界广泛关注与重视。

一、非智力因素的基本性质

(一)非智力因素的内涵

人的意向活动在改造客观世界的过程中逐步形成的一系列稳定心理特点的综合,叫作非智力因素。

对意向活动的理解:人的一生中有两大任务,一是认识世界(了解与掌握事物发生发展与形成的规律),二是改造世界(如何对待和处理外在事物)。认识世界的活动反映在心理上就表现为认识活动,如感知、表象、想向、思维、记忆、注意等。这些认识在认识客观世界的过程中会逐渐地形成一系列更稳定的心理特点,我们就把它们总称为智力因素。改造世界的活动反映在心理上就表现为意向活动,如需要、兴趣、情感、意志等。这些意向在改造客观世界的过程中也会逐步形成一系列稳定的心理特点,我们就把它们称为非智力因素。

(二)非智力因素的外延

1. 广义的非智力因素

广义的非智力因素是智力因素以外的众多心理因素,它蕴含在意向活动以及意向活动所凝聚的个性特征之中。

2. 狭义的非智力因素

狭义的非智力因素可分为动机、兴趣、情感、意志、性格 5 种因素。

3. 具体的非智力因素

对狭义的非智力因素进行分解,并根据它们对学习作用的大小、关系疏密程度,选取 12 种基本心理因素构成具体的非智力因素,从动机中分解出来的有成就动机;从兴趣中分解出来的有求知欲望;从情感中分解出来的有学习热情、责任感、义务感、荣誉感;从意志中分解出来的有自制性、坚持性、独立性;从性格中分解出来的有自尊心、自信心、好胜心。

二、非智力因素的特点与功能

1. 非智力因素的特点

非智力因素的特点可分为意向性、习得性、聚合性、波动性、积极性、适度性 6 个特点。与之相对的是认识性、遗传性、结构性、稳定性、无积极性、非适度性的 6 个特点，这 6 个特点把智力因素的性质也反映了出来。

2. 非智力因素的功能

非智力因素的功能可分为动力功能、定向功能、引导功能、维持功能、调控功能、强化功能 6 个功能。

三、IN 结合的学习理论

IN 结合的学习理论由三个核心思想组成。归纳为一个目的、一条假设和一个公式。目的是尊重学习者的主体地位，发挥其主体作用，调动其主体积极性；假设是一般来说，智力水平差不多，非智力因素水平却差别很大；公式是在其他条件基本相同的情况下，$A=f(I.N)$ [I（智力因素）、N（非智力因素）、A（学习的成功）]。

IN 结合论不只有三条核心思想，同时还有 10 对 20 个命题。分成三个维度归纳。

（一）区别维度

区别维度，即从智力与非智力因素两者的区别角度来考察，有 3 对 6 个命题。

第一对命题：智力属于认识活动范畴，有认识作用；非智力因素属于意向范畴，起意向作用。

第二对命题：智力没有积极性；非智力因素有积极性。

第三对命题：智力是比较稳定的；非智力因素的波动性却很大。

（二）影响学习的维度

影响学习的维度，即从 IN 两者对学习的影响的角度来考察，有如下 4 对 8 个命题。

第一对命题：智力对学习起直接作用；非智力因素对学习起间接作用。

第二对命题：智力是学习过程的心理结构；非智力因素是学习的心

理条件。

第三对命题:智力是学习活动的执行—操作系统;非智力因素是动力—调控系统。

第四对命题:智力在学习中具体表现为"五会";非智力因素具体表现为"五学"。

(三)联系维度

联系维度,即从 IN 两者的联系的角度来考察,有如下 3 对 6 个命题。

第一对命题:智力活动促进(退)非智力因素;非智力因素也促进(退)智力活动。

第二对命题:智力活动指导非智力因素;非智力因素主导智力活动。

第三对命题:智力可以转化、补充非智力因素的某些特征;非智力因素可以削弱、补偿智力的某些弱点。

四、非智力因素在学习中的作用

总的来说,非智力因素对学习的作用是间接的,非智力因素是学习过程的心理条件(影响学习的过程及其效果,但不是学习活动本身)。智力是学习活动的执行—操作系统,非智力因素是动力—调控系统;智力在学习中具体表现为"五会"(会观察、会记忆、会想象、会思维、会注意,对应智力的五种因素),非智力因素具体表现为"五学"(愿学、好学、乐学、勤学、自学,对应非智力的五种因素)。

第三节　原有知识的性质与学习的迁移

一、学习迁移概述

日常生活中我们可以观察到,学会骑自行车有助于学习驾驶摩托车(动作技能);学会一种外文有助于掌握另一种外文(知识与智慧技能);儿童在做语文练习时养成爱整洁的书写习惯,有助于他们在完成其他作业时形成爱整洁的习惯(态度)。这些都是我们常见的学习迁移现象。可见,动作技能、知识、态度都可以迁移。

一般心理学教科书都把先前的学习对后继学习的影响称为迁移,但这一定义并不能概括全部迁移现象。因此,后继学习也可能对先前的学习发生某种影响。这种影响心理学家也看作学习的迁移。于是,迁移被广义地定义为:"一种学习对另一种学习的影响。"上面所说的前一种迁移可称为顺向迁移,后一种迁移可称为逆向迁移。不论是顺向迁移还是逆向迁移,都有正负之分。凡是一种学习对另一种学习起促进作用,都叫正迁移;凡是一种学习对另一种学习起干扰或抑制作用,都称负迁移。

二、当代的三种迁移理论

迁移是学习的一个重要方面,所以每当有新的学习理论提出,迁移理论也随之更新。当代著名的学习论有奥苏贝尔的有意义言语学习论、信息加工心理学的产生式理论和新近发展起来的认知策略理论(包括反省认知理论),与此相应的迁移理论有奥苏贝尔的认知结构迁移理论,安德森(J.R.Anderson)等人提出的产生式迁移理论和新近发展起来的认知策略迁移理论。

(一)认知结构迁移理论

1. 从认知结构观点看学习的迁移

奥苏贝尔认为当用他的认知结构的观点重新考察迁移时,会发现原先的迁移模式在有意义学习中仍然适用,顺向迁移仍然指先前的学习对后继学习的影响(如学习中出现 A、B 两个课程时)。但是,先前的学习指什么? 它如何影响后继的学习? 奥苏贝尔对此做出了与传统解释根本不同的新解释。

首先,一般的迁移模式在这里仍然适用。但先前的学习还应该包括过去经验,即累积获得的、按一定层次组织的、适合当时学习任务的知识体系,而不是最近经验的一组(刺激—反应)联结。

其次,在有意义学习与迁移中,我们所说的过去经验的特征,不是指前后两个课题在刺激和反应方面的相似程度,而是指学生在一定知识领域内认知结构的组织特征,如清晰性、稳定性、概括性、包容性等。在学习课题 A 时得到的最新经验,并不是直接同课题 B 的刺激—反应成分发生相互作用,而只是由于它影响原有的认知结构的有关特征,从而间接影响新的学习或迁移。

最后,在一般的课堂学习中,并不存在孤立的课题 A 和课题 B 的学习,学习 A 是学习 B 的准备和前提,学习 B 不是孤立的,而是在同 A 的联系中学习。因此,在学校学习中的迁移,很少有像在实验室条件下严格意义的迁移。这里学习迁移所指的范围更广,而且迁移的效果主要不是指运用一般原理于特殊事例的能力(派生类属学习的能力),而是指提高了相关类属学习、总括学习和并列结合学习的能力。因此,无论在接受学习还是在解决问题中,凡有已形成的认知结构影响新的认知功能的地方,就存在着迁移。

2. 影响学习迁移的三个认知结构变量

奥苏贝尔提出了影响新的学习与保持的三个认知结构变量,通过操纵与改变这三个认知结构变量可以促进新的学习与迁移。

(1)原有知识的可利用性

奥苏贝尔的认知结构变量是针对影响新的学习效果提出的。奥苏贝尔认为当学习新的知识时,如果在学生原有知识结构中能找到适当的可以用于同化新知识的原有知识(包括概念、命题或具体例子等),那么该学生的认知结构就具有原有知识的可利用性。反之,当学习新知识时,如果在学生原有知识结构中找不到用于同化新知识的原有知识,那么该学生的认知结构就缺乏原有知识的可利用性。奥苏贝尔认为原有知识的可利用性是影响新的学习和迁移的最重要因素,也是最重要的认知结构变量。他更强调上位的、包容范围大和概括程度高的原有观念的作用。如果在学习新知识时,学生认知结构中缺乏这样的上位观念,教师就可以从外部给学生的认知结构中嵌入一个这样的观念,使之起吸收与同化新知识的作用,这样从外部嵌入的观念被称为先行组织者。

(2)原有知识的巩固性

原有知识影响新的学习和保持的第二个变量是同化新知识的原有知识的巩固性。原有知识越巩固,越易促进新的学习。利用及时纠正、反馈、过度学习等方法,可以增强原有的起固定作用的观念的稳定性。原有知识的稳定性有助于新的学习与保持。若能同控制组比较,就可以测出知识结构这一变量的迁移效果。例如,奥苏贝尔及其合作者在 1961 年研究了原有知识的巩固性对新学习的影响。研究中让被试者学习基督教知识，经过测验将被试者的成绩分成中上水平和中下水平，然后将这些被试者分成三个等组：第一组在学习佛教材料前，先学习一个比较性组织者(它指出佛教和基督教的异同)；第二组在学习佛教材料前，先学习一个陈述性组织者(它仅介绍一些佛教观念,其抽象水平与要学习的材料相同)；第三组在学习佛教材料前，先学习一个有关佛教历史和传记的材料。在实验后的第三天和第十天进行保持测验。结果表明,不论哪一组,凡原先的基督教知识掌握较好的被试者,在学习佛教知识后的第三天和第十天的保持成绩均较优(如表9-1所示)。

表9-1　起固定作用的观念的稳固性和清晰性对后继的学习和保持的影响

(单位:%)

	原先的基督教知识掌握水平	第一组 比较性组织者	第二组 陈述姓组织者	第三组 历史材料
第三天的 保持分数	中上	23.59	22.50	23.42
	中下	20.50	17.32	16.52
第十天的 保持分数	中上	21.79	22.27	20.87
	中下	19.21	17.02	14.40

(3)新旧知识的可辨别性

新旧知识的可辨别性是指利用旧知识同化新知识时,学习者意识到旧知识与新知识之间的异同点,可辨别性是建立在原有知识的巩固性基础之上的。例如,在物理学中讲到雷达是利用无线电波反射对远距离物体的侦察和定位的原理时,教师可利用学生已知的回声的知识同化新知识,学生必须意识到声波和无线电波之间有相似之处。意识到相似之处,原有知识可以同化新知识,但是又必须区分两者的不同之处。知道不同之处,新的知识才可以作为独立的知识保存下来。

(二)产生式迁移理论

迁移的产生式理论是由信息加工心理学家安德森提出的,这一理论适用于解释基本技能的迁移。其基本思想是,先后两项技能学习产生迁移的原因是这两项技能之间产生式的重叠,重叠越多,迁移量越大。

安德森认为这一迁移理论是桑代克相同要素说的现代化。在桑代克时代,心理学没有找到适当的形式来表征人的技能,以致错误地用外部的刺激和反应(即

S-R)来表征人的技能,所以不能反映技能学习的本质。信息加工心理学家用产生式和产生式系统表征人的技能,这样就抓住了迁移的心理实质。因此,导致先后两项技能学习产生迁移的原因,不应该用它们共有 S-R 联结的数量来解释,而应该用它们之间共有的产生式数量来解释。

安德森等设计了许多实验来验证这一迁移理论。例如,他和辛格利(M.K. Singley)用不同计算机文本编辑程序的学习,证实了他的迁移理论。实验中的被试者为打字熟练的秘书人员,他们能理解文本编辑的含义。被试者分三组:A 组在学习编辑程序(被称为 EMACS 编辑器)之前,先根据已经做好标记的文本练习打字;B 组先练习一种编辑程序,后练习 EMACS 编辑器;C 组为控制组,从第一天起至最后一天(即第 6 天)一直学习 EMACS 编辑器。学习成绩以每天尝试按键数量为指标,因为被试者按键越多,说明他们出现错误需要重新按键数越多(因被试者打字熟练,其错误不可能是打字造成的)。错误的下降说明掌握文本编辑技能水平提高。控制组每天练习 3 小时 EMACS 编辑器,前 4 天成绩显著进步,第 5 天和第 6 天维持在相对稳定水平。A 组先练习打字,共 4 天,每天 3 小时,第 5 天和第 6 天练习 EMACS 编辑器的成绩同控制组第 1 天和第 2 天的成绩相似,打字对编辑学习未产生迁移。B 组前 4 天练习一种文本编辑程序,每天练习 3 小时,在第 5 天和第 6 天练习 EMACS 编辑器时,成绩明显好于 A 组。这说明第一种文本的练习对第二种文本学习产生了显著迁移。

安德森认为在打字和文本编辑之间没有共同的产生式,而在两种文本编辑之间有许多共同的产生式,这是导致两组迁移效果不同的最重要原因。

为了进一步证实重叠的产生式导致迁移这一思想,安德森又仔细比较了两种行编辑器和一种全屏编辑器之间的学习迁移情形。被试者先学习 A 种行编辑器,再学习 B 种行编辑器,结果节省时间 95%。先学习行编辑器,再学习全屏编辑器,结果节省时间 60%。最后,研究者为三种编辑器创造一种产生式规则模型,然后计算它们之间共有的产生式数量。研究者应用这一数量对迁移的程度作出预测,然后用预测数量与实际观察到的迁移数量进行比较。结果表明,预测的迁移量和实际测量到的迁移量有很高的一致性。

(三)认知策略迁移理论

1. 认知策略迁移的早期研究

20世纪六七十年代,心理学家侧重于将记忆策略教给智力落后儿童,以帮助他们改进记忆,与此同时也开展其他策略训练。1977年,心理学家贝尔蒙特(J.M.Belmont)等系统分析了100项有关研究,涉及多种多样策略和不同被试者。结果表明,没有一项策略训练在迁移上获得成功。研究者指出这100项研究无一项要求学生对他们的策略运用成功与否进行反思。1982年,贝尔蒙特等又评述了7项策略研究资料,这7项研究都要求被试者对策略的运用成功与否进行反思,结果有6项获得了迁移。

在这一发现之后,许多心理学家进行了类似的研究,证实学习者的自我评价是影响策略迁移的一个重要因素。

2. 关于策略作用的自我评价实验

1985年,加泰勒(E.S.Ghatala)等研究了自我评价对策略迁移的影响。研究中的被试者为二年级小学生,所教的策略是精加工策略。研究中呈现配对名词,要求儿童尽可能记住并准备回忆学过的词。在正式实验前,研究者对被试儿童进行三种不同的自我评价训练。其中1/3的儿童为策略—用途组,接受策略有效性评价训练。方法是反思自己使用或未使用某一策略是怎样影响回忆结果的。要求儿童徒手和用圆规各画一个圆。继而问用哪种方法画的圆更好?另1/3的儿童为策略—情感组,要求他们评价使用某一策略是否感到"开心"?最后1/3儿童为控制组,不接受任何评价训练。正式实验分三个阶段进行。

第一阶段:研究者不教任何记忆策略,让儿童自己记忆配对名词并进行回忆测验,其目的是确定儿童的基线水平。

第二阶段:将儿童分成两个等组。其中一组学习精加工策略,另一组采用数名词中的字母数的策略帮助记忆。显然前一种策略的记忆效果好,后一种策略的记忆效果差。

第三阶段:所有儿童接受相同的指导语,可以选择自己希望的任何方法来记忆呈现的材料,学完以后要求回忆学过的材料。

为了测量儿童在第三阶段是否继续使用先前习得的策略,研究者问儿童在学习每一配对名词时用了什么策略？为什么选择该策略？以确定他们是否意识到策略的用途。而且把前两次学习的配对词再呈现给儿童，问他们什么时候记得多？为什么会记得多？这样进一步确定儿童对策略作用的意识程度。

列出采用不同学习策略的被试者平均回忆配对词的百分数，由此可以得出如下结论（如表9-2所示）。

一是在实验第二阶段，学习了精加工策略的儿童，回忆成绩显著高于采用数字母策略的儿童。到实验的第三阶段，虽然未要求应用精加工策略，但在第二阶段接受精加工策略训练的儿童继续应用这一策略，其回忆成绩仍然很高。但是接受数字母策略训练的儿童，在第三阶段放弃了这一策略，而又未学习精加工策略，所以记忆成绩普遍低。

二是三种不同策略评价方式（策略—用途评价、策略—情感评价和无评价）对直接回忆或近迁移成绩未产生明显影响。

表 9-2　不同训练组的平均回忆配对的百分比　（单位:%）

| | 训　练　条　件 | | |
	策略—用途组	策略—情感组	控制组
第一阶段:精加工策略	39.5	37.1	31.9
数字母策略	36.5	36.2	29.0
第二阶段:精加工策略	98.6	96.7	97.1
数字母策略	19.0	19.0	9.5
第三阶段:精加工策略	92.4	89.0	79.5
数字母策略	42.9	29.5	29.0

为了考察儿童对策略—用途进行评价是否产生长远影响，在第三阶段研究之后，又对儿童进行追踪研究。儿童对他们为什么选择某一策略的回答表明，受到策略—用途评价训练的儿童更倾向于解释选择某策略的原因是为了提高记忆效率（如表9-3所示）。

在实验结束后第一周和第九周分别用新的配对词对被试者进行了两次延后测验。结果表明，策略—用途组的成绩明显优于策略—情感组。在第一周测验时，前者有90%的儿童在新的学习材料中运用精加工策略，后者仅有57%的儿童；在第二次延后测验中，前者的人数为100%，后者只有50%。这一结果表明，经过策略的有效性自我评价训练的儿童能长期运用训练过的策略,并能迁移到类似的情境中,而在其他训练条件下,策略训练仅有短期的效果。

表 9-3 在实验第三阶段儿童说出选择不同策略理由的人数百分比

(单位:%)

训练条件	理 由		
	记忆	开心	容易
精加工策略:策略—用途组	100	0.0	0.0
策略—情感组	0.0	90.5	9.5
控制组	0.0	74.1	28.6
数字母策略:策略—用途组	76.2	0.0	23.8
策略—情感组	4.8	52.4	42.8
控制组	4.8	28.6	66.7

第四节 认知发展与个体差异

一、认知发展与学习准备

(一)发展与认知发展

个体从出生到死亡是不断变化和发展的过程,发展是指人的各种特征在结构上和机能上的变化,既有量变又有质变,既有渐变又有突变。发展还有生理发展和心理发展之分。心理发展是个体心理的变化过程,是心理学研究的对象。认知发展则是心理发展中极其重要的组成部分,一般指与大脑生长和知识技能有关的发展方面。具体地说,它涉及人在知觉、记忆、思维、语言、智力等方面种种功能的发展变化。认知心理学家认为认知发展就是形成一个意义上、态度上、动机上和能力上相互关联的越来越复杂、越来越抽象的模式体系或认知结构。

(二)学习准备和准备性原则

教育心理学家认为学生的认知发展水平是学习准备的重要标志。学习的准备性原则是教学必须遵循的重要原则。

1. 学习准备

学习准备(readiness),又可称为学习的"准备状态"或学习的"准备性",是指学习者在从事新的学习时,他们原有的知识水平和原有的心理发展水平对新的学习的适合性。这里的适合性有两层含义:一是学生的准备应保证他们在新的学习中可能成功,二是学生的准备应保证他们的学习在时间和精力的消耗上经济而合理。这两层含义就是衡量学生是否已经达到某种知识或认知的准备状态的两条标准。两者缺一不可,离开了学习的成功,就无所谓准备性,离开了学习的效率,学习的成功也不足取。

研究表明,成熟与学习是影响学习准备的两个最主要因素。成熟是一个较为局限的概念,它是指在没有特别明显教育影响下的能量的增长。也就是说,这种能量的增长归因于基因和日常生活经验的影响。成熟是决定发展准备的两个主要因素之一,曾得到许多心理学家的实验证实。学习(指学校条件下的学习)则是另一个主要因素。它的作用是两重的:第一,获得系统的学科知识,直接决定知识准备;第二,促进认知能量的发展,有助于认知发展水平的提高。当我们在评述成熟与学习在准备中的作用时,务求恰如其分。过分夸大成熟的作用,可能成为学校放弃自己职责的理由。学生学习的失败固然可能与成熟有关,但大量的事实表明,学生学习的准备与学校教材教法的选择和运用有重要关系。同样,过分夸大学习在准备中的作用而无视成熟的影响,则犹如拔苗助长,势必造成教学的失败和浪费。

2. 准备性原则

有效地获得学科知识和提高认知能力,只能循序渐进,不宜跳跃。教学好比旅行,旅行前必须知道目的地和出发点,教学前也必须明确教学目标(即新的学习是什么)和学生的原有准备状态。学生的原有准备状态是新的教学的出发点。根据学生原有的准备状态进行新的教学,这就是教学的准备性原则,我国教育学中也称为"量力性原则"或"可接受性原则"。

运用准备性原则首先要确定学生的准备状态,即了解学生的知识准备和认知发展准备。一般来说,教师的经验,虽然有助于确定学生的准备状态,但其客观性往往受到教师主观判断的影响。最好借助多种多样的科学的测量手段,以便较准确地鉴别和诊断学生原有的准备状态,并促使教学科学化。

运用准备性原则还意味着根据学生的准备状态进行教学。目前迫切需要进行下述三类研究:第一类研究应能查明,哪种教材或其中的哪些部分在一个年龄阶段不能有效学习,但在另一个年龄阶段却能有效学习;第二类研究应能做到,考虑了一般的和特殊的准备因素,从而提高了学习成绩;第三类研究涉及教学方法与策略的改进,这种研究应显示出,由于改进了教学方法与策略,使通常在较低年龄阶段不能学习的困难学科或其中的某些部分,变得不用花费过多的时间和精力就能进行有效的学习。

(三)认知发展的理论

长期以来,心理学家对认知发展进行了多方面的研究,其中最有影响的当推皮亚杰的研究,他提出的认知发展阶段论至今仍对学校教学产生着广泛的影响。此外,信息加工心理学家和维果茨基的发展理论也日益受到重视。

1. 儿童认知发展的理论

(1)皮亚杰的认知发展阶段论

以皮亚杰为首的日内瓦学派经过长期研究,确定了儿童认知发展一般要经历以下四个阶段:感知运动阶段(0~2岁)、前运算阶段(2~7岁)、具体运算阶段(7~11岁)和形式运算阶段(11~15岁)。它们彼此衔接,依次发生,不能超越,也不能逆转,各阶段发生的时间大致对应于上述的年龄阶段,但也存在较大的个体差异。大量研究表明,皮亚杰揭示的认知发展的阶段性是普遍存在的。思维、语言等的发展由低一级水平向高一级水平过渡,这种顺序是不可改变的。

(2)认知发展的信息加工理论

自20世纪五六十年代认知革命爆发以来,信息加工心理学家主要是从信息加工的角度来研究成人的认知过程。自20世纪七八十年代起,一部分发展心理学家开始从信息加工的角度来研究儿童的认知发展。他们认为儿童在成长过程中,接受、思考、记忆以及在心理上加工信息的方式不断发生变化。有些信息加工理论家甚至认为这种变化是以稳步、渐进的方式进行的,而不是皮亚杰所讲的按阶段发展的。随着这方面研究的深入,有信息加工偏向的发展心理学家又逐渐认识到,特定内容领域的知识是发展的一个重要维度。凯瑞(S.Carey)提出的如下论断集中代表了这部分心理学家的认识,儿童与成人相比,是完全不同的思维者与学习者,儿童与成人的差别只在于知识的积累。从知识的角度来刻画认知发展过程,被威纳特(F.E.Weinert)称为是一次革命性的变革。

（3）维果茨基的认知发展理论

20世纪二三十年代早期,苏联心理学家维果茨基做了许多儿童思维的研究,提出儿童认知发展的理论。他的理论强调社会文化在儿童认知发展中的作用,而社会文化的影响作用又主要表现在社会性的相互作用以及语言的习得与使用上。

二、学习风格的个体差异

个体的个别差异表现在很多方面。目前,通常用与学习关系密切的能力倾向表示个别差异。一般分为三类:一是智力和原有知识,二是成就动机及相应的个性特征,三是学习风格。研究认为这些个别差异对学习与教学的不同方面有着不同的影响,作为潜在的认知加工技能的智力对教学活动的质(即学习活动的种类)有着根本性的影响。与成就动机有关的个性倾向主要对教学活动的量(即学习者在学习过程中表现的坚持性和努力程度)起作用,而作为典型的个体学习方式或学习倾向的学习风格,其主要作用在于参加并调节学习活动的进行。

（一）学习风格概述

1. 学习风格的定义

学习风格的研究历史不长,至今尚无公认的定义。我们在国外研究者对学习风格的定义基础上,做出以下界定,学习风格是学习者持续一贯的带有个性特征的学习方式,是学习策略和学习倾向的总和。这里的学习策略指学习方法,学习倾向指学习者的学习情绪、态度、动机、坚持性以及对学习环境、学习内容等方面的偏爱。有些学习策略和学习倾向会随学习任务、学习环境的不同而变化,有些则表现出一贯性,成为一种相对稳定的个性特征。那些持续稳定地表现出来的学习策略和学习倾向就构成了学习者具有的学习风格。

2. 学习风格的构成要素

学习风格可以从生理、心理、社会三个层面进行细致分析,其中对学习影响比较大、现有研究也较多的层面是学习风格的心理层面。

（1）学习风格的生理要素

学习风格的生理要素主要指个体对外界环境中的生理刺激(如声、光、温度等),对一天内的时间节律以及对接受外界信息的不同感觉通道的偏爱。例如,在生理刺激方面,有的学习者需要在安静的环境中学习,有的则喜欢在背景音乐中学习。在时间节律方面,有些人喜欢清晨学习,有些人则喜欢在晚上或深夜学习。

(2)学习风格的心理要素

学习风格的心理要素包括认知、情感和意动三个方面。认知要素具体表现在认知过程中归类的宽窄、信息的继时性加工与同时性加工、场依存性与场独立性、分析与综合、沉思与冲动等方面。情感要素具体表现在理性水平的高低、学习兴趣或好奇心的高低、成就动机水平的差异、内控与外控以及焦虑性质与水平的差异等方面。意动要素则表现为学习坚持性的高低、言语表达力的差异、冒险与谨慎等等。

(3)学习风格的社会要素

学习风格的社会要素包括个体在独立学习与结伴学习、竞争与合作等方面表现出的特征。例如,有些人喜欢独立学习,有些人喜欢和他人一起学习。

【思考题】

1. 简述智力因素对学习的影响。

2. 简述非智力因素对学习的影响。

3. 简述智力因素与非智力因素对学习共同影响的机制。

4. 简述原有认知结构对新学习产生的影响。

5. 简述认知发展和学习风格的个体差异对学习的影响。

第十章　学习的外部条件

学习目标

* 目标一：了解影响学习的外部环境因素。
* 目标二：掌握科学取向教学论的基本原理。
* 目标三：掌握科学取向教学论的基本内容。

学习者在学习时不仅需要具备内部条件，还需要随时与客观世界进行互动才能让学习顺利发生。从本质上讲人类的认识就来自于主体和客体的相互作用之中。本章主要介绍了影响学习的一些典型的外部环境，并且针对学校教育专门介绍了教学对于学习的影响。

第一节　影响学习的环境因素

一、班级中的人际关系对学习的影响

人际关系是人们在社会活动中形成的建立在情感基础上的相互联系。因此，班级中的人际关系是教师与学生在学与教等活动过程中形成的以情感为基本特征的相互联系。

以往很多教师只注重教师对学生的单向交往，并将这种交往看作是向学生传授知识和信息的一种途径，典型表现为"一堂言"。后来逐渐开始关注学生对教师的交往，因为从学生的反馈中可以获知学生掌握了多少信息，在此基础上可以调

整教师的教学进程和内容。而学生与学生之间的相互交往常常被教师忽视。事实上,师生之间和学生之间的互动,除了完成传递信息的作用之外,还起着维系情感的作用。学生参与课堂教学活动,从心理学角度可以分为两类:一类为认知过程,另一类为情感过程,这两类过程交织在一起,相互影响。教学中,老师可以通过"认知"的力量来引发学生的学习,但是学校里的学习不是毫无热情地把知识从一个头脑装到另一个头脑里,而是师生间每时每刻都在进行的心灵接触。许多情况下,情感的力量对激发学生的学习更有效,积极的情感对认知具有动力功能。和谐的班级人际关系有利于态度和价值观念的统一,可以提高整体学习效率,冲突的人际关系会挫败学习动机,导致更多的抵抗行为。

师生互动与学生互动均可以区分出个体与群体的互动以及个体与个体之间的互动。师生互动对教学具有广泛意义,在学校教育中,最普遍的个体与群体的互动是教师与班集体的互动、学生个体与班集体的互动。对班集体而言,教师在互动中主要起引导作用或称领导;对教师而言,班级的整体氛围是其与班集体互动的重要因素;对学生而言,班级气氛可能在很大程度上决定自己的行为。

二、家庭因素对学习的影响

家庭是个体成长的起点,是一个人生命历程中的第一课堂,家庭和父母对于个体学习的影响是不容忽视的。本节将从学习能力、学习习惯、学习兴趣三个方面阐述家庭因素对学习的影响。

(一)家庭对个体学习能力的影响

学习能力是指个体在学习的过程中接受知识、获得进步、保持知识的能力,具体地讲,包括观察力、记忆力、想象力、思维能力、创造能力等多方面的内容。西方的一些心理学家,如伯金汉、克龙巴赫等认为个体学习的能力就是个体的智力。

个体的学习能力是在发展过程中形成的,遗传和环境因素都在其中扮演着重要的角色。有学者收集了前人的 52 项重要研究结果,经分析归纳出不同血缘关系者智力相关的情况。分析结果表明,遗传关系越接近,智力水平越相似。从这个角度而言,父母本身的智力水平对个体的智力水平有着直接的影响。战国时期的甘罗 12 岁就官至上卿,唐代诗人王勃 6 岁善文辞,李贺 7 岁开始填词做文章,骆宾王 6 岁写《咏鹅》,李白"五岁诵六甲,十岁观百家",莫扎特 4 岁开始作曲,控制论创始人维纳 9 岁上大学,11 岁的时候就写出了论文。古今中外这些智力超常的儿童无疑都说明了遗传因素在个体智力水平发展中的重要作用。

天才儿童与遗传的关系的确密不可分,但遗传并不是个体学习能力发展的唯一决定因素,在教育的影响下促使个体发挥遗传素质去适应环境是个体学习能力发展的最佳途径。在此过程中,家庭的影响作用主要体现在以下四个方面。

1. 营养状况

在个体成长的过程中,身体发育是心理发育的前提和基础,特别是学习能力的发展直接受到大脑这一物质基础发展状况的影响。因此,要发展孩子良好的学习能力,营养状况必须得到重视。

2. 早期发育环境中信息刺激的丰富程度

研究表明,单调环境中成长的婴儿与生动环境中成长的婴儿,在情绪、动作、语言等方面的发展上都存在一定的差异,在智力水平发展上也存在明显差异。之所以会存在这样的差异,是因为丰富的信息刺激可以促进婴儿大脑皮层神经系统的发育。如果父母能够在孩子成长初期提供信息刺激丰富的环境,对孩子的智力发展会起到一定的促进作用。值得注意的是如果个体在发育的早期长期处于充满过多丰富和新鲜刺激的环境中,对于其注意力稳定性的发展是不利的。所以,父母需要把握好婴儿的生活环境中刺激的丰富程度。

3. 实践机会的多少

记忆力、观察力、注意力、思维能力以及想象力的发展都需要通过一定的练习和实践,在个体发育的早期,实践与练习的作用尤为重要。在实践活动中,儿童可以通过具体的操作活动发展各种感觉器官及观察能力,通过有目的、积极地记忆一些游戏规则或情节发展有益记忆的能力,通过积极的思考和解决问题发展思维能力。如果家长一味地重视对孩子营养的加强、知识的灌输,而忽视为儿童提供动手、动脑、动嘴的机会,儿童学习能力的发展就会进入瓶颈状态。父母应该注意为孩子提供各种实践机会,让孩子在多看、多想、多做中发展学习能力。

4. 早期教育开始的时间

个体在出生时就已经拥有潜在的学习能力,如果得到合理的开发,这种潜在的学习能力将会不断发展,但如果没有得到合理的教育,潜在的学习能力会随着时间的发展逐渐衰退。美国的狼孩卡马拉从小就离开人类社会,在狼群中长大,她在 8 岁后回归人类社会,但到 17 岁时也只学会 50 个词汇,仅知道一些简单的数字概念。卡马拉的故事告诉我们,如果错失对个体进行教育的最佳时机,后期的弥补已不可能使个体的学习能力及学习效果达到正常水平。家庭的作用就在于在学校教育之前对儿童的学习能力进行合理和适时的早期开发,这对于儿童今后学习能力的发展至关重要。

(二)父母的教育方式对个体学习习惯的影响

英国哲学家曾经说过:"习惯真是一种顽强而巨大的力量,它可以主宰人的一生。因此,人从幼年起就应该通过教育培养一种良好的习惯。"一个具有良好学习习惯的人往往可以合理地安排学习时间,更有效地达到学习的目的。良好的学习习惯通常在幼年就开始形成,在这个过程中,父母的教育方式尤为重要。

1. 父母的教育与孩子独立学习的习惯

现在的家长通常都比较关心孩子的学习情况,也在孩子身上投入了很多的精力和时间。然而过多时间的投入有时候反而会带来消极作用。有些家长为了让孩子更专心地读书,牺牲了自己的休息时间,担任起"陪读妈妈"或"陪读爸爸"的角色,直接参与孩子学习的全过程。孩子做作业的时候,家长陪在旁边,孩子有了不会的题目,家长第一时间给予解答,孩子做完了作业,家长帮着验算、检查。这样的做法在短时间内的确有可能对孩子成绩的提高起到促进作用,但从更长远角度来看,这样的做法绝对是弊大于利。

孩子在学习过程中的进步不仅仅在于做完了多少道题目,背会了多少单词,更多的应该体现在掌握了学习的方法,学会了独立思考。由于父母把本该孩子自己完成的事情都包办了,孩子会逐渐对父母产生依赖性,遇到不会做的题目根本就不想动脑筋去思考,没有人监督的时候根本就不想看书。这种不良习惯的养成无疑会对他们以后的学习行为产生消极影响。因此,父母应该为孩子创设独立学习的条件,帮助孩子养成独立学习的习惯。

2. 父母的教育与孩子思辨的习惯

善于思辨、质疑的人往往是会学习的人,具有创造力的人,而孩子是否具有思辨的习惯与家庭的氛围及父母的教育方式密切相关。有些父母面对孩子提出的问题总是采用敷衍态度,不给予认真解答,有些父母忽视孩子的心理活动规律,直接把自己的想法灌输给孩子,久而久之,孩子会逐渐丧失提问的能力,习惯于接受现成的知识。以下四种方法可以帮助孩子养成思辨与质疑的习惯。

(1)引导孩子思考

在日常生活中多问孩子"为什么",引导他们对生活和学习中的一些现象进行思考。

(2)鼓励孩子提问

在父母对孩子提问的同时,也要鼓励孩子提出他们心里的疑问,要允许他们"异想天开",在孩子提出问题的时候,给予他们赞许和肯定。

(3)宽容而耐心地对待孩子的问题

由于认知水平发展的限制,孩子提出的问题在成人眼里往往比较幼稚,甚至比较可笑,家长应该耐心地对待和解答这些问题,切不可敷衍了事。

(4)让孩子自己发现答案

面对孩子的问题,可以给予适度的启发和点拨,帮他们理清思路,让他们在思考的过程中解除疑惑,切不可把自己的主观想法直接强加给孩子。

3. 父母的教育与孩子专心学习的习惯

要达到良好的学习效果,需要人们具有注意的稳定性,能够将自己的精力较长时间地指向某个对象。人的注意稳定性是存在个体差异的,注意力稳定性强的人往往具有专心致志的学习习惯。注意力稳定性的培养与专心的学习习惯的养成同样受到父母教育方式的影响。

个体注意力的稳定性会随着年龄的增长得到发展,在每个年龄阶段其发展速度是不同的。研究表明,小学阶段的发展速度最快,幼儿阶段和中学阶段的发展速度较慢。在注意力稳定性发展的关键时间,不良的教育方式会使个体形成注意力易分散、难以专心学习的不良习惯。例如,当儿童集中注意学习的时候,父母用其他活动来转移他的注意力,和他进行与学习无关的谈话或者要他完成其他和学习无关的任务,这样多次重复就会使儿童形成容易分散注意的习惯。

为了帮助孩子集中注意力,养成专心学习的好习惯,父母应该为孩子提供一个适宜的学习环境,尽量避免无关刺激。同时,也应注意帮助孩子合理安排时间,在学习一段时间后带着孩子从事一些放松的游戏,有张有弛,可以帮助孩子在接下来的学习活动中更好地集中精力,提高学习效率。

(三)家庭对个体学习兴趣的影响

孔子曾说过"知之者不如好之者",好学是获得良好学习效果的重要条件之一,这种对某类知识或某门学科的喜爱和偏好就是学习兴趣。兴趣是一种强大的精神力量,可以促进一个人发挥整个身心的积极性,积极思考,大胆探索。浓厚的学习兴趣会使学生产生积极的学习态度,并付出更多的努力,自觉地排除障碍、克服困难,获得较好的学习效果。

父母的职业和专业兴趣可能会从一定程度上影响孩子对某个特定学科的兴趣。著名生理学家巴甫洛夫被人们誉为"生理学无冕之王",他的父亲是个教士,但非常喜欢自然科学的知识,他经常从父亲的破书架上找到各种此类著作。15岁那年,他从书架上翻到一本英国生理学家路易斯的著作《日常生活的生理学》,就是这本书激起了他对生理学的极大兴趣,也使他最终和生理学结下了不解之缘。

同时,父母的教育方式与家庭的学习氛围也会影响孩子对于学习本身的兴趣。成功的家长可以激发孩子积极学习、获取知识的兴趣,并将孩子对学习的热情一直保持下去,对其今后的学习行为产生持久而深远的影响。父母可以通过以下四种行为方式营造良好的家庭学习氛围,促进孩子学习兴趣的培养。

1. 与孩子共同学习,由父母变成同学

孩子学习的时候,父母可以坐在旁边选取自己感兴趣的内容与孩子同时学习;学习结束后,各自谈谈自己的收获和感受。这种"陪读"不同于前面讲到的包办和监督的陪读,而是让父母用以身作则的方式鼓励孩子学习,同时也可以通过分享达到知识与亲情的交流。

2. 拓展学习的场所,增加学习的机会

古人说,读万卷书不如行万里路。学习不应该仅仅围于书本上知识的吸取与获得,还应该包括实践与理论的结合,而学习的场所也不应仅仅局限于家中的写字台前,还可以扩展到室外。带着孩子到博物馆看文物了解历史,到郊外踏青了解自然,在这些活动中同时获得知识和乐趣,可以使孩子对学习有更深入的理解和更深厚的兴趣。

3. 多与孩子交流,让他们意识到自己的收获

当孩子能够感觉到自己从学习活动中收获了有价值的东西时,他们会拥有更大的动力和热情。家长如果可以经常和孩子针对他的所学进行交流与探讨,可以使孩子感受到自己知识的增长。特别是当孩子掌握了一些家长不知道的知识时,他们会拥有更大的成就感。这些成就感将使他们对读书保持浓厚的兴趣并付出更多的努力。

4. 让孩子在学习中发挥更多的主动性

通常情况下,当人们在从事某一项活动的过程中有充分的自由和自主决策的权利时,会具有更多积极性。处在学龄阶段的孩子通常把学习当成一种必须完成的任务,把学习过程当成一个被动完成任务的过程,没有自由可言。家长应该在有限的范围内尽量让孩子拥有自主决策的权利,例如让他们自己决定学习和娱乐的顺序安排,让他们自己选择在某个时间段内学习的内容等。这样的做法可以让孩子在学习中发挥更多的主动性,引发他们的积极性。

三、网络媒体的影响

伴随着时代的进步,信息技术正以前所未有的速度迅猛发展,互联网以其神话般的触角延伸到人们社会生活的各个角落,改变着人们的生活、工作和学习方式。多媒体与网络技术的迅速发展也为教育注入了新的活力,给予人们全新的学习观念,通过互联网学习已经成为一种全新的学习方式。

(一)拓展学生的学习空间

网络同电视、电话一样,已经逐渐成为现代社会信息交流中不可缺少的手段,它以其便捷的方式和丰富的内容为人们提供了一种全新的认识和把握事物的环境,从空间和时间上改变着人们传统的社会信息获得渠道与交流的方式,也为青少年提供了一个更丰富、更广阔的学习空间。

(二)提高学生的学习能力

网络的普及为学生提供了更广阔的学习空间,对于全面提高学生的素质提供了前所未有的机遇。同时,由于网络环境学习与传统学习方式的差异,通过网络进行学习也对学生的学习能力提出了更高的要求。

(三)引进新的教学方式

随着互联网技术的不断成熟,通过网络进行教学成了教育的一种全新方式,远程教育、网络课堂等教学形式已在很多中学和高校得到了应用。与传统的教学方式相比,通过网络实现的教学活动使学生和教师的角色都发生了变化,学习行为也有了新的特点。

(四)网络的消极影响

科学技术的发展是一把双刃剑,网络也不例外。网络媒体的发展在为教育带来发展契机的同时,也带来了一定的负面影响。概括地讲,网络对于青少年教育的消极影响主要有三个方面:第一,吞噬学生的时间,影响正常的学习活动;第二,信息垃圾带来负面影响;第三,导致青少年道德感的弱化。

总之,网络时代的到来为教育带来了机遇,也带来了挑战。教育工作者应该深入了解网络的特点,引导学生充分发挥其积极作用以促进学习,也要帮助学生尽量避免网络的危害,在网络环境中健康成长。

第二节　教学的影响

在本书中,我们把教学视为影响学生学习的重要外部条件之一。这个外部条件是通过影响学习发生的内部诸多条件特别是内部的心理条件间接影响学习过程和学习效果的。

一、学习结果的种类以及支持条件

(一)学习结果的分类

学习结果可分为以下五种类型。

1. 智慧技能

智慧技能是使个体应用符号或概念与他们的环境相互作用的能力。

2. 认知策略

认知策略是支配个体自身的学习、记忆和思维行为的性能。

3. 言语信息

言语信息是让我们能够"陈述"的知识,它是"知道什么"或"陈述性知识"。

4. 动作技能

动作技能是一种最明确的人类性能。

5. 态度

态度是情感领域的人类性能,改变个体行为选择的一种持续状态。

(二)学习的类型与学习的支持条件

学习情境有以下三种成分。

1. 获得或将要获得的行为表现

在学习后,学生将能做出哪些在这之前他不能做出的行为?

2. 产生学生必须具备的内部条件

包括从学生记忆中回忆出的性能,这些性能将与新习得的性能融为一体。

3. 提供给学生刺激的外部条件

它们可以是真实呈现的客体、符号、图像、声音或有意义的言语交流。

二、信息、态度和动作技能

(一)言语信息的学习

言语信息的学习可分为三种学习情境。

1. 学习名称

学习名称是指获得以命名方式对客体或客体类别做出一致性言语反应的能力。概念的名称的习得通常与习得概念本身同时发生或略早一些。学习名称的用途是学生与教师、学生与课本之间交流的基础。

2. 学习事实

事实是表示两个或多个有名字的客体或事件之间关系的言语陈述。事实具有作为技能或其他信息学习的基本成分的功能。

（1）行为表现

表明习得事实的行为表现包括口头或书面陈述各种关系，陈述具有句子的句法形式的各种关系。

（2）内部条件

为了获得和贮存事实，陈述性知识的有组织的网络需要能从记忆中提取出来，并且新获得的事实必须与该网络相联系。

（3）外部条件

要外在地提供言语交流、图片或其他线索，以便提醒学习者把较大的、经过组织的知识网络与新事实联系起来。通常用言语陈述的方式呈现新事实。

3. 学习有组织的知识

学习有组织的知识是由相互联系的事实构成的更大知识体系。记忆知识体系的关键似乎是在于以一种能轻易提取得方法组织他们，组织言语信息也许需要产生于已贮存于记忆中的信息体系相联系的新观点。这种组织如果在学习中得以运用，在提供有效的提取线索的条件下，将有助于以后的信息提取。

（1）行为表现

段落或较长的文章的主旨似乎是以保持"意义"的方式习得和保存的，而不必学习和保存包含在其中的细节。对概括的观点似乎比更具体观点回忆得更好，学习者似乎是按照表示故事或文章要旨的概括图示来"建构"细节的。

（2）内部条件

和对单个事实的学习一样，对较大的又组织的言语信息单元的学习和储存发生在相互联系的有组织的命题网络这一情境中，而这一网络是在以前习得的并存储于学习者的记忆中。新习得的知识也被"类属于"更大的有意义的结构或是新信息与学习者记忆中已有的命题网络"相联系"。

（3）外部条件

有利于有组织的言语信息的学习和保存的外部条件主要是提供线索。这些线索使学习者能在以后成功的搜索并提取信息。

（二）态度的学习

态度是影响个体对人、对物、对事的行为的复杂的内部状态。

1. 直接法

经典性条件反应可以建立一种接近或回避的指向具体物体、事件或人的态度。学校情境中的一种态度学习的直接法是建立在"强化的相依关系"的观点。学习的基本形式是在要学习的新技能或知识成分之后伴随着令人喜好或奖励性的活动，后者的出现依赖于前者的获得。把这种强化相依性的学习原理作某种程度地推广，在某些学习中获得的成功似乎将会导致对该学习活动的积极态度。

2. 间接法

榜样的理想特征是使人认为"值得信任""有影响力"个体必须观察榜样做出合乎要求的个人行为选择。

（1）行为表现

态度通过一类个人行为选择而表现出来。这些行为能被分类，以表明对某些物体、事件或人的积极倾向或消极倾向。

（2）内部条件

学习者必须实现具有尊重获认同榜样的积极态度，如果没做到这一点，则需要建立对榜样的尊重或认同。此外，为了模仿榜样的行为，学习者需要具有与行为有关的先决智慧技能和知识。

（3）外部条件

以令人喜欢和可信任的方式呈现榜样，学习者回忆适当的先决性知识，榜样交流或演示所要求的个人行为选择，榜样展示对其行为结果的愉快或满意，导致对目标行为的替代强化。

3. 改变态度的若干指导原则

第一，提供多种选择信息。第二，提供做出行为选择的正反方面的理由。第三，提供与所要求的行为相关的榜样。第四，确保环境支持所要求的行为选择。第五，如果可能，将所要求的行为纳入更大的价值观框架中去。第六，识别和教授那些使所要求的行为选择成为可能的技能。第七，当行为选择出现时，认可并奖励该行为选择。第八，不要粗心大意地惩罚合乎要求的行为。第九，允许学生建立自己的合乎要求的行为的目的。第十，使用各种教学策略。第十一，不要无意地将你想要改变的行为与不相干的行为匹配。第十二，提供强化。

(三)动作技能的学习

1. 动作技能的概念

单个动作反应的系列通常被合成为更复杂的行为表现，被称为动作技能。

2. 动作技能的特征

动作技能是一种习得的能力，以它为基础的行为表现反应在身体运动的速度、精确度、力量和连续性上。

亚当斯认为通过练习，使动作更加流畅和有条不紊，要依赖于内部和外部的反馈。内部反馈来自肌肉和关节的刺激，他们构成了一种"知识痕迹"，即一种动作表象，它充当学习者评估在连续的尝试练习中是否犯错误的参照系。外部反馈通常是由"结果知识"来提供，它是学习者动作错误程度的外部指示。随着练习次数的增加，既能的改进日益依赖于内部的反馈形式，对外部提供的结果知识的依赖逐步减少。

(1)行为表现

动作技能的执行体现了构成肌肉活动的运动顺序的智慧技能。当作为动作技能被观察时，该活动要满足速度、准确性、力量和执行流畅性等的标准。

(2)内部条件

支配动作及这个步骤的"执行性子程序"必须从已有的学习中提取出来或必须作为先前的步骤预先习得。

(3)外部条件

为了学习"执行性子程序"，教师应向学习者提供某种信息交流。

三、智慧技能和策略

(一)智慧技能的学习

1. 辨别

辨别是在一个或更多的物理感觉维度上觉察出刺激差异的性能。

（1）行为表现

必须有一种反应来表明学习者能区分在一个或多个物理维度上不同的刺激，通常是指出"相同"或"不同"。

（2）内部条件

在感觉方面，物理上的差异必须能引起大脑活动的不同模式。此外，个体必须具有所需的反应来表明差异是可以觉察出的，如说出"相同"或"不同"。其他可能的反应包括指出、打钩或在物体图片上画圈。不能学会辨别可能表明某种能力上的缺陷，如色盲或音盲。

（3）外部条件

为了教授辨别，教学必须去训练学生去看、闻、尝、听或感觉刺激之间的差异。教学应该包括以下方面：告知学生将要学习的内容；呈现刺激，要求学生判断这些刺激时相同还是不同；通过指出细微的差异来帮助辨别；让学生练习进行辨别并给予反馈或例子。

2. 具体概念

具体概念是识别出客体特征或客体属性（颜色、形状等）。

（1）行为表现

学生通过"指出"某个类别的两个或更多成员，来识别出某类物体属性，包括位置属性。

（2）内部条件

在获得具体概念时，必须回忆出辨别。另外正在学习的概念的属性必须与欲归入的类别的相同属性进行比较。

（3）外部条件

告知学生将要学习什么样的概念；呈现概念的正例，强调相关特征；呈现有可能导致混淆的反例，并解释他们为什么不是概念的正例；以识别正例的方式来让学生练习概念的应用，提供间隔练习以促进保持与迁移。

3. 定义性概念

定义性概念是对属性及属性见关系的言语表述。

（1）行为表现

学生通过对概念的正例与反例进行分类来应用定义概念（认识到对概念的应用超越了对其定义的回忆这一点非常重要）。

（2）内部条件

为了通过定义获得概念，学生必须提取出包含在定义中的所有组成的概念，包括代表它们之间关系的概念。

（3）外部条件

确定将要学习的概念；呈现概念的定义；呈现符合定义的正例和不符合定义的反例；提供练习，让学习者对概念的正例和反例进行分类，并给以矫正性反馈；提供间隔练习以促进保持与迁移。

4. 规则或原理

规则是概念间关系的陈述。当学习者能够在多种具体的情境中以一致的方式应用某条规则或原理时，他就习得了规则。

（1）行为表现

规则是通过其运用于一个或更多具体例子上而得到证实的。

（2）内部条件

在学习规则时，学习者必须提取出组成规则的每一个概念，包括表示关系的概念。教员需要假定这些概念事先已被习得并能够很容易的回忆出来。

（3）外部条件

概括陈述将要学习的内容；以言语陈述或一系列呈现的形式呈现将要习得的规则，通过演示规则或程序的应用来提供学习指导；练习应用规则并接受反馈，提供在多种情境中应用规则的机会以促进迁移。

5. 高级规则——解决问题

（1）行为表现

要求创造和使用复杂规则来解决对个体是新奇问题的办法。当已生成高级规则时，学习者还有可能在其他物理上不同但形式上类似的情境中演示其应用。

（2）内部条件

在解决问题时，学习者必须提取相关的下位规则和信息，通常都假定这些能力先前已习得。

（3）外部条件

接受他人呈现的新颖问题，而且具有解决该问题所需的子规则；应用问题解决策略，因为教学情境缺乏直接教学；接受反馈；在受到鼓励的情况下具体反思他们已经完成的工作并描述他们怎样完成这些工作，这将促进新的规则或程序的保持；在相似问题上进行练习以促进迁移；参与问题解决，由此学习问题解决，这可以通过合作性的群体工作来促进。

（二）认知策略的学习

认知策略是一种控制过程，是学生赖以选择和调整他们的注意、学习、记忆、思维的内部过程。

1. 策略种类

（1）复述策略

通过复述策略，学生自己对所学材料进行练习。

（2）精加工策略

精加工策略是学习者精心地将学习的项目与其他轻易能提取的材料进行联系。

（3）组织策略

组织策略是将要学的材料形成组织结构。

（4）理解监控策略

理解监控策略即元认知策略——学习者建立学习目的、评价是否成功地达到目的和选择其他策略来达到目的的能力，这些策略具有"监控"功能。

（5）情感策略

情感策略是学习者用以集中和维持注意、控制焦虑、有效使用时间的策略。

（6）其他的组织系统

韦斯特、法默和沃尔夫将认知策略组织成若干族系，其中包括组块的、空间的、连接的和多重目的的。这些大类中又包括认知策略亚类。每一亚类又包含一个或多个具体的策略。作者总共识别和归类了超过 28 种不同策略。

表 10-1　认知策略在信息加工过程中具有的特殊功能

学习过程	支持策略
选择性知觉	突出、画线、先行组织者、附加问题、列提纲
复述	释义、做笔记、表象、列提纲、组块
语义编码	概念地图、分类学方法、类比法、规则/产生式、图式
提取	记忆术、表象
执行控制	元认知策略

2. 学习认知策略

（1）行为表现

策略的行为表现不能直接观察，必须通过需要运用其他智慧技能的行为表现推论出来（如出声思维）。

（2）内部条件

学习或思考的学科内容相关的先前知识（即智慧技能和语言信息）必须能够提取出来。

（3）外部条件

向学生解释策略是什么，以及学习策略的目的；认知策略通常被描述为一系列步骤或者最初是以一系列步骤而习得的，而且以语言交流提示学习者或者以简单的形式演示给他们看；如果策略是学习者自己发现的，那么他们更有可能被采用；可靠的策略使用取决于令人满意的结果；策略使用的自动化取决于练习的机会。

3. 元认知

使用认知策略来监控和控制其他学习和记忆过程的内部过程一般被称为"元认知"，这种支配其他策略运用的元认知策略又被称为"执行的""高级的"策略。学习者也能意识到这些策略的存在并描述他们，在这种情况下，称他们具有了元认知知识。对元认知起源的两种不同观点：一是学习者是通过元认知知识的传授而后练习其用法而获得元认知策略；二是元认知策略源于许多的具体任务定向的策略的概括，通常是在学生已有了多种解决问题的经验之后出现的。

【思考题】

1. 列举除本章提到的对学习可能产生重要影响以外的外部环境因素。

2. 简述科学取向教学论的基本原理。

3. 分析科学取向教学论与哲学取向教学论的区别和联系。

第十一章　教学思想与理论

**学习目标**

* 目标一：了解国内外教学思想和理论的发展过程以及主要流派。

* 目标二：掌握国内几种教学理论的基本思想。

* 目标三：掌握国外几种教学理论的基本思想。

在前一章关于学习的外部条件中，我们把教学作为影响学习者学习的重要外部条件进行了介绍，所选取的内容实为科学取向教学论的内容。从本章开始到本书的结束，我们给读者安排了哲学取向教学论的相关内容。本章从宏观层面简要介绍了当代国内外比较典型的教学理论与思想。

第一节　当前国内教学理论

我国当代教学理论的研究是从向国外学习开始的。20世纪50年代全面"学苏"，20世纪60年代开始"批苏"，"文革"期间更是"全盘否定"，教学论的发展陷于停滞。"文革"结束，特别是党的十一届三中全会以来，为了适应社会主义现代化建设的需要，为了贯彻"教育要面向现代化、面向世界、面向未来"的战略方针，教学理论的研究得以加强和推动。教学论历经恢复重建、开放引进、综合创新，而走向发展繁荣，表现在对国外教学论的大量译介、对我国历史上教学论遗产的整理继承、各种类型教学实验的蓬勃开展、对教学本质及规律的深入探求、学术研究和讨论气氛的活跃、研究方法和途径的创新、研究新领域的不断开拓、专题论文的大量发表、教材专著的先后出版、教学观点的争鸣和教学论流派的逐渐形成等方面，这些都标志着我国教学论研究正以前所未有的理论自觉形态，向中国化、现代化的方向深入发展。

20世纪50年代，我国的教学深受苏联凯洛夫等人的教学理论的影响。20世纪80年代则在对外开放背景下，大量引进了欧美教学理论。我国学者、广大教育研究人员以及一批思想解放、眼光敏锐、具有强烈改革意识的优秀教师在借鉴探索、实践创新和继承我们自己的优秀传统教学思想的基础上，创建出一批具有中国特色、符合时代发展需要的教学理论。本节主要选取了七种教学理论介绍给大家。其中，以山东省教育厅副厅长张志勇研究员为代表的山东省课题组提出的创新教育理论、原烟台市教科院书记张振国作为烟台市研究开拓者的目标教学理论、烟台市教科院理论室主任管锡基提出的差异教学理论，考虑到这三种理论的地域特色以及与烟台教育密切的相关度，我们在篇幅上有所侧重，对其进行了比较详细的介绍。

尝试教学理论是由江苏省特级教师邱学华通过实验研究创立的，它的基本特征是"先试后导、先练后讲"，其实质是让学生在尝试中学习，在尝试中成功，并在成功中进一步创新。

自学辅导教学理论是由中国社会科学院心理研究所卢仲衡研究员提出的。该理论主要是借鉴了斯金纳的程序教学的原理，以培养学生的自学能力、提高教学质量和效益为主要目的。

情境教学理论的创建者是江苏省南通师范学校第二附属小学特级教师李吉林。她从外语教学中运用情境进行语言训练得到启示，借鉴我国古代文艺理论中的"意界说"，吸取传统教学注重读写以及近代直观教学的有效因素，构建了情境教学的基本框架。

合作教学理论以教学中的人际合作与互动为基本特征，以合作互动学习小组为基本的教学方式，以团队成绩为评价标准。它系统地利用教学动态因素之间的合作和互动来促进学习，以期达到较好的教学效果。

以张志勇研究员为代表的山东省课题组的研究者们提出了基于生命的、在活动中用智慧教育挖掘学生潜力的山东省创新教育理论，构筑了相对完善系统的，面向 21 世纪课堂的、走向激励学生生命发展的"生命课堂"的教学实践体系。

目标教学理论是张志勇、张振国等研究者在借鉴布卢姆教育思想的基础上，通过实践探索、创新发展、深化突破而建立起来的。该理论以教学目标为核心，以群体活动和个别帮助相结合为基本形式，以导学达标为中心环节，以反馈矫正为重要手段，使 95% 以上的学生都能当堂达标。

差异教学理论是由山东省烟台市教科院理论室主任管锡基提出的、具有烟台地域风格的教学理论。该理论从生命教育的视角诠释和丰富了因材施教的教育思想，创建了基于"因学定教"主张的教学方法论，引领教育者从提升生命质量的高度来理解学生的成长、来预设课堂生活的目标和方式、来优化师生交往的过程，最终实现提高课堂教学质效、提升师生生命品质。

综观上述七种教学理论不难发现，有些理论主要源自于对教学实践的提升，如尝试教学理论和情境教学理论；有些则主要是在借鉴西方理论的基础上，根据我们的实情就研究方式、研究内容等方面进行了本土化的变革，如自学辅导教学理论、合作教学理论、目标教学理论；还有的是具有地方特色的教学理论的创建，如山东省的创新教育理论、烟台市的差异教学理论。但总体而言，这些教学理论都是既学习了当代西方教学理论的长处，又吸收借鉴了我国传统教学思想的精华，在长期实践的基础上创造性地构建出一个个充满本土气息和时代精神的教学理论与实践的体系。"观点鲜明，操作程序具体，语言表达清楚，教育理念和教学模式切合中国实际"，应该是这些教学理论的共同写照。

一、尝试教学理论

尝试教学是邱学华通过实验研究创立的教学法，后升华为尝试教学理论。自 20 世纪 60 年代开始酝酿思考，到 20 世纪 80 年代正式启动教学实验至今，邱学华对"尝试教学"进行了长达四十余年的研究与实践。从"学生能够在尝试中学习"到"学生能尝试、尝试能成功、成功能创新"观点的提出，尝试教学从无到有，从实验到理论，在中小学产生了重要影响。

尝试教学理论的实质是让学生在尝试中学习，在尝试中成功。它改变了传统的教学模式，不是先由教师讲解，把什么都讲清楚了学生再做练习，而是先由教师提出问题,学生在旧知识的基础上,自学课本和互相讨论,依靠自己的努力,通过尝试练习去初步解决问题,最后教师根据学生在尝试练习中的难点和教材的重点,有针对性地进行讲解。在现代的教学条件下,把教师的主导作用和学生的主体作用有机地结合起来,使学生的尝试活动取得成功。

尝试教学理论的基本特征是"先试后导、先练后讲"。尝试教学理论的学科理论依据,主要包括哲学基础、教学论基础和心理学基础三个方面。从哲学角度看,辩证唯物主义的认识论要求重视学生在教学中的实践活动,使学生获得知识、发展思维、培养能力。尝试教学法充分发挥学生在课堂教学活动中的主体作用,一开始就要求学生进行尝试练习,把学生推到主动的地位。尝试练习中遇到困难,学生便会主动地自学课本或寻求教师的帮助,学习成为学生自身的需要。从教学论角度讲,尝试教学法符合现代教学论思想的要求,改变了传统的注入式教法,把知识传授和能力培养统一起来,引起了教学过程中一系列的变化,如从教师讲、学生听转变为在教师的指导下,学生自学、先练,教师再讲。从单纯传授知识转变为在传授知识的同时培养能力、发展智力等等。从心理学角度说,尝试教学运用了心理学中的迁移规律,重视学生已有的知识和生活经验在学习新知识中的作用,使先前的知识结构改组,结合新学得的知识,使学生形成能容纳新知识的更高一级的新知识结构。

尝试教学理论的运用有利于大面积提高教学质量,提升学生的素质;有利于培养学生创新精神和自学能力,促进智力发展;有利于提高课堂效率,减轻课外作业负担;有利于促进教学改革,提高教师素质。当然,任何一种教学理论都不可能是十全十美的,尝试教学理论在具体的教学操作模式上还有一定的局限性,如运用尝试教学操作模式,学生要有一定的自学能力,因而它在小学低年级应用范围较小。对于初步概念的引入课,应用该操作模式一般也不适合。实践性较强的教材也不完全适于应用该操作模式。

二、自学辅导教学理论

自学辅导教学理论是由卢仲衡提出的。卢仲衡根据美国程序教学专家斯金纳关于小步子和及时强化的原理,以培养学生的自学能力、提高教学质量和效益为主要目的,于 1963 年着手进行这方面的教学实验研究。从对"程序教学"的反思开始,到"三本教学"(自学辅导教学的前身)模式的确立。"自学辅导教学"实验前后坚持了近 40 年,在中小学产生了广泛的影响。卢仲衡的代表作是《自学辅导教学论》。

卢仲衡等人根据程序教学理论,突破了传统的课堂教学模式,变以往的教师讲授为主为在教师指导和辅导下的学生自学为主,在自学辅导课上,学生连续自学时间有时达到 30~35 分钟。教学中教师的主导作用主要体现在启发指导、督促检查、辅导提高等方面,学生的主体地位主要体现在自主学习方面。可以说这一方法的形成是对斯金纳程序教学理论的重要发展,它基于程序教学的理论,又体现了教师主导、学生主体这一有中国特色的教学理论。

自学辅导理论十分注意从心理学的理论中汲取营养,从而使自己的理论体系趋于完善。自学辅导法在改变传统的教材结构、编写新教材时就提出了九个必须遵循的心理学原则:一是步子适当,高而可攀,小步子逐步过渡到大步子;二是即时反馈,学习后及时练习,当时知道结果;三是分组安排练习,前一组为后一组作铺垫,前者启发后者,后者复习前者,从旧知识推出新知识;四是直接揭露本质特征,表述概念、编写习题时把常见性错误与正确特征同时呈现,培养学生判断能力;五是从展开到压缩,学习新的内容尽量展开,随发展、熟练后逐步压缩;六是变式复习,避免机械重复,使掌握、运用知识的质量螺旋式提高;七是按步思维,尽量把解题时的思路分成可操作的步骤,从活到死,再从死到活;八是可逆性联想;九是步步有根据。另外,在自学辅导教学的整个理论体系中,我们不难发现它充溢着丰富的心理学思想,是现代心理学在学科教学中具体运用的范例。

自学辅导教学理论并不是全盘否定或取消以班集体教学为基础的统一性和集体在个性和谐的完善发展中的重大作用,它的着眼点在于班集体与个别化的完美结合上,即在教师指导下以学生自学为主的教学,学生在课堂上的大部分时间里独立学习,自己看书做练习、对答案,主动索取知识,很好地弥补班集体授课制"不能适应个别差异,无法调动大多数学生积极性,挫伤了学生独立研究的精神,束缚了个性的自由发展"等缺陷。原国家教委副主任王明达评价说:"这项实验的本质是从提高中学生能力着眼,培养他们的自学能力,引导他们自己去获取知识,使他们比较早地就具有这种能力,我想这是符合规律的。现在我们强调,教学不只是传授知识,而且要注重能力,而这个实验就很重视能力的培养。我们希望将来学生不要靠老师,也能自己获取知识,这是我们的目的。"

应该指出这一实验虽然影响力很大,但它也有需要改进的地方。从提出之时起,自学辅导教学就是指向知识学习本身的,它注重培养的能力也是与知识学习有关的能力,而且学生素质的明显提高只是通过观察的层面得到的一些感性体会,学生的非智力因素如何发展没有得到科学的结论,参与实验的领导和教师对这方面的影响往往容易忽略,这也势必影响实验的生命力。

三、情境教学理论

情境教学理论的创始人是李吉林。1978 年,李吉林老师于开始情境教学的实践探索与研究,构建了情境教育理论框架和操作体系,成为我国素质教育中的一个重要教学模式。

情境教学从外语教学中运用情境进行语言训练得到启示,借鉴我国古代文艺理论中的"意界说",吸取传统教学注重读写以及近代直观教学的有效因素,构建了情境教学的基本框架。情境教学的心理学理论依据是,人的大脑左半球掌管逻辑、理性和分析的思维,包括言语的活动,而大脑右半球则负责直觉、创造力和想象力,包括情感的活动的原理。而情境教学,往往是让学生先感受而后用语言表达或边体验感受,边促使内部语言的积极活动。这样大脑的两半球交替兴奋、抑制或同时兴奋协同工作,大大挖掘了大脑的潜在力量。情境教学的方法论理论依据是利用反映论的原理,根据客观存在对儿童的主观意识的作用进行的。一系列科学论证都表明,客观教学环境及儿童本身的自我运动,是促进儿童发展的重要因素。不同的教学环境,对儿童心理的作用及反应是不同的,教学环境对儿童输入的信息符号不同,儿童所输出的反应亦不同。特定的情境,在教师语言的支配下,不仅会影响儿童的认知心理,而且会促使儿童的情感活动参加学习。因为它不像直观教具那样孤零零地图解、说明、认识,而是和其他的事物有机地组合在一起,形成整个情境,让学生在其中观察、体验、想象。

情境教学的特点之一是形真。小学生往往是通过形象去认识世界的,鲜明的形象可以使学生如人其境,可见可闻,产生真切感。特点之二是情切,情境教学是以生动形象的场景激起学生的学习情绪为手段,连同教师的语言、情感、教学的内容以及课堂气氛成为一个广阔的心理场,作用于儿童的心理,从而促使他们主动积极地投入整个学习活动,达到儿童整体和谐发展的目的。教师的情感对儿童来说是导体,是火种,教师要善于将自己对教材的感受及情感体验传导给学生。特点之三是意远,"情境教学"取"情境"而不取"情景",其原因就在于"情境"具有一定的深度与广度。情境教学讲究"情趣"和"意象"。教师可凭借学生的想象活动,把教材内容与所展示的、所想象的生活情境联系起来,从而为学生拓宽广远的意境,把学生带到课文描写的那个情境中。特点之四是理寓其中,情境教学所创设的鲜明的形象,所伴随抒发的真挚的情感以及所开拓的广远的意境,这三者融为一体,其命脉便是内涵的理念。可以说,情境教学所蕴涵的理念,便是课文的中心。情境教学的"理寓其中",就是从课文中心出发,由课文内容决定情境教学的形式。因此,在教学过程中,创设的一个或一组情境都是围绕课文中心展现的。情境教学正是具有以上所说的"有形""有情""意境广远""理寓其中"的特点,使它为学生学习语文,并通过学习语言促进诸方面的发展提供了一条有效的途径。

情境教学最初是在语文学科中获得成功的,但情境教学总结出的一些基本思想和理论观点乃至一些操作方法。例如,以"形"为手段,以"美"为突破口,以"情"为纽带,以"周围世界"为源泉的情境创设"四要求"以及诱发主动性、强化感受性、着眼创造性、渗透教育性、贯穿实践性等促进学生发展的"五要素",在各科教学乃至整个教育过程中都具有普遍意义,是符合教育教学规律和学生身心发展规律的。因此,将情境教学的基本原理由一科向多科、由教学向教育迁移和深化,是情境教学研究内在逻辑发展的必然结果。

四、合作教学理论

合作教学是一种既古老又现代的教育观念与实践。说它古老,是因为它历史悠久,源远流长。从文字记载看,合作教学最早可以追溯到2000多年前中国《学记》和几千年前的《犹太法典》。说它现代,是因为合作教学真正意义上的突破和发展是在20世纪后期和21世纪初期,由于其实效显著而迅速成为当代世界教学改革的重要理论和主要模式之一。近年来,随着合作教学研究的不断深入,理论创新和实践探索创新不断涌现,从西南大学教授靳玉乐博士《合作学习》一书将合作教学纳入到一个更加宽广、更加科学的体系之中,到山东省教育科学研究所承担的重点课题"合作教学研究与实验",到北京师范大学"少年儿童主体性发展实验研究",再到杜郎口中学的"合作教学模式",这一切充分印证了合作教学理论在我国的蓬勃发展与创新。

合作教学倡导以学生之间的协同活动促进个体学习,这就改变了传统教学中静态和单向的人际交往模式,通过建立积极的同伴关系促进民主的师生关系,以集体的思维促进个体的思维,对学生的智力、非智力因素和社交技能都产生了积极影响,是一种有效的教学策略。

合作教学之所以能成为当代中国乃至世界许多国家关注和欢迎的教学理论与策略绝非偶然,其中一个很重要的原因就是它有着极其坚实和科学的立论基点。合作教学是一个系统,它包含三种基本的互动方式(生生互动、师师互动、师生互动)构成的子系统,每一个子系统都有其自身的理论基点,从系统论的角度来看,我们应当按照统合的观点来探讨合作教学的立论基点,构建合作教学的理论基础。也就是说,合作教学的理论基点应当建立在系统统合的基础之上,并为整个系统发挥功能服务,应是多元的和综合的,而不是线性的和单一的。合作教学也有深刻的哲学、社会学和心理学基础。从哲学上讲,马克思主义"人的本质"理论强调交往在人的全面发展中的作用。从社会学上讲,以美国社会学家米德和布鲁默为代表的社会互动论认为互动的实质在于主体和客体之间的往返活动,是主体和客体之间的沟通。从社会心理学上讲,群体动力理论的创始人勒温及其弟子们的关于合作与竞争的理论,对合作教学的发展产生了直接的影响。正是由于其理论基点的多元性和深刻性,才使得合作教学在短短几十年的时间里迅速发展成为当今世界颇具影响的教学理论。

五、创新教学理论

这里介绍的创新教学理论是以张志勇为代表的研究者们提出并创建的教学理论。1998 年,中央教育科学研究所提出创新教育理念,并组织 20 多个省市的教育研究机构和学校开展了创新教育研究。作为全国创新教育研究的一面旗帜,以张志勇为主的山东省创新教育课题组通过不懈的努力,在理论建构和实践探索方面取得了长足的进展,全面显示了其超前性,成为山东省基础教育领域教育科研的主旋律之一,给山东省基础教育改革与发展注入了强劲的勃发力,有力地推动了山东省基础教育的改革与发展,开创了"素质教育研究的新领域"。

山东省创新教育活动建构教学论(以下简称创新教学理论)主要是在生命教育理论、智慧复演理论、建构主义理论和活动教学理论基础上创立的。

基于生命的、在活动中用智慧教育挖掘学生潜力是山东省创新教育课堂教学理论的主要亮点。创新教育研究专家认为自主活动是学生发展的必需。中国教育的弊端之一就是教师包办有余,学生自主不足。"教师讲授、学生静听"构成了课堂教学的主要形式。人人都有创新的潜力与倾向,人人也都有提升智慧的愿望与要求。学生发展的基本方式是活动建构。所谓活动建构,就是师生在课堂教学过程中,要充分重视"活动"在学生知识掌握与一般发展中的作用,把"活动"视为学生建构知识与能力发展的基础。创新教育研究专家主张改变过去那种单一的教学活动形态,让丰富多彩的主体性活动走进课堂,让学生在自主活动中最大限度地去释放自身发展的潜能。作为课堂教学,在关注"学"的同时必须改进"教",即不单在实践中以关注、利用、建构学生的自主活动为方法,还要挖掘或发展的是对教育工作的能动性,主动反思中不断探索活动与创新、发展的关系,不断探求活动的内在价值与意义,为实现有意义、有生命跃动的课堂生活而积极努力。创新教育关于创新教学内涵的独特认识,不仅找到了实施创新教育的逻辑起点,而且科学地揭示了创新教育关于知识掌握与能力培养的关系,并且为广大中小学教师科学地理解中小学生的创新行为、准确把握学生的创新素质发展方向提供了可操作的指导。这对于实施创新教育、革新课堂教学实践具有基础性意义。

六、目标教学理论

运用目标教学理论,开展教学改革实验,从 1986 年 9 月美国著名教育学家、心理学家布卢姆教授应邀到华东师范大学讲学算起,至今已有 20 多个年头了。20多年来,目标教学走过了借鉴实践、创新发展、深化研究和寻求突破四个阶段,在全国 29 个省、市、自治区开展了历久不衰的教改实验,影响深远。张志勇是国内这项改革的领军人物,烟台市是这项改革的主要实验区之一,张振国是烟台市这项研究的开拓者。

目标教学就是以教学目标为核心,以群体活动和个别帮助相结合为基本形式,以导学达标为中心环节,以反馈矫正为重要手段,使 95% 以上的学生都能当堂达标的一种有效的课堂教学模式。目标教学的理论依据是布卢姆等人的"教育目标分类学""掌握学习策略""形成性评价""教学变量控制"理论。目标教学的特点是:始终把提高学生能力、素质作为总体目标,将教材的思路、学生的思路以及教师的思路三者融为一体,课堂教学目标明确,教师主导,学生主动,教师易于驾驭课堂节奏,具有很强的可操作性,教学效果显著,适合大面积提高教学质量。

目标教学理论体现了素质教育的基本思想。目标教学理论认为只要给以足够的时间和积极的补救,必能使绝大多数学生达到合格标准,这与素质教育的要义之一"教育必须面向全体学生"是完全符合的。目标教学中的知识、技能、情感等方面构成了一个完整的目标体系,这与素质教育强调目标上的整体性,即德智体美全面发展是一致的。目标教学特别强调学生的自我评价和自我矫正。这样每个环节都是以学生为主体,这与素质教育提倡弘扬人的主体性是相一致的。目标教学是立足中国实际、借鉴国外先进理论的典范,为确立"大面积提高教学质量"这一具有中国特色的教学论思想做出了有益的理论和实践探索。在新课改的今天,目标教学有四个方面值得我们重新学习:一是相信学生;二是通过教学目标分类使教学回到起点;三是教学评价,目标教学强调的反馈矫正的评价其实就是发展性评价;四是单元控制。目标教学的优势是高效率地实施"双基"教学,这是其特效之处。当然在如何解决智能发展、情感发展等高层次教学目标方面,目标教学也有其局限性。

七、差异教学理论

差异教学理论是以差异教育的积极倡导和身体力行者、差异教学的悉心探索和大力推进者管锡基在长达 10 年的差异教育研究与差异教学实践中培植、积淀、提升并创立的具有烟台地域风格的教学理论。

从严格的意义上讲,烟台市差异教学是指狭义的差异课堂教学。其基本教学主张可以凝缩概括为四个字——因学定教，即由差异而教，依差异而教，为差异而教。从速度分层到个性分类，从关注能力到着眼于全人发展，从学科课程异步教学的探索，到差异课堂教学模式的架构，到学科化、体系化的差异课堂教学范型的确立，到具有烟台地域特色的差异教学风格的形成，在这不间断的研究探索过程中，烟台市的差异课堂教学理论经历了从思想到实践再到理论的演变过程，经历了从零散到规范再到体系化的提升过程。

差异教学理论在建构过程中除了遵循个体差异与发展的基本原理外，主要以加德纳的多元智能、巴班斯基的教学最优化、布卢姆的教学变量、维果茨基的最近发展区、创新教育之活动建构教学论等先进的教育心理学和现代教学理论为指导。同时，不可忽视的是自1986年起开展的"单元达标教学实验"和始于1996年的"学科课程异步教学研究"，为烟台市差异教学理论的形成奠定了丰厚而坚实的实践基础。

差异教学理论源于对教育思想的继承和对教育本质的理解，基于对教学经验的发扬和对实践成果的提升。虽然这一教学理论初具雏形，但作为学科教学的思想引领和行为指南，这一教学理论已经显现出具有充分说服力的实践价值，即从生命教育的视角诠释和丰富了因材施教教育思想，创建了基于个性差异的因学定教方法论，引领我们从提升生命质量的高度来理解学生的成长、来预设课堂生活的目标和方式、来优化师生交往的过程，最终提高课堂教学质效、提升师生生命品质。这不仅有益于当前基础教育课程改革的深化和素质教育的扎实推进，对于班级层面的人性化的公平教育模式的构建，也极具现实意义。

第二节　当代国外教学理论

20世纪的教育演变起源于新教育运动，新教育运动直接导致了进步主义教育运动，使教学理论发生了重大转折，传统的学科中心主义教学理论受到了严重挑战。进入20世纪40年代后进步主义教育哲学开始受到了来自多方面的批评和指责，其焦点集中于对教学的社会功能问题的理解，从而引发了要素主义、永恒主义及改造主义的大讨论，构成了20世纪教学理论争论的第一个场景。作为提高教学的学术水准的努力,学科结构主义教学理论试图纠正以"适应生活"为目的的进步主义教学理论的弊端。它以教学改革作为教育改革的突破口,对世界教育产生了重大影响。它成为20世纪的教学理论演进的第二个场景。长期以来随着科学和理性在教学理论中的滥觞,使人在教学中的地位和作用接近忘却。20世纪60年代中期以后,以当时的时代背景一致,具有浓厚人本主义色彩的教学理论开始崛起,致力于对人的关注,成为20世纪教学理论演进的第三个场景。后现代主义教学理论是战后西方教学哲学中出现的引人注目的现象,它无法用传统的教学理论予以解释,成为20世纪教学理论的第四个场景。各种教学理论在20世纪演进的一般图景表明,教学理论是随着时代主题变化发展而变化发展的。在不同的时代条件下,社会对教学所给予的希望和要求是不尽一样的。因此,对教学理论的认识必然由于认识主体的原因而出现差异,反映人们对教学的理解程度。

一、结构主义教学理论

结构主义教学理论是20世纪50年代末产生于美国的一种教学理论,该理论提出要让学生掌握学科的基本结构,提倡早期学习,倡导广泛应用发现法等。结构主义教学理论的代表人物是美国心理学家、教育家布鲁纳。结构主义教学理论极大地促进了20世纪60年代美国中小学以课程改革为中心的教育改革运动,并获得了广泛的国际声誉。结构主义教学理论的要点如下。

(一)要让学生掌握学科的基本结构

认为任何一门学科都有一个基本结构,即具有其内在的规律性,它反映了事物间的联系,包含了"普遍而强有力的适应性"。不论教什么学科,都必须使学生理解学科的基本结构,而学科的基本结构即各门学科的基本概念、基本原理和规律。"基本"就是一个观念具有广泛地适用于新情况的能力,它是进一步获得和增长新知识的基础。"结构"则是指学科的基本概念、基本原理以及他们之间的联系,是指知识的整体和事物的普遍联系即规律。另外布鲁纳指出在教学中,不仅要让学生掌握一般的理论,还要培养他们对学习的态度、对推测和预测的态度、对独立解决问题的态度。因此,他强调要精神组织教材。

布鲁纳对于学习基本结构意义的理解,懂得基本原理可以使学科更容易理解、懂得基本原理有利于人类的记忆。

(二)提倡早期学习

布鲁纳在他的《教育过程》中学习准备部分的第一句话就是任何学科都可以用某种理智的方法有效地教给处于任何发展阶段的任何学生。因此,学习准备是很重要的。学习准备主要指学生的年龄特征和智力发展水平,是否已经达到能适应某些学科学习的程度。这样提的原因是根据他的儿童发展阶段论。他认为在发展的各个阶段,儿童用他自己观察世界和解释世界的独特方式去表现那门学科的结构,能使学生掌握它。另外儿童的认识发展阶段固然和年龄有关,但也可以随文化和教育条件而加快、推迟或停滞。所以他主张,教学要向儿童提出挑战性的而适合的课题,以促进儿童认识的发展。他强调基础学科能提早学习。使学生尽早尽快地学习许多基础学科知识,是布鲁纳关于学校课程设计的指导思想。

(三)布鲁纳论教学原理

布鲁纳认为教学论是一种规范化的力量,它所关注的是怎样最好的学会人们想教的东西和促进学习,而不是描述学习。它有四个特点:一是它应详细的规定最有效地使人能牢固地树立学习的心理倾向的经验;二是它应当详细规定将大量知识组织起来的方式,从而使学习者容易掌握;三是它应规定呈现学习材料最有效的序列;四是它必须规定教学过程中贯彻奖励和惩罚的性质和步调。据此他提出了四条教学原则:动机原则、结构原则、程序原则、反馈强化原则。

(四)布鲁纳发现学习的理论

"发现学习"是布鲁纳在《教育过程》一书中提出来的。这种方法要求学生在教师的认真指导下,能像科学家发现真理那样,通过自己的探索和学习"发现"事物变化的因果关系及其内在联系,形成概念,获得原理。发现学习以培养探究性思维的方法为目标,以基本教材为内容,使学生通过再发现的步骤来进行学习。发现学习是以布鲁纳的认知心理学学习理论为基础的。他认为学习就是建立一种认知结构,相当于我们所说的主观世界,头脑中经验系统的构成。建立认知结构是一种能动的主观活动,具有主观能动性。所以布鲁纳格外重视主动学习,强调学生自己思索、探究和发现事物。发现学习有三个特点:再发现、有指导的发现和以培养探究性思维为目标。发现学习的优点有:基本智慧潜力、激发学习的内部动机、掌握探索的方法、有助于记忆的保持。

二、掌握教学理论

"掌握学习"教学理论是 20 世纪 60 年代末期产生于美国的一种教学理论,它的代表人物是美国心理学家、教育家布鲁姆。布鲁姆的教学理论主要由教育目标分类学、教学评价理论和"掌握学习"教学策略三部分组成,其中"掌握学习"理论是布鲁姆教学理论的和谐。"掌握学习"教学理论的立足点是强调所以得人都能学习,坚信绝大多数的人都能够学习到学校所教的一切东西,都能达到教学目标。该理论对于改进教学过程与方法,发挥学生的学习主动性和学习能力,大面积提高 20 世纪 60 年代以后的美国教学质量产生了积极地影响。掌握教学理论的主要观点如下。

(一)教育目标分类学

制订教育目标一直是教育学家、心理学家们特别关心的问题。20 世纪初就是不少美国学者对此进行过探索。到了 1948 年,美国心理学会在波士顿召开大会,试图研究一个对教育过程的目标进行分类的框架。1951 年,召开"教育目标分类的编制"专题讨论会,布鲁姆负责智慧领域,D.R.克拉斯沃尔等负责情感领域,比较正式地介绍了教育目标分类学。布鲁姆等人认为完整的教育目标分类学应包括三个主要部分:认知领域(包括有关知识的回忆或再认以及理智能力和技能的形成等方面的目标)、情感领域(包括描述兴趣、态度和价值等方面的变化以及鉴赏和令人满意的顺应的形成)和动作技能领域(强调肌肉或运动技能对材料客体的某些操作或需要神经肌肉协调的活动)。布鲁姆和克拉斯沃尔分别于 1956 年和 1964 年出版了两个领域的教育目标分类学。动作技能领域的教育目标分类学则由哈罗创立,于 1972 年和辛普森发表了动作技能目标分类的专著。

(二)布鲁姆的教学评价理论

1971 年,布鲁姆提出"诊断性评价""形成性评价""终结性评价"三个概念。教学评价的对象和范围是相当宽泛的,布鲁姆所研究的则是教学范畴中的学生的学习评价。他的独到之处是从评价的功能角度对教学评价进行分类。他提出的三种评价概念中"形成性评价"是布鲁姆评价理论的精髓。

（三）"掌握学习"理论

1. "掌握学习"的基本思想

它是有关教与学的乐观主义的教学理论,是一种群体教学与个别教学相结合的有效教学形式。

2. "掌握学习"的特点

一是为掌握而教,二是能帮助学生树立信心,三是使人人都能学好。布鲁姆的掌握学习策略是以能力优劣不等的学生为前提条件,以集体学习的教学方式为手段,使每一个学生都能达到一定的学习水平,寻求一种既能保持班级教学的优越性,又能解决传统班级教学一筹莫展的"差生"问题的一种新的教学策略。

3. "掌握学习"的基本教学程序

（1）准备阶段

准备阶段一般分为四个步骤:第一,对掌握抱有信心;第二,确定所教学科的内容、目标和测量手段,包括确定学习内容、明确掌握目标和婚变终结性测验;第三,制订计划,包括设计教学单元、为每一个单元确定具体的掌握目标、根据单元的教学目标,编制单元形成性测验、设计备用的教学材料和矫正手段,以供学生在学习中遇到困难和问题时选择使用;第四,在掌握教学实施前,一般要进行诊断性评定。

（2）教学实施阶段

教学实施阶段一般分为三个步骤:第一,为掌握定向,即向学生介绍掌握学习的一般程序,使学生适应这种学习方法;第二,为掌握而教,即进行系统的教学,其具体步骤是集体授课、形成性测验、分析测试结果并根据掌握学习情况进行补充学习、再进行一次平行性形成测验,到大部分学生都掌握单元知识或转入下一单元的学习、循环往复,直到学完全部教材;第三,为掌握分等,即在学完全部教材的各个单元或对全班学生进行总结性测验,作为学习结束的全面评定。特别强调一点,这种评定分为"掌握"和"未掌握",而不是看他在班级中所处的名次。

三、"非指导性教学"理论

"非指导性教学"理论又称人本主义教学理论是 20 世纪 60 年代产生于美国的一种教学理论,其代表人物是美国人本主义心理学家罗杰斯。"非指导性教学"

理论强调人人都有学习动力,都能确定自己的学习需要。教学必须以学生为中心,教师是帮助学生探索生活、学业的促进者,教学的最终目标是促进学生的个性发展。"非指导性教学"理论不仅对美国 20 世纪六七十年代的教育实践和教育理论产生了影响,而且包括对我国在内的其他国家的教育发展也起了积极地推动作用。"非指导性教学"的基本观点如下。

(一)教学必须以人为中心

罗杰斯提出了"以学生为中心"的教学观。罗杰斯把自己在心理治疗中的见识和思想迁移到教学之中,提出了一种"以学生为中心"的教学理论,应该说这是"以病人为中心"理论的成功嫁接。怎样才能获得自由呢?罗杰斯认为需要有一种和睦的气氛,有一种真诚、信任和理解的人际关系,使人在心理上产生一种安全感,这样在教学中就必须"以人为中心"。罗杰斯主张创造一种良好的人际关系气氛,使学生信任自己的体验和价值,形成真实的自我概念。而只有在这个条件下,学生的创造潜能才能得到充分的发挥,生动活泼的、自主的、具有创造性和适应性的个性才得以形成和发展。

(二)教学目标

罗杰斯认为教育的目标是培养具有独立人格和创造能力,能适应时代变化的新人。要培养这样的人,处理好教育者和受教育者的人际关系是进行教学的关键,教师应把对学生的感情问题放在教学过程的中心地位。

(三)教学原则

教学原则主要有以下五个原则:第一,我们不能直接教授他人,我们只能使他人的学习得以容易的展开。第二,人们是抱着维持自己的构造或是强化自己的构造有所侧重的学习的。第三,同化带来自己构造中的某些变化。第四,学生对自身的学习与评价负有责任。第五,也是最重要的原则,教师应把学生的感情和问题所在放在教学过程的中心地位,自己的发言要有所节制。

(四)论师生关系

在"非指导性教学"的目标中,教师的主要职责是创造一种真诚、接受、理解的气氛,这种气氛是真诚的关心和理解的倾听,并提供一些学生随意支配的资源。由此可见,教师是学生的向导,是解决问题的样板,是发动学生学习过程的催化剂,是学习过程中的助力,是学生带着他们的问题来拜访的朋友。以学习者为中心的教学不是完全否定教师的作用,它否定的是传统教学中忽视学生的要求,代替学生思考的指导,否定的是教师所扮演的"教授"的角色。

(五)论学习过程

罗杰斯认为真切的学习是指与简单地积累知识相区别的那种学习。罗杰斯对这种真切的学习内容、条件和方法提出了以下四点意见:第一,他认为只有"当知识是和被视为问题的那些情境相连时",也就是被用来解决在学习者是一些重要的问题时,才能做到真切的学习。第二,他认为人类具有学习的自然倾向。第三,他认为要使这种真切的学习得到顺利实现,还需要教师在课堂上创造一种便于习得真切知识的气氛。第四,他认为真切的学习是一个变化发展的过程,它没有终结也没有结论。

(六)论教学评价

罗杰斯并不反对教学评价,但他认为在"非指导性教学"中的评价应由学生本人做出,他反对外部评价。学生的自我评价是罗杰斯"非指导性教学"的一个重要特点。

(七)教学模式

教学模式主要包括三个环节:第一,创设有利于学生接受的气氛。第二,开放性探索,学生不受束缚,毫无顾忌地发表观点,教师只应学生要求参加讨论,发表自己看法,不对学生观点作任何评价。第三,个人或小组鉴别。教师提供资源,对探索结果进行反思和讨论。可能没有结论,这并不重要,因为探索的过程已经存在了,学生已经创造性的学习和工作了。如果学生希望教师讲授,可针对讨论内容进行讲授,但不作结论和总结性发言。

四、"范例教学"理论

"范例教学"是德国著名的教学论流派,它由德国数学家、物理教学论专家马丁·瓦·根舍因于 20 世纪 50 年代首创,由沃尔伏冈·卡拉夫基等发展。"范例教学"与布鲁纳的"结构主义"课程论、赞科夫的"教学发展论"齐名,被誉为是 20 世纪 50 年代以来,世界著名的教育改革理论流派之一。"范例教学"的基本观点如下。

沃尔伏冈·卡拉夫基"范例教学"的基本思想:第一,要精选教材,使教材变为本质的、典型的、原则性和结构化的知识和规律，在教学中能起到举一反三的作用；第二，教学不是再现和传授知识、技巧，而是启发、引导、辅助学生主动积极地通过思考进行学习；第三，教与学的目的不是获取知识和技巧，更重要的是获得良好的学习态度和认识批判、解决问题的能力以及继续学习的能力。总之，范例学习就是提高学习者独立能力的教养性学习，这种学习在于使学生掌握能够继续发挥作用的知识、能力和态度。

五、发展性教学理论

发展性教学理论是20世纪六七十年代产生于苏联的一种教学理论。该理论强调教学要促进儿童的一般发展，而不仅仅局限于认识能力的发展；要求使学生理解学习过程，教给他们学习的方法；强调使所有学生、包括差生都得到发展；注重研究学生的兴趣、动机等内部诱因；主张让学生过丰富的精神生活等。发展性教学理论的代表人物是赞科夫。发展性教学理论对20世纪六七十年代的苏联教学理论改革和实践产生了极大地影响。发展性教学理论的要点如下。

（一）发现性教学的一般含义

赞科夫把当时苏联侧重于知识传授和技能训练的小学教学体系称之为传统教学体系，把他的着眼于学生的一般发展的实验教学体系称之为小学教学的"新体系"。他提出教学要为学生的一般发展取得最大效果的思想是建立新体系的基础，要使教学和教育的过程对于学生的一般发展具有最大成效。赞科夫把这种着眼于学生一般发展的教学论新体系称之为发展性教学论。

什么是一般性发展？赞科夫指出一般发展是指儿童的个性的发展，它（个性）的所有方面的发展，一般发展也和全面发展一样，是跟单方面的、片面的发展相对立的。一般发展不同于特殊发展（数学、音乐等某一方面才能的发展），又有别于智力的发展。一般发展是特殊发展的牢固基础并在特殊发展中表现出来，而特殊发展又在促进一般发展。一般发展不仅包括智力发展，还包括情感、意志、道德品质、个性特点和集体主义精神的发展，并且一般发展还应当包括身体的发展。

（二）发展的三个主要方面

赞科夫主张按照观察力、思维能力和实际操作能力研究儿童的发展。

赞科夫认为观察对于发展学生的智力有极重要的意义。如果学生有较强的观察力,他就会通过各种途径获得很多的知识。

赞科夫强调在各科教学中,要始终注意发展学生的逻辑思维能力,培养学生思维的灵活性和创造性。不仅要培养学生分析和综合、抽象和概括的能力,还要使学生在研究某一事物时既能坚持从一个角度看问题,又能在必要时改变看问题的角度或者同时从好几个角度看问题。

赞科夫指出现代社会需要"手脑并用"的人,脑力劳动者也需要实际操作。学校培养的人既要善于动脑,也要善于动手。因此,实际操作能力是学生发展的重要因素。

(三)教学原则

赞科夫的"发展教学论"包括教学原则、教学大纲、教学法等各个方面的观点,其中以教学原则最为重要。他认为教学原则决定教学大纲的内容和结构,决定教学法的典型属性。赞科夫在一边进行试验,一边进行理论总结的基础上提出了体现其主导思想的五条"新教学原则"。赞科夫的实验教学的主导思想是以最好的教学效果来达到学生最理想的发展水平。体现这一主导思想,并指导各科教学工作的五条教学原则是:一是以高难度进行教学的原则(引导学生克服障碍和积极努力),二是以高速度进行教学的原则(克服传统教学中的单调重复),三是理论知识起主导作用的原则(认为传统教学片面地强调了感性认识),四是使学生理解学习过程的原则(教会学生怎样学),五是使全班学生包括"差生"都得到发展的原则(克服高难度、高速度对部分学习困难学生的忽视)。

六、教学过程最优化理论

教学过程最优化理论是 20 世纪 70 年代初期由苏联教育家巴班斯基提出的教学理论,该理论运用现代系统论的原则和方法,对教学理论进行综合性的研究和探索。可以说它并不是什么特别的教学方法或教学手段,而是一种教学的方法论,一种教学的策略思想。但是,正是这种教学的方法论极大地影响了苏联 20 世纪 70 年代的教育实践和教育理论的发展进程。教学过程最优化理论的要点如下。

巴班斯基的教学过程最优化理论是建立在系统方法论的基础上的。系统观点就是认为世界上的一切事物、现象和过程都是一个有机的整体,都是自成系统,有互为系统。系统即由相互作用和相互依赖的若干组织部分结合而成的有机整体。

教学过程最优化思想就是把教学过程作为一个系统进行研究,并且由构成该系统的各个有机联系的组成部分进行综合考察的。把教学过程中的人(教师和学生)、条件(教学物质条件、教学卫生条件、教学的道德心理调节)、教学过程结构(包括教学目的和任务、教学内容、教学方法、教学组织形式、教学结果)以及教学实施的基本环节形成教学的系统。

七、合作教育学理论

"合作教育学"是20世纪80年代后期出现于苏联的一种重要的教育理论。它提倡教育过程中的师生合作,重视学生的学习兴趣、学习能力的培养以及个性的健康发展,主张取消分数而发展学生的认识积极性为目标等。由于合作教育学倡导教育的个性化,因而它极大地影响了苏联20世纪80年代后期的教育理论与教育实践的发展。

合作教育学的理论要点有如下五个方面:第一,教师要以儿童的发展为目标。第二,使学习成为儿童生活的需要。第三,倡导以发展学生的认识积极性为目标的实质性评价。第四,建立合作的师生关系。第五,主要的教学论原则。

八、建构主义教学理论

建构主义是20世纪80年代以来对西方的科学哲学、社会学、教育及教学思想的发展产生巨大影响的一种理论。该理论认为世界是客观存在的,但是对于世界的理解和赋予意义却是由每个人自己决定的。人们是以自己的经验为基础来构建现实的。由于每个人的经验以及对经验的信念不同,导致人们对外部世界的理解也就不同。因此,建构主义十分关注以原有的经验、心理结构和信念为基础来建构知识,强调学习的主动性、社会性和情境性,对学习和教学方法提出了许多新的观点。建构主义教学理论的要点如下。

(一)建构主义学习观

学习是学习者主动地建构知识的过程,学习者以自己的方式建构对事物的理解,学习应该是一个交流和合作的互动过程。

（二）建构主义的教学方法

1. 支架式教学

这种教学应当为学习者建构对知识的理解提供一种概念的框架,而这种框架中的概念是学习者进一步学习所需要的。

支架式教学环节可分为五个环节。第一,搭建支架。按照"最近发展区"的要求,建立概念支架。第二,进入情境。引入问题情境,提供获得的工具。第三,进行探索。启发引导、分析探索、适当提示、沿框架发展。第四,合作学习。小组协商、讨论,达到全面正确地理解,完成对所学知识的意义建构。第五,效果评价。自主学习能力、对小组合作的贡献、是否完成任务。

2. 情境性教学

（1）要求

内容要选择真实的问题情境,不能对其做过于简单化的处理;教学过程与现实的问题解决过程相类似,所需要的工具往往隐含于情境之中;不需要独立于教学过程的测验,具体问题解决过程本身就反映了学习的效果。

（2）教学环节

情境性教学包括创设情境、确定问题、自主学习、合作学习、效果评价五个环节。

3. 随机进入教学

由于世界上的事物的复杂性和问题的多样性,真正达到对所学知识的全面而深刻的意义建构式很困难的。往往从不同的角度去认识,会有不同的理解。

学习者可以随意通过不同途径、不同方式进入同样教学内容的学习,从而获得对同一事物或同一问题的多方面的认识和理解,这就是所谓的随机进入教学。

随机进入教学的主要环节呈现基本情境、随机进入学习、思维发展训练、小组合作学习。

（三）建构主义的教学设计原则

建构主义的教学设计一般包括强调以学生为中心,强调情境对意义建构的重要作用,强调"合作学习"对意义建构的重要作用,强调对学习环境的设计,强调利用各种信息资源来支持"学",强调学习过程的最终目的是完成意义建构六个原则。

九、后现代教学理论

后现代主义是 20 世纪后半叶在西方社会广为流行的一种哲学、文化思潮。后现代主义作为"后现代社会(后工业社会、信息社会、晚期资本主义等)的产物,它孕育于现代主义的母胎中,并在二战以后成为一个毁誉交加的文化幽灵,徘徊在整个西方文化领域"。后现代主义涉及的范围非常广,从建筑、绘画等艺术表现形式到各种哲学思潮,从大众传播媒介到学校教育的各个方面,后现代主义都产生了很大的影响。后现代主义教学理论的要点如下。

(一)后现代主义的教学目的观

后现代主义以反思启蒙运动以来的理想主义文化为基础,主张对学校教学目的采取宽泛的态度,不要局限于单一的教学目标。教学仍可注重学生的各方面发展,但是并不强求每个受教育者都得到"全面发展",教学目标也可以培养"片面发展"的人,即符合学生自己的特质和他人生活中的特殊性的人。

(二)后现代主义的课程观

课程目标不应该预先确定,课程内容不应该是绝对客观和稳定的知识体系,课程实施不应注重灌输和解释,所有课程参与者都是课程的开发者和创造者,课程是师生共同探索新知识的发展过程。

(三)后现代主义的教学评价观

开放的教学评价观,结构原有的师生观和知识观,教学评价的多元性。

【思考题】

1. 简述我国教学思想与理论发展与演变的过程。

2. 简述国外教学思想与理论发展与演变的过程。

3. 分别对教材中提到的每种教学理论给予评价。

第十二章　教学过程论

学习目标

* 目标一:掌握教学目标的表述方法。
* 目标二:能够对所教课程进行系统化教学设计。
* 目标三:能够采用适当的方法对教学效果进行评价。

教学活动过程总是以提出明确的教学目标开始,然后进行教学的设计,接着在教学设计的指导下实施教学,最后参照最初的教学目标来进行教学评价。对于一次有效地教学而言,上述四个环节缺一不可。四个环节看似简单,实际上每一个环节都是一门专门的学问。限于篇幅,本章只对这四个环节进行提纲挈领式的介绍。

第一节　教学目标

一、教学目标概述

(一)教学目标的概念

西方学者倾向于将教学目标看成是教学的预期结果、效果或指教学在学生身上引发的行为方式的变化。我国学者倾向于将教学目标和教学目的联系起来。

教学目标是教师和学生立足于当下基础上的, 以具体的教学活动为依托,指向未来时空的一种结果,分析如下:第一,教学目标的行为主体表现为教师和学生。教学目标不仅是学生要达到的预期结果,同时也是教师要达到的教学效果的一种规定。第二,教学目标是在当下的基础上指向未来时空的一种结果。教学目标是教师和学生的过去、现在以及未来的一种联结。第三,教学目标以一定的教学活动为依托,才能得以实现。第四,相对于教育目的、培养目标、教学目的等上位概念,教学目标是一种更加具体的、微观的概念,在有些情况下具有一定的可操作性。

（二）教学目标的特点

第一,预期性。第二,生成性。教学目标是对教学结果的预测,而教学过程是复杂多变的,因而会充满不确定性。教学目标的预设性与生成性统一于动态复杂的教学活动之中。第三,整体性。只有作为整体而存在的教学目标才是教学目标的真实状态,否则就是研究者割裂了教学目标的整体性而在抽象地谈论支离破碎的教学目标。第四,可操作性、可测量性。

（三）教学目标的功能

第一,导向功能。第二,激励功能。第三,评价功能。第四,聚合功能,教学目标能够对教学系统内的其他要素进行优化、组合、协调,使整合教学系统能够发挥最佳的教学效果。教学构成的各要素,不管是教师、学生,还是教学内容、教学方法、教学环境、教学手段等,无一不是为教学目标服务的。由此可见,教学目标是整个教学系统的核心。

（四）教学目标的价值取向

人不是纯粹的理性存在物,有着复杂的难以捉摸的感情,感性和理性的交织使人在做很多事情的时候会表现出其固有的偏好。从而价值无赦的、完全客观的选择与判断只能是一种永远无法实现的空想。因此,人在制定教学目标的时候必然带有一定的主观倾向,从而表现出一定的价值取向。概括起来有三种价值取向:知识本位、社会本位和人本位。

1. 知识本位

知识本位的价值取向的教学目标以知识作为制定教学目标最重要甚至是唯一的因素。在这样的价值取向引导下,教学则被看成是传授——接受知识的过程,并且知识在衡量教学效果中起到举足轻重的作用。

2. 社会本位

社会本位的价值取向的教学目标更多地关注教学对社会发展所做出的贡献。教学的主要目的是为社会培养建设者、为社会更好地发展而服务,教学存在的合理性也是因为教学能够为社会服务,这种价值取向的引导下容易造成教学独立性的缺失。

3. 人本位

人本位的价值取向强调教学目标的制定要以人作为根本的出发点,教学应该体现以人为本的思想,教学为了人的发展而存在。在这样的价值取向的引导下,教师和学生的主体性能够得到发挥,教学也会因此而洋溢着人情味。但是这样的价值取向也有一定的缺点,由于过分强调人的主体性而缺乏系统的严密的组织形式,从而使教学缺少科学文化知识的传授。

我们认为以学生的发展为教学目标的价值取向不失为一种理想的做法。首先,学生的发展不仅仅是知识的掌握,同时也有探究知识的过程与方法的提高以及情感、态度、价值观的参与;其次,学生发展的间接指向社会服务;最后,学生发展的价值取向充分体现了"以人为本"的思想。

二、教学目标的分类理论

在世界范围内比较有影响力的教学目标分类理论首推美国芝加哥大学教授布卢姆为代表的教学目标分类理论,另外美国教育心理学家加涅的学习结果分类系统、苏联教学论专家巴班斯基的教学目标分类理论以及美国教育心理学家奥苏贝尔的有意义学习分类理论也都有相当的影响。

(一)布卢姆的教学目标分类理论

布卢姆的思想可以概括为复杂行为可以分解为比较简单的行为,教学目标可以用可见的行为来表示,这样可以使教学效果清楚、可鉴别、可测量,从而便于把握教学目标的达成度。

布卢姆和同事经过长期研究,把教学目标分为认识领域、情感领域和动作技能领域。

表 12-1 认知领域的目标分类

目标	含义		要求	实例	水平层次
知识/记忆	对知识的记忆,能够识别和再现学过的知识和有关材料		要求学生做到确认、定义、指出名称、配对、选择、背诵、默写、描述、标明、列举、说明等	如教师要求学生口头背诵或默写学过的古诗词或指出所看过的事物的名称,还可以举例说明三角形的特征等	最低层次
理解/领会	知识记忆的基础上对知识的掌握,能抓住事物的实质,把握材料的主题和意义	转换	要求学生用不同的语言表达相同的意思,即用自己的话语或用于原先表达方式不同的方式来表达所学的内容	如学生用自己的语言来表述课文的中心思想或学生用自己的语言来陈述一个数学原理的大概意思	第二层次
		解释	即对一项信息加以说明或概述	如对生物学中的一些图表或对数学中的一些统计数据进行说明、描述	
		推断	要求学生做到了解事实与原理,解释文字资料,解释图表,转译文字资料为另一种资料形式,验证方法与过程,对所学内容进行概述,举例说明学过的问题等	如用自己的语言来描述三角形的特征	
应用	把所学的知识应用于新情境		要求学生做到表现、列举、计算、设计、示范、操作、运用、解答实际问题等	如应用几何知识测出一个塔的高度,应用所学的计算机原理进行实际的软件开发与制作,根据三角形的面积公式计算某一具体三角形的面积	第三层次
分析	能将知识进行分解,找出组成要素,并分析其相互关系及组成原理		要求学生达到能对事物具体分析,图示、叙述理由、举例说明、区别、指明、分开、再分、认出在推理上的逻辑错误,区别真正事实与推理,判断事实材料的相关性	如将一篇文章分成几个段落,分析各意义段落的中心思想,并能够概括出本篇文章的中心思想;观察各种图形,能够分析三角形的特征	第四层次
综合	把各个元素或部分组成新的整体		要求学生做到联合、组成、创造、计划、归纳、重建、重新安排、总结等	如将顺序混乱的文章段落重新排成正确的顺序,在平行四边形等多种图形的基础上利用切割、组合等方式组成一个个三角形等	第五层次
评价	根据一定的标准对事物给予价值的判断		要求学生做到比较分析、评价效果、分辨好坏、指出价值	如判断某部电影成败之处;判断某件事件的真伪;判断一个调查的科学价值;评述其他同学所用的求三角形面积的方法,指出优点及不足等	最高层次

表 12-2　情感领域的目标分类

目标	含义		实例	水平层次
接受/注意	学习者愿意注意特殊的现象或刺激		如学生愿意参加班级活动,意识到某项活动的重要性等	最低层次
反应	学习者不仅注意到某种现象,而且还主动参与,做出反应	默然的反应	如完成教师布置的作业,参加小组讨论,以愉快的心情阅读等	第二层次
		愿意的反应		
		满意的反应		
价值评价	学习者将特殊的对象、现象或行为与一定的价值标准相联系。它包括接受、偏好某种价值标准,为某种价值标准做出贡献		如欣赏艺术品,并且在欣赏的过程中有自己的喜好,并能够表达自己喜欢的原因	第三层次
价值观的组织	学习者面对学习过程中遇到的各种价值观念时,能够克服价值观念之间的矛盾、冲突,对各种价值观念加以比较,接受重要的价值观和价值标准,形成个人的价值体系(学习的结果可能涉及某一价值系统的组织)		如在个人利益与集体利益发生冲突后,学生选择了集体利益为重的方案设计	第四层次
价值或价值观体系的性格化	学习者通过对价值体系的组织,逐渐形成个人的品质		如学习一直勤奋,在学习团体中一贯表现出合作的精神	最高层次

表 12-3　动作技能领域的目标分类

目标	含义	实例	水平层次
知觉	运用感官获得信息,了解与某种动作技能有关的知识、性质、功用以便指导动作	如体育课老师让学生了解有关滑冰时如何保持重心的一些知识,学生通过看教师做动作以及自己做动作等方式了解这方面的知识等	最低层次
准备	对稳定的活动的准备,心理定向、生理定向和情绪准备(愿意活动)是其主要内容,知觉是其先决条件	如学生在运用感官获得来有关滑冰的信息之后,对滑冰有了十足的信心,愿意进一步掌握滑冰的技能技巧等	第二层次
有指导的反应	能在教师的指导下表现有关的动作行为,包括模仿和尝试错误	如能模仿教师的动作进行学习,在教师引导下进行试误练习,直至形成正确的动作	第三层次
机械动作	经过一定程度的练习,学习者的反应已经形成习惯,能以某种数量和自信水平完成动作	如能正确、迅速地切片制作标本,能迅速准确的打字等	第四层次

221

续表

目标	含义	实例	水平层次
复杂的外显反应	包括复杂动作模式的熟练动作操作。操作的熟练性以准确、迅速、连贯协调和轻松稳定为指标	如在经历了一段时间的练习之后，某学生能够轻松自如地在冰上进行花样滑冰，并且整个动作都是连贯的、迅速的、准确的	第五层次
适应	次阶段练就的动作技能具有应变能力，学习者修正自己的动作模式以适应特殊的装置或满足具体情境的需要，这是高度发展的水平	如在不同的滑冰场上，随着情境的变化，学习者能够轻松自如地进行花样滑冰	第六层次
创作	学习者在学习某动作技能的过程中形成了一种创造新的动作技能的能力，强调以高度发展的技能为基础进行创造	如在模仿了某位花样滑冰运动员的动作之后，学习者能够根据自身特点进行一系列具有个性化的动作创作	最高层次

1956年，布卢姆主编的《教育目标分类学，第一分册：认知领域》被认为是美国对全球教育产生重大影响的教育著作，它已被译成20多种文字出版。在广泛吸收各方面的评阅意见之后，修订者于1999年对该书修订的初稿进行了修改。修订后的书名改为《学习、教学和评估的分类学：布卢姆教育目标分类学修订版》（以下简称《修订版》）。

同原版相比，《修订版》最大的变化是提供了一个两维目标分类框架。后者在处理掌握知识与形成能力的关系问题上超越了原分类学，它将认知教育目标按两个维度分类。一个维度是知识，知识被分为四类：事实性知识、概念性知识、程序性知识和元认知知识。另一个维度是每一类知识的掌握都分为六级水平，即记忆、理解、运用、分析、评价和创造。

表12-4　教育目标分类学表

知识维度	认知过程维度					
	记忆	理解	运用	分析	评价	创造
事实性知识						
概念性知识						
程序性知识						
元认知知识						

表 12-5　知识维度的主要类别与亚类

主要类别	亚类	例子
事实性知识：学生通晓一门学科或解决其中的问题所必须知道的基本要素	术语知识	机械的词汇、音乐符号
	具体细节和要素知识	主要自然资源、可靠的信息来源
概念性知识：能使各成分共同作用的较大结构中的基本成分之间的关系	分类或类目的知识	地质学年代周期、商业所有权形式
	原理和概念的知识	毕达哥拉斯定理、供应和需求定理
	理论、模型和结构的知识	进化论、国会结构
程序性知识：如何做什么，研究方法和运用技能、算法、技术和方法的标准	具体学科的技能和算法的知识	用于水彩作画的技能、整数除法
	具体学科的技术和方法的知识	面谈技术、科学方法
	决定如何运用适当程序的标准的知识	用于确定何时运用涉及牛顿第一定律的程序的标准,用于判断采用特殊方法评估商业代价的可行性的标准
元认知知识：一般认知知识和有关自己的认知的意识和知识	策略性知识	把写提纲作为掌握教科书中的教材单一的结构的手段的知识,运用启发式方法的知识
	包括情境性的和条件性的知识在内的关于认知任务的知识	特殊教师实施的测验类型的知识,不同任务有不同认知需要的知识
	自我知识	知道评判文章是自己的长处,而写文章是自己的短处;对自己知识水平的意识

表 12-6　认知过程维度的六个类目和相关的认知过程

过程类目	亚类	例子
记忆：从长时记忆系统中提取有关信息	再认	再认美国历史上重要事件的日期
	回忆	回忆美国历史上重要事件的日期
理解：从口头、书面和图画传播的教学信息中建构意义	解释	解释重要演讲或文件的含义
	举例	给出各种美术绘画类型的例子
	分类	将考察到的或描述过的心理混乱的案例分类
	概要	为录像带上描写的事件写一则简短的摘要
	推论	在学习外语时,从例子中推论出语法原理
	比较	比较历史事件与当前的情形
	说明	解释法国 18 世纪重要事件的原因

223

续表

过程类目	亚类	例子
运用：在给定的情境中执行或使用某种程序	执行	多位整数除以多位整数
	实施	将牛顿第二定律运用于它合适的情境
分析：把材料分解为它的组成部分并确定各部分之间如何相互联系以形成总体结构或达到目的	区分	从数学应用题中区分出有关和无关数字
	组织	组织某一历史上描述的证据使之成为支持或反对某一特殊解释的证据
	归属	根据文章作者的政治观点确定他的观点
评价：依据标准规格做出判断	核查	确定科学家的结论是否来自于观察的数据
	评判	判断两种方法中哪一种对于解决某一问题是最适当的方法
创造：将要素加以组合以形成一致的或功能性的整体；将要素重新组织成为新的模式或结构	创新	提出假设来说明观察到的现象
	计划	计划写一篇历史题目的论文
	建构	为某一特殊目的建筑住处

《修订版》吸收了20世纪50年代以来的认知科学关于知识、技能与能力方面的研究成果，较好地回答了掌握知识、技能与发展学生的能力(此处为习得的智慧能力)的关系问题。从《修订版》的论述中，我们可以确立如下重要观点。

1. 新的知识观

《修订版》所说的知识是广义的。广义的知识包括事实性知识、概念性知识、程序性知识和元认知知识。也就是说，广义知识中不仅要回答世界"是什么"或"为什么"问题的陈述性知识，而且要回答"怎么办"问题的程序性知识。后者也就是我们平时所说的技能，包括智慧技能和动作技能。

2. 新的智育目标观

新的框架包括了各门学科的全部智育目标，所以我们可以推论，智育目标就是广义知识掌握的不同水平。最低的智育目标是知识的记忆水平，最高的智育目标是知识的运用达到了创造水平。《修订版》说："尽管在我们的框架中我们不得不只讨论认知过程，而不讨论与之相应的知识类型，但是复杂的过程从来不会作为结果而教授。要成为'结果'，它们必须与某种类型的知识相结合形成一个目标。"

3. 新的能力观

修订的认知目标分类学中未出现"能力"这个术语。据此我们可以推论，作为智育目标的能力就是学生所掌握的不同认知过程水平的知识。也就是说，可以教会的作为智育目标的能力不在知识掌握之外,而寓于知识掌握之中。传统教学论之所以在掌握知识技能之外,再提第三个目标,即能力目标,原因是传统教学论中的知识和技能概念是局限的,不能合理解释学生通过教学活动后所获得的智慧能力。

(二)加涅的学习结果分类系统

加涅倾注了毕生精力,找到了支配人类行为表现的五种学习结果也称为五种习得性能。他实际上是把教学的目标分为了以下五个类型。

1. 智慧技能

智慧技能是指人们运用概念符号与环境相互作用的能力,实际上也就是学习、掌握并运用概念和规则。它关注的是"如何做"某些事情,是一种程序性知识。可以细分为四个亚类,由简单到复杂分别是辨别、概念、规则和高级规则。最简单的智慧技能是辨别,即区分物体差异的能力。较高一级的智慧技能是概念,即对同类事物的共同本质特征的认识。因此,而有对事物做出分类的能力。再上去是规则,当规则支配人的行动时,我们便说人在按规则办事。运用概念、规则办事的能力就是技能的本质。最高级的智慧技能是高级规则,是指运用简单规则解决复杂问题的能力。在四个亚类中,学习较复杂的智慧技能都以前面较简单的技能为其先决条件。

2. 认知策略

加涅认为认知策略是一种特殊的智慧技能,它与智慧技能的区别是:智慧技能是个体学会使用符号与环境发生作用,是处理外部世界的能力,而认知策略是对内组织的技能,它的功能是调节监控概念和规则的使用,是处理内部世界的能力,是个体对认知过程进行调节与控制的能力。认知策略使用的先决条件是具备相应的智慧技能。

3. 言语信息

加涅所说的言语信息又称言语知识,当代认知心理学家则称之为陈述性知识。它关注的是"知道什么",指的是人用语言来表述信息的能力。根据言语信息本身所具有的不同复杂程度,加涅区分出三类不同的言语信息形式:符号学习、事实学习、有组织的言语信息的学习。

4. 动作技能

加涅认为动作技能有两个成分:一是一套操作规则,二是肌肉协调能力。动作技能的学习就是使一套操作规则支配人的肌肉协调,是指个体不仅仅完成某种规定的动作,而且指这些动作组织起来构成流畅、合规则和准确的整体行为。

5. 态度

加涅认为态度是一种能够影响个体行为选择的内部状态。是指那种持续时间较长且使得个体的行为在各种具体情境中都具有一致性的倾向。它是通过学习而建立起来的一种影响人选择自己行动的内部状态,包括认知、情感和行为三种成分。

表 12-7　五类习得的性能

类型	亚类	行为表现
智慧技能	辨别：是在一个或更多的物理感觉维度上觉察出刺激差异的性能	必须有一种反应来表明学习者能区分在一个或多个物理维度上不同的刺激,通常是指出"相同"或"不同"
	具体概念：识别出客体特征或客体属性(颜色、形状等)	学生通过"指出"某个类别的两个或更多个成员,来识别出某类物体属性,包括位置属性
	定义性概念：对属性及属性见关系的言语表述	通过对概念的正例与反例进行分类来应用定义概念(认识到对概念的应用超越了对其定义的回忆这一点非常重要)
	规则或原理：规则是概念间关系的陈述。当学习者能够在多种具体的情境中以一致的方式应用某条规则或原理时,他就习得了规则	规则是通过其运用于一个或更多个具体例子上而得到证实的
	高级规则——解决问题	要求创造和使用复杂规则来解决对个体是新奇问题的办法。当已生成高级规则时,学习者还有可能在其他物理上不同但形式上类似的情境中演示其应用
认知策略	复述策略：通过此策略,学生自己对所学材料进行练习 精加工策略：学习者精心地将学习的项目与其他轻易能提取的材料进行联系 组织策略：将要学的材料形成组织结构 理解监控策略：即元认知策略—学习者建立学习目的、评价是否成功地达到目的和选择其他策略来达到目的的能力,这些策略具有"监控"功能 情感策略：学习者用以集中和维持注意、控制焦虑、有效使用时间的策略 其他的组织系统	策略的行为表现不能直接观察,必须通过需要运用其他智慧技能的行为表现推论出来。如,出声思维

续表

类型	亚类	行为表现
言语信息	学习名称:学习名称是指获得以命名方式对客体或客体类别做出一致性言语反应的能力。概念的名称的习得通常与习得概念本身同时发生或略早一些	
	学习事实:事实是表示两个或多个有名字的客体或事件之间关系的言语陈述。事实具有作为技能或其他信息学习的基本成分的功能	表明习得事实的行为表现包括口头或书面陈述各种关系,陈述具有句子的句法形式的各种关系
	学习有组织的知识:由相互联系的事实构成的更大的知识体系	段落或较长的文章的主旨似乎是以保持"意义"的方式习得和保存的,而不必学习和保存包含在其中的细节。对概括的观点似乎比具体观点回忆得更好,学习者似乎是按照表示故事或文章要旨的概括图示来"建构"细节的
态度	态度:影响个体对人、对物、对事的行为的复杂的内部状态	态度通过一类个人行为选择而表现出来。这些行为能被分类,以表明对某些物体、事件或人的积极倾向或消极倾向
动作技能	动作技能:单个动作反应的系列通常被合成为更复杂的被称为动作技能	动作技能的执行体现了构成肌肉活动的运动顺序的智慧技能。当作为动作技能被观察时,该活动要满足速度、准确性、力量和执行流畅性等的标准

(三)巴班斯基的教学目标分类理论

巴班斯基根据总的教育教学目的,提出综合规划和具体确定课堂教学任务的课题,强调教学目标的任务的整体性,认为教学过程必须执行三种职能,即教养职能、教育职能和发展职能,对教学较为具体的任务做了分类。实际上就是把教学目标分为了三类:教养目标(形成理论知识和该学科所特有的专业技能技巧)、教育目标(培养学生德智体美劳全面发展)和发展目标(发展学生的智力、意志、情感和动机)。

(四)奥苏贝尔的有意义学习分类理论

奥苏贝尔认为学习可以是有意义的。他将有意义的学习分为四种类型:抽象符合学习、概念学习、命题学习、发现学习。我们可以将奥苏贝尔的有意义学习分类理解为教学目标的分类。

（五）我国学者对教学目标的剖析

1. 我国教学目标体系简介

我国诸多学者往往倾向于将教学目标看成是一个系统,这个系统由教学总目标、学校教学目标、课程目标、单元教学目标以及课时教学目标构成。

2. 行为目标、生成性目标以及表现性目标

我国学者还借鉴外国经验,按照目标的性质,将教学目标分为行为目标、生成性目标以及表现性目标。

行为目标从产生之日起就对教学系统发挥着绝对重要的影响作用。布卢姆和加涅的目标分类理论都是典型的行为目标分类的例证,二者都强调以学生可观察的行为变化作为教学所要达到的目标,并且主张课程目标系统化、具体化。但是行为目标本身具有局限性。首先,对人的外显行为过分关注无形中造成了人们对情感、态度、价值观等内隐因素的忽略,这不利于人的全面发展。其次,行为目标在评价人的时候,把人的行为分解为各个部分,这样作为整体的人所具有的完整性容易被割裂,从而使教学目标在评价人的时候出现一定的偏差。

生成性目标关注的着眼点放在了教育教学过程之上,它更多地强调在具体的教育教学情境中随着教育教学的展开而生成的目标。

表现性目标是由美国课程学者艾斯纳针对行为目标的局限性而提出来的。表现性目标关注的是学生在活动中表现出来某种程度上首创性的反应形式,而不是事先规定的结果。

三、教学目标的设计的一般步骤

首先,细化、具体化目标。把课程教学目标细化为单元目标(因为高层次的目标基本和普通教师无关)。

其次,分析、确定任务。使能目标分析法。使能目标是指从原有知识基础到教学目标所需要的次级目标。要掌握一定的教学目标,需要一定的知识和能力条件。如果这些必要的知识和能力,学生还不具备,对于这些学生而言,它们就是使能目标。有的时候,学生甚至学习这些必备的知识和条件所需要的基础知识和能力也不具备,那么,使能目标就更多了。分析使能目标,可以使用递推法,即从终点目标

开始,揭示学习它们所需要的必要条件;学生如果不具备这些条件,这些条件就成为使能目标。然后再分析学习这些使能目标,需要哪些必要条件?就这样一步步推理下去,一直推理到学生的知识基础为止。

最后,寻找教学起点,分析学生的起点能力。

四、教学目标的陈述

一般而言我们主张用具体的、可操作的方式来陈述教学目标。教学目标应包括教学对象(学生)在一定的条件下所发生的行为以及行为的结果所达到的程度、水平(ABCD 法)。

为了将学生的行为与心理变化协调起来考虑,格朗伦提出了内部过程与外显行为相结合的表述方法。

表 12-8　新课程理念下的教学目标陈述

领域	学习水平	常用行为动词
知识	了解	说出、背诵、辨认、回忆、选出、举例、列举、复述、描述、识别、再认
	理解	解释、阐明、比较、分类、归纳、概述、概括、判断、区别、提供、猜测、预测、估计、推断、检索、收集、整理等
	应用	应用、使用、质疑、辩护、设计、解决、撰写、拟定、检测、计划、总结、推广、证明、评价等
技能	技能	模拟、重复、再现、例证、临摹、扩展、缩写等
	独立操作	完成、表现、制订、解决、拟订、安装、绘制、测量、尝试、实验等
	迁移	联系、转换、灵活运用、举一反三、触类旁通等
过程与方法		经历、感受、参加、参与、尝试、寻找、讨论、交流、合作、分享、参观、访问、考察、接触、体验等
情感态度与价值观	反应	遵守、拒绝、认可、认同、承认、接受、同意、反对、愿意、欣赏、称赞、喜欢、讨厌、感兴趣、关心、关注、重视、采用、采纳、支持、尊重、爱护、珍惜、蔑视、怀疑、摒弃、抵制、克服、拥护、帮助等
	领悟	形成、养成、具有、热爱、树立、建立、坚持、保持、确立、追求等

五、教学目标制订的偏离与误区

教学目标制订的偏离与误区主要有以下五个方面：第一，把教学目标等同于学习内容。第二，教学目标不清晰、不明确。第三，教学目标单一、不全面。第四，教学目标缺乏启发性、引导性。第五，教学目标忽视了整体性与个性的统一。

第二节　教学设计

一、教学设计的基本概念

(一)教学设计的概念

教学设计是以获得优化的教学效果为目的，以学习理论、教学理论及传播理论为理论基础，运用系统方法分析教学问题、确定教学目标、建立解决教学问题的策略方案、试行解决方案、评价试行结果和修改方案的过程。

我们可以从以下六个方面认识和理解教学设计：第一，教学设计的最终目的就是为了提高教学效率和教学质量，使学生获得良好的发展。教学设计的研究对象是教学系统。第二，教学设计强调运用系统方法。第三，教学设计必须以学生特征为出发点。第四，教学设计必须以教与学的理论为依据。第五，教学设计是问题解决的过程。第六，教学设计重视对教学效果的评价。

(二)教学设计的理论前提

教学设计以教学效果最优化为目的，其基本前提有以下五个方面：第一，教学设计必须是以帮助每个学习者的学习为目的。无论何种教学形式，学习最终是通过学习者内部自己完成的。因此，教学设计重视对学习者的分析，重视激发、促进、辅助学习者内部学习过程的发生和进行，使有效学习发生在每个学习者身上。第二，教学设计必须运用系统方法。从分析学习需要和确定教学目的开始，一直到教学评价，所有过程都要尽可能地做出整体考虑。第三，系统设计的教学将有利于学习者自身的发展。教学设计是要创造有利的学习环境，保证没有人处于教育劣势之中，而让每一个学习者都享有同样的机会，利用它们自己的潜能去完善自己，让每个学习者都对面临的各种挑战充满信心。第四,系统设计的教学必须把"人类是如何学习"的知识和经验作为基础,注意发展学习者的能力,帮助学习者学会如何学习。第五,根据教学问题的大小和繁简,相应的教学设计也有系统级、课堂级、产品级等不同层次。另外,还可分为即时性设计与长远性设计两种形式。前者是指教师在教学前制订课堂计划,它常常由教师自己进行,并在较短的时间内完成。后者是指对较复杂多变的教学系统的设计,需要花费较多的时间和由设计小组来完成。

二、教学设计的一般流程

经过总结各种教学设计模式的基本组成部分,可以得到教学设计过程的共同特征要素(如表 12-9 所示)。

表 12-9　教学设计流程表

模式的共同特征要素	模式中出现的用词
学习需要分析	问题分析、确定问题、分析确定目的
学习内容分析	内容的详细说明,教学分析,任务分析
学习目标的阐明	目标的详细说明,陈述目标,确定目标,编写行为目标
学习者分析	教学对象分析,预测,学习者初始能力的评定
教学策略的制定	安排教学活动,说明方法,策略的确定
教学媒体的选择和利用	教学资源选择,媒体决策,教学材料开发
教学设计成果的评价	实验原型,分析结果,形成型评价,总结性评价,行为评价,反馈分析

这些共同特征要素可以构成一般的教学设计过程模式,其中学习者、目标、策略、评价构成教学设计的四大基本要素。

这里应强调说明的是我们人为地把教学设计过程分成诸多要素,是为了更加深入地了解和分析并发展和掌握整个教学设计过程的技术。因此,在实际设计工作中,要从教学系统的整体功能出发,保证"学习者、目标、策略、评价"四大要素的一致性,使各要素间相辅相成,产生整体效应。

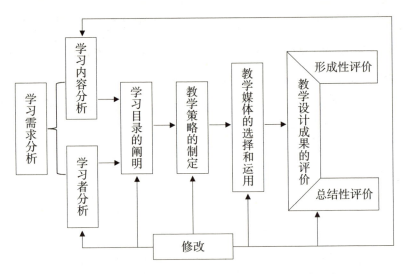

图 12-1　教学设计流程图

　　从常见的教学设计过程模式的内容来看,教学设计过程模式越宏观,与学习理论、教学理论等理论基础的关系越疏松,而与系统方法的关系越紧密。教学设计的过程模式可以是微观的,越微观,设计操作就越具体,与学习理论和教学理论的关系越紧密。

　　另外,还要清醒地认识到我们设计的教学系统是开放的,教学过程是个动态过程,如环境、学习者、教师、信息、媒体等各个因素也都是处于变化之中。因此,教学设计工作具有灵活性的特点,我们应在学习借鉴别人模式的同时,充分掌握教学设计过程的要素,根据不同的情形的要求,决定设计从何着手?重点解决哪些环节的问题? 创造性地开发自己的模式,因地制宜地开展教学设计工作。

第三节　教学实施

一、教学过程

(一)教学过程概述

1. 教学过程的概念

教学过程是指教学活动的启动、发展、变化和结束在时间上连续展开的程序结构。

2. 教学过程的本质

（1）特殊认识说

凯洛夫《教育学》认为教学过程是"感知教学材料——理解教学材料——应用、巩固"。特殊认识说强调教学过程是教师有目的有计划地引导学生掌握文化科学基础知识和基本技能，发展认识能力，逐步形成辩证唯物主义世界观基础和共产主义道德品质的过程，"教学过程从本质上来说是一种有组织的认识过程"。

（2）儿童发展说

儿童发展说认为教学过程实质是儿童发展的过程。强调"教学过程的本质就是受教育者在教师的引导下，有计划有目的地积极主动发展自己，使自身的发展水平逐步达到培养目标要求的过程。"

（3）双边活动说

双边活动说认为教学过程是教师的教与学生的学相结合的双边活动过程。这一观点认识到了教学活动是师生的互动过程，认识到了教与学的相互依存性，突破了"认识说"和"发展说"从教学任务看教学本质的局限性，而在一定程度上，揭示了教学活动的机制，但也存在对教学主要矛盾揭示不到位的不足。

（4）多质说或复合说

多质说或复合说认为教学不是纯粹的认识过程，也不是纯粹的发展过程，而是一个多层次、多方面、多形式、多序列和多矛盾的复杂过程，要进行全面的研究。

（5）认识—实践说

认识—实践说认为教学过程本质表明教学过程有两个方面：就认识而言，有学生反映与知识被反映的关系；就实践而言，有教师改造与学生被改造的关系。

（6）认识—发展说

认识—发展说认为教学过程实质是儿童"认识"和"发展"相统一过程。

（7）审美过程说

审美过程说认为教学过程不但是教师指导下学生个体的一种特殊的认识过程与发展过程，也是一种特殊的审美过程。

以上不同的学说从不同的视角揭示教学过程的本质，都有一定的合理性，也存在着不同的片面性。教学活动涉及的因素很多,包括个体认知、师生互动等,因此是一个复杂的过程。

(二)教学过程的基本要素与基本矛盾

1. 基本要素

教学过程有四个基本要素:教师、学生、内容与环境。

(1)教师

教师作为课程研制者和教学活动的组织者,其活动都是为了学生而进行的。

(2)学生

学生是学习的主体,也是教学效果的体现者。

(3)内容

内容是联系教师和学生相互作用的一个中介。

(4)环境

环境是影响课业进程中的教育教学活动的各种条件。

2. 基本矛盾

(1)第一对矛盾:教师—教学内容

教师已有的知识水平与现代教学对教师知识水平的要求,教师采用何种方法与手段教授教学关系。

(2)第二对矛盾:教师—学生

教师的主导作用如何发挥,学生的主体地位如何体现等。

(3)第三对矛盾:学生—教学内容

学生已有的认识能力、知识水平与学生必须掌握的知识、技能之间的矛盾。

二、教学工作的基本环节

(一)备课

备课要完成如下四个基本任务:第一,教师要在课前认真钻研教材,包括钻研教学大纲、教科书和阅读参考书。教师钻研教材有一个深化的过程,一般须经过懂、透、化三个阶段。第二,了解学生原有的知识、技能、兴趣和需要,还要了解学生的学习方法和习惯。并在此基础上,对学生学习新知识会有哪些困难?出现什么问题等做出预测,以采取积极的对策。第三,设计教学样式这就是解决如何把已掌握的教材传授给学生。包括如何组织教材、如何确定课的类型、如何安排每一节课的活动、如何运用各种方法开展教学活动。此外,也要考虑学生的学法,包括预习、课堂学习活动与课外作业等。第四,拟订教学计划,包括安排教学内容、教学进度、选择教学方法等。

(二)上课

1. 明确教学目的

教学目的是以教材为依据,从学生实际出发制定的。包括知识教学目标、思想教育目的、启智与审美目的。一节课的目的,不仅应在教案中明确提出,而且应在课堂教学中成为师生为之奋斗的目标。这就说明师生的活动都要围绕教学目的进行,全力以赴地实现目的而不偏离目的。

2. 保证教学的科学性与思想性

科学性就是教师要正确无误地传授知识和进行操作,及时而准确地纠正学生在学习中表现出的种种差错。思想性就是要深入发掘教材蕴含的思想性,以饱满的热情讲解,激起学生的思想共鸣,使他们深受教育。

3. 调动学生的学习积极性

在教学中应使师生都处于积极活动状态,尤其要调动学生的积极性。在课堂中,要善于启发引导学生积极进行认识活动,只有调动起师生双方的积极性而不是任何一方的积极性,才能上好一节课。

4. 根据实际情况调整教学计划

在课堂教学中教师应当认真执行备课时制订的教学计划。但是课堂情况千变万化,即使制订的教学计划在完善,也难免与实际情况不符,所以教师要善于根据未估计到的情况及时调整和修改教学计划,想方设法完成主要的教学任务。

5. 组织好教学活动

整个课的进行,要有高度的计划性,严密地组织好教学活动。上课开始,要立即稳定情绪,引导学习做好上课的心理准备,随即积极投入学习活动。然后,按预定的教学进程,什么时候讲、什么时候练等,都要组织的非常妥当、严密有序。

6. 布置好课外作业

课堂教学结束前一分钟左右,要布置好预定的家庭作业,讲明作业的要求,完成的时限,并对较难的作业做出必要的启示。

(三)课外作业的布置、指导和批改

课外作业的布置要适当,内容要涉及多个方面、难度要合适,要有助于提高学生对课堂知识的掌握和消化。同时要能在一定程度上开阔学生的视野,对学生作业的指导要恰如其分,对待学生所犯的错误要及时指出,对学生的独到见解要加以肯定,批改作业要认真。

(四)课外辅导

要因材施教,教师应深入了解学生;指导学生独立思考,钻研;发挥集体优势,组织学生开展互帮互学活动。主要包括培养学生计划学习的习惯,及时复习当日功课,按时完成作业;经常提醒和督促学生及时复习、按时交作业;了解学生独立作业与自学的情况和学习条件;查明学生未完成作业的原因,并进行有针对性的教育;与家长联系,共同商定督促与教育的办法;等等。

教师对学生进行辅导与补课;借助家长的力量和组织优秀学生对学习困难的学生以必要的帮助;发挥课代表的作用,及时向学生提醒作业的要求,与学生保持联系,对学生进行帮助;组织学习经验交流会,优秀作业的传阅,增进学生之间的互相学习,共同提高;等等。

第四节　教学评价

一、教学评价的定义

教学评价是以教学目标为依据,按照科学的标准,运用一切有效的技术手段,对教学过程及结果进行测量,并给予价值判断的过程。它包括对学生学业成绩的评价,对教师教学质量的评价和进行课程评价。

二、教学评价的作用

(一)诊断作用

对教学效果进行评价,可以了解教学各方面的情况,从而判断它的质量和水平、成效和缺陷。全面客观的评价工作不仅能估计学生的成绩在多大程度上实现了教学目标,而且能解释成绩不良的原因,并找出主要原因。可见教学评价如同身体检查,是对教学进行一次严谨而科学的诊断。

(二)激励作用

评价对教师和学生具有监督和强化作用。通过评价反映出教师的教学效果和学生的学习成绩。经验和研究都表明,在一定的限度内,经常进行记录成绩的测验对学生的学习动机具有很大的激发作用,可以有效地推动课堂学习。

(三)调节作用

评价发出的信息可以使师生知道教和学的情况,教师和学生可以根据反馈信息修订计划,调整教学的行为,从而有效的工作以达到所规定的目标,这就是评价所发挥的调节作用。

(四)教学作用

评价本身也是一种教学活动。在这个活动中,学生的知识、技能将获得长进,智力和品德也有进展。教学评价的方法有测验、征答、观察提问、作业检查、听课和评课等。

三、教学评价的分类

根据评价在教学活动中发挥作用的不同,可把教学评价分为诊断性评价、形成性评价和总结性评价三种类型。

(一)诊断性评价

诊断性评价是指在教学活动开始前,对评价对象的学习准备程度做出鉴定,以便采取相应措施使教学计划顺利、有效实施而进行的测定性评价。诊断性评价的实施时间,一般在课程、学期、学年开始或教学过程中需要的时候。主要有二个作用:一是确定学生的学习准备程度,二是适当安置学生。

（二）形成性评价

形成性评价是在教学过程中，为调节和完善教学活动，保证教学目标得以实现而进行的确定学生学习成果的评价。形成性评价的主要目的是改进、完善教学过程，其步骤为：一是确定形成性学习单元的目标和内容，分析其包含要点和各要点的层次关系。二是实施形成性测试。测试包括所测单元的所有重点，测试进行后教师要及时分析结果，同学生一起改进、巩固教学。三是实施平行性测试。其目的是对学生所学的知识加以复习巩固，确保掌握并为后期学习奠定基础。

（三）总结性评价

总结性评价是以预先设定的教学目标为基准，对评价对象达成目标的程度即教学效果做出评价。总结性评价注重考查学生掌握某门学科的整体程度，概括水平较高，测验内容范围较广，常在期中或期末进行，次数较少。按评价所参照的标准划分为：一是目标参照评价，二是常模参照评价。

四、教学评价的一般方法

（一）绝对评价法

绝对评价法是在被评价对象的集合以外确定一个客观标准，将评价对象与这一客观标准相比较，以判断其达到程度的评价方法。

绝对评价法设定评价对象以外的客观标准，考察教学目标是否达成，可以促使学生有的放矢，主动学习，并根据评价结果及时发现差距，调整自我，具有明显的教育意义。

（二）相对评价法

相对评价法是从评价对象集合中选取一个或若干个对象作为基准，将剩余者与基准做出比较，排出名次、比较优劣的评价法。相对评价法便于学生在相互比较中判断自己的位置，激发竞争意识。

（三）个体内差异评价法

个体内差异评价法是以评价对象自身状况为基准，对评价对象进行价值判断的评价方法。在这种方法中，评价对象只与自身状况进行比较，包括自身现在成绩同过去成绩的比较，以及自身不同侧面的比较（如将学业测验结果与智能测验结果相比较,根据二者的相关程度确定学生的努力程度等)。

个体内差异评价法比较充分地照顾到学生的个性差异,力图减轻评价对象的压力,但是它只是使评价对象与自身状况进行比较,既不是按照一定客观标准进行评价,亦无评价对象间的相互衡量,容易导致信度降低,学生自我满足。因此,常与绝对评价、相对评价结合使用。

【思考题】

1. 简述教学目标的重要性。

2. 简述教学实施的一般过程以及注意事项。

3. 简述当代学校教学中教学评价的发展趋势。

第十三章　教学方法论

学习目标

* 目标一:能够熟练选取适当的教学模式进行教学设计。
* 目标二:能够在不同的教学环节根据情况灵活选择教学策略。
* 目标三:掌握常用的教学方法。

前一章重点从教学活动开展的过程维度对教学活动的四个关键环节进行了简要介绍。本章主要从教学活动的方法论维度,选取教学模式、教学策略以及教学方法三个方面进行简要介绍。

第一节　教学模式

一、教学模式的概念

教学模式可以定义为是在一定教学思想或教学理论指导下建立起来的较为稳定的教学活动结构框架和活动程序。作为结构框架,突出了教学模式从宏观上把握教学活动整体及各要素之间内部的关系和功能,作为活动程序则突出了教学模式的有序性和可操作性。

"模式"一词是英文 model 的汉译名词。model 还译为"模型""范式""典型"等。一般是指被研究对象在理论上的逻辑框架,是经验与理论之间的一种可操作性的知识系统,是再现现实的一种理论性的简化结构。最先将"模式"一词引入到教学

领域,并加以系统研究的人,当推美国的乔伊斯(B.Joyce)和韦尔(M.Weil)。

乔伊斯和韦尔在《教学模式》一书中认为:"教学模式是构成课程和作业、选择教材、提示教师活动的一种范式或计划。"实际教学模式并不是一种计划,因为计划往往显得太具体,太具操作性,从而失去了理论色彩。将"模式"一词引入教学理论中,是想以此来说明在一定的教学思想或教学理论指导下建立起来的各种类型的教学活动的基本结构或框架,表现教学过程的程序性的策略体系。

二、教学模式的结构

教学模式通常包括五种因素,这五种因素之间有规律的联系着就是教学模式的结构。

（一）理论依据

教学模式是一定的教学理论或教学思想的反映,是一定理论指导下的教学行为规范。不同的教育观往往提出不同的教学模式。比如,概念获得模式和先行组织模式的理论依据是认知心理学的学习理论,而情境陶冶模式的理论依据则是人的有意识心理活动与无意识的心理活动、理智与情感活动在认知中的统一。

（二）教学目标

任何教学模式都指向和完成一定的教学目标,在教学模式的结构中教学目标处于核心地位,并对构成教学模式的其他因素起着制约作用,它决定着教学模式的操作程序和师生在教学活动中的组合关系,也是教学评价的标准和尺度。正是由于教学模式与教学目标的这种极强的内在统一性,决定了不同教学模式的个性。不同教学模式是为完成一定的教学目标服务的。

（三）操作程序

每一种教学模式都有其特定的逻辑步骤和操作程序,它规定了在教学活动中师生先做什么、后做什么,各步骤应当完成的任务。

（四）实现条件

实现条件是指能使教学模式发挥效力的各种条件因素。如教师、学生、教学内容、教学手段、教学环境、教学时间等等。

（五）教学评价

教学评价是指各种教学模式所特有的完成教学任务，达到教学目标的评价方法和标准等。由于不同教学模式所要完成的教学任务和达到的教学目的不同，使用的程序和条件不同，当然其评价的方法和标准也有所不同。目前，除了一些比较成熟的教学模式已经形成了一套相应的评价方法和标准外，有不少教学模式还没有形成自己独特的评价方法和标准。

三、各种教学模式综述

教学模式是教学理论的具体化，是教学实践的概括化的形式和系统，具有多样性和可操作性。因此，教师对教学模式的选择和运用是有一定的要求，教学模式必须要与教学目标相契合，要考虑实际的教学条件针对不同的教学内容来选择教学模式，当然首先还是要了解有哪些教学模式？它们的特点是什么？

（一）传递—接受式的教学模式

传递—接受式的教学模式源于赫尔巴特的"四段"教学法，后来由苏联伊·安·凯洛夫（Ivan Andreevich Kairow）等人进行改造传入我国。在我国广为流行，很多教师在教学中自觉不自觉地都用这种方法教学。该模式以传授系统知识、培养基本技能为目标，其着眼点在于充分挖掘人的记忆力、推理能力与间接经验在掌握知识方面的作用，使学生比较快速有效地掌握更多的信息量。该模式强调教师的指导作用，认为知识是教师到学生的一种单向传递的作用，非常注重教师的权威性。

（二）自学—辅导式的教学模式

自学—辅导式的教学模式是在教师的指导下自己独立进行学习的模式。这种教学模式能够培养学生的独立思考能力，在教学实践中也有很多教师在运用它。

（三）探究式学习教学模式

探究式学习教学模式是以解决问题为中心的，注重学生的独立活动，着眼于学生的思维能力的培养。

（四）概念获得教学模式

概念获得教学模式的目标是使学习者通过体验所学概念的形成过程来培养他们的思维能力。该模式主要反映了认知心理学的观点，强调学习是认知结构的组织与重组的观点。

(五)巴特勒的自主学习教学模式

20世纪70年代,美国教育心理学家巴特勒提出教学的七大要素,并提出"七段"教学论,在国际上影响很大。

(六)抛锚式教学模式

抛锚式教学模式要求建立在有感染力的真实事件或真实问题的基础上,确定这类真实事件或问题被形象地比喻为"抛锚",因为一旦这类事件或问题被确定了,整个教学内容和教学进程也就被确定了,如轮船被锚固定一样。

(七)范例教学模式

范例教学模式比较适合原理、规律性的知识,是中学思想政治课教学最基础的内容之一。该模式是由德国教育实践家瓦根舍因(Martin Wagenschein)提出来的。

(八)合作学习教学模式

合作学习教学模式是一种通过小组形式组织学生进行学习的一种策略。小组取得的成绩与个体的表现是紧密联系的。约翰逊(D.W.Johnson)认为合作式学习必须具备五大要素:一是个体积极的相互依靠,二是个体有直接的交流,三是个体必须都掌握给小组的材料,四是个体具备协作技巧,五是群体策略。合作式学习模式有利于发展学生个体思维能力和动作技能,增强学生之间的沟通能力和包容能力,还能培养学生的团队精神,提高学生的学业成绩。

课堂里的合作有四点不足之处:一是如果学得慢的学生需要学得快的学生的帮助,那么对于学得快的学生来说,在一定程度上就得放慢学习进度,影响自身发展;二是能力强的学生有可能支配能力差或沉默寡言的学生,使后者更加退缩,前者反而更加不动脑筋;三是合作容易忽视个别差异,影响对合作感到不自然的学生的学习进步;四是小组的成就过多依靠个体的成就,一旦有个体因为能力不足或不感兴趣,则会导致合作失败。

(九)发现式学习教学模式

发现式学习教学模式是培养学生探索知识、发现知识为主要目标的一种教学模式。该模式最根本的地方在于让学生像科学家的发现一样来体验知识产生的过程。布鲁纳认为发现式学习模式教学法有四个优点:一是提高学生对知识的保持。

二是教学中提供了便于学生解决问题的信息，可增加学生的智慧潜能。三是通过发现可以激励学生的内在动机，引发其对知识的兴趣。四是学生获得了解决问题的技能。

根据许多心理学家对这种教学模式的研究，它更适合于低年级的教学。在课堂上运用太费时间，又难以掌握。

另外，还有研讨教学模式、基于前概念的探究教学模式等，由于篇幅所限这里不再一一介绍。

教学模式是从教学的整体出发，根据教学的规律原则而归纳提炼出的包括教学形式和方法在内的具有典型性、稳定性、易学性的教学样式。简单地说，就是在一定教学理论指导下，以简化形式表示的关于教学活动的基本程序或框架。教学模式包含着一定的教学思想以及在此教学思想指导下的课程设计、教学原则、师生活动结构、方式、手段等。在一种教育模式中可以集中多种教学方法。任何模式都不是僵死的教条，而是既稳定又有发展变化的程序框架。

第二节　教学策略

一、教学策略的含义

（一）策略

根据形势发展而制定的行动方针或斗争方式，是指一种计划谋略。策略离不开元认知的活动，强调的是在元认知的作用下，为实现特定目标而运用方式方法的技巧，也就是对方式方法的选择和运用所进行的调控。

（二）教学策略

教学策略是教师为了实现教学目标，根据教学情境的特点，对教学实施过程进行的系统决策的活动。

（三）教学策略的概念解析

第一，教学策略是一个总体概念，它涉及一系列具体的教学技能，但又不是教学技能的简单堆积和罗列。第二，教学策略不同于一般的教学方法，是将教学方法的选择置于广阔的教学情境及教学方法选用的各种变量及变量之间的关系中,将教学方法提高到一般策略性的新水平。第三,教学策略是一个动态的过程。表现为两个过程:一是对教学方法的选择和使用过程,二是对教学活动的调控过程。而且这两个过程又常常随着情境的变化而变化。第四,教学策略以学习策略为基础。第五,教学策略是内部活动与外部活动的统一,即内部意向活动和外部教学行为的统一。

二、教学准备策略

(一)制订教学计划的策略

第一,确定课程目标和支持目标的原则。第二,确定与课程目标有关的课程内容,包括选择要学的主题,并以恰当的顺序组织它们,确定每个主题的重要性程度。第三,确定每一个主题需花多少时间。第四,根据所选的目标和主题,确定课程所用的方法,包括基本策略、主要作业、课本等。课程大纲是这一步骤的成果体现。第五,制定订购具体设备、书本、录像带、计算机软件或其他材料的计划,安排具体的教师以及与学期、单元、每周计划的合作计划。第六,确定评价学生实现课程目标的程序。

(二)确定教学目标的策略

教学目标的表述应全面、适度、明确、具体。

1. 全面

既要有知识方面的教学目标,也要有能力、情感、习惯方面的教学目标。

2. 适度

要求不能过高也不能过低,而且拟定教学目标应该有针对性,分别适合于上中下不同水平的学生。

3. 明确

目标要抓住教材的重点,不要不分主次的提出一串教学目标。

4. 具体

主要指知识方面的教学目标,要用学生的学习结果来表述,不能用教师或学生的行为过程来表述。

（三）设计教学内容的策略

教学内容是根据教学目标来定的。相同的教学内容以不同的形式进行"包装"，以不同的顺序呈现，其教学效果不同。

1. 先行组织者教学策略

奥苏贝尔根据有意义的学习原理提出了先行组织者教学策略。

（1）先行组织者的基本原理

当学习者认知结构中没有适当的上位观念可以同化新观念时，教师可以在教新观念之前，给学习者的学习一个引导性的材料，它比将要学习的新材料具有更高的概括程度和更高的包摄性，然后学习者利用这一材料去同化新的学习材料。

（2）先行组织者的程序

先行组织者教学策略首先呈现先行组织者，然后再呈现学习任务或学习材料。

（3）先行组织者的研究进展

后来的研究者在"先行组织者"概念的基础上，提出了"组织者"概念。组织者可以在学习材料之前呈现，也可以在学习材料之后呈现；可以是在抽象、概括性上高于学习材料的材料，也可以是具体的概念，在抽象、概括水平上低于原学习材料的知识。总的来说组织者可以分为两类，陈述性组织者和比较性组织者。

2. 让学生自主学习的教学策略

（1）选择性学习的实质

选择性学习是在教师的指导下，学生根据自己的才能选择适合自身发展要求的学习内容、方法和进度等的一种自觉自主的学习方式。其实质在于强调学生的学习是一种选择活动，学习的主体是学生，通过选择激发学生的主体意识，力求最大限度地促进每个学生的发展。

（2）选择性学习的依据

选择性学习是学生丰富个性的必然要求，是信息社会的必然要求，网络技术使得选择性学习成为现实，评价标准的多元化和评价方法的综合化是选择性学习的提出的依据。

（3）选择性学习教学策略的实施

选择性学习的教学策略主要有三个实施方法：设置多层级的学习任务，提供自主选择的学习评价，注重形成性评价。

（四）学生差异与教学策略

学生的学习风格是指在学习情境中个体表现出的比较稳定的处理方式和倾向。学习风格在整体上反映了学习者的个性类型特征，它通过学习的认知方式，学习的情绪，动机状态特征，对环境的选择喜好以及对学习的社会性组织方式显示出来，其中认知方式是学习风格中最主要的成分。

三、教学行为策略

（一）讲述行为策略

美国教学研究专家弗兰德斯曾在大量观察研究的基础上提出了有效课堂教学的三分之二定律，即课堂时间的三分之二用于讲话，讲话时间的三分之二是教师讲话，教师讲话的三分之二时间是向学生讲话而不是与学生对话。这个结论在我国也得到了验证。

1. 讲述行为的语音、语流和语调

（1）语音

教师用普通话教学的效果优于用地方话的效果，对于女教师尤其如此。

（2）语流

教师语流的流畅性与学生成绩之间有显著相关。

（3）语调

马卡连柯反复强调，教师的声调要给学生一种亲切感、确信感。他甚至认为，只有学会用15~20种声调来说"到这里来"的时候，只有在脸色、姿态和声音的运用上能够做出20种风格韵调的时候，我就变成一个真正有技巧的人了。

2. 讲述的内容

教师讲课用语的准确性有利于提高教学的效果，专业术语的使用应当在学生已经建立起一定的学习基础时再大量使用，讲述的内容应有组织性和逻辑性。

3. 讲述行为的运用策略

（1）讲述行为的特点和误用

特点：最古老，应用最多，知识的传递效率高。

误用：短时间内呈现过多的新知识；讲述时间过长，超出学生的注意时限；讲述的内容缺乏组织性和逻辑性；讲述不顾及学生原有的知识基础；讲述时没有激发学生有意义学习的心向等。

（2）讲述行为运行策略

讲述方法：语音准确、语词恰当、语流连贯、语速适中。

讲述内容组织形式：部分——整体关系、序列关系、相关关系、过渡（连接）关系、比较、组合。

4. 非言语表达的策略

非言语表达的策略自成系统。例如，手势表达系统、面部表达系统、眼神表达系统、体态表达系统等。

（二）提问行为策略

提问是最重要的教学策略之一，它是学习和满足一个人好奇心的方式。事实上，如果一个人停止问问题，他就停止了学习。在教学过程中，这一策略适合任何教材，任何年龄的学生，是教师必须掌握的关键性的教学技能。

1. 问题的水平

（1）低水平的问题

低水平的问题引发出的是对"知识"的回忆。

（2）高水平的问题

高水平的问题要求学生对信息有一定程度的加工，而不是简单的回忆。

在认知领域的六种教学目标中，只有"知识"水平的目标被认为是低水平的问题，其他五种（领会、运用、分析、综合、评价）都被认为是高水平的问题。

高水平的问题有两种：陈述性的问题和比较性的问题。

需要注意的是：问题的有效性和问题的水平没有直接相关，低水平的问题也可能是有效的，关键是看问题的目的、表述方式、对学生的适宜程度如何。

2. 有关提问的研究

（1）发问

问题的难度与学生的认知水平：小学阶段的学生低水平的问题有效，高年级的学生则是高水平的问题更有效。问题的清晰程度影响学生的回答。

发问次数对教学效果的影响：高频发问对学生学习有重要的积极作用。

（2）等待

老师发问后候答时间：停留 3 秒以上，可以明显提高教学效果。

学生回答后候答时间：停留 3 秒以上，把质问式变为对话式，明显提高教学效果。

（3）叫答

叫答的方式：可预见的规则叫答方式比较少的随机叫答方式教学效果好。

叫答的范围：叫答范围越广，教学效果也越好。

（4）理答

教师对学生回答的反应可能有积极的反应（如，口头表扬、表示接受学生观点，运用代币制）和消极的反应（如，表示不赞成、批评和训斥等）。整体上说积极的反应更能提高教学的效果。

（三）讨论行为策略

1. 讨论行为的功能及表现形式

（1）讨论行为的功能

讨论行为有四种功能：培养批判性思维能力、帮助解决问题、培养人际交流技巧和改变认识事物的态度。

（2）讨论行为的表现形式

讨论行为有两种表现形式：发起行为和支持行为。

2. 讨论行为的维度分析

谈论行为受多种因素影响，其中最为重要的是讨论小组。小组的组成规模以5~8 人为宜。小组的内聚力，交流的模式，小组成员讨论时的交流模式主要取决于两个因素（成员之间交流是否经过第三者，座位模式）。小组领导方式有专制、民主和放任三种，民主领导方式更有利于小组成员之间关系的维持。同时运用任务取向(强调小组目标的实现)、社会—情感取向(强调成员之间关系的维持)两种性质不同的领导方式,小组活动会变得更为有效。

3. 讨论行为的运用策略

(1)讨论问题的准备策略

问题的提出:问题可以激发学生的思考和讨论的兴趣,问题的难度不要太难,讨论前教师确定并精确的表达有待讨论的主题。

讨论活动的分组策略:尽量把相互之间比较喜欢,但经验和观点不同的同学分在一组,分组数量不超过 5 组,组内人数 5~8 人,座位模式便于相互交流,教师在讨论前给予必要的指导。

(2)讨论活动的组织策略

讨论的启动策略:教师应说明学生在讨论中应承担的角色。讨论中学生应该说明自己解决问题的办法, 在与其他同学交流过程中对自己的想法详细阐明,为自己的观点辩护,根据有关的思想修正自己的观点,每人都要评价别人的观点,最后由教师进行总结。

讨论的组织策略:在讨论的过程中教师要专心倾听,并对其谨慎地做出反应;教师应做到适时、适量的介入讨论,以确保讨论不离开主题和顺利进行;在讨论过程中的某个中间环节上,教师可以适时地做简短的阶段小结,明确当前问题;出现某些特殊情况时教师应给予处理(如,个别人发言过多或不参与讨论、无人发言、讨论难以继续、出现争执、鼓励发表创造性的见解)。

讨论的结束策略:讨论结束时,教师要对讨论的结果做出总结,归纳学生对讨论主题的新认识或解决办法(不一定有一致的结论),提醒学生面临的新问题,为后面的其他教学活动做好准备。

(四)教学媒体的选择和实施策略

1. 选择教学媒体的依据

选择教学媒体主要有教学目的、教学内容、教学对象、教学条件四个依据。

2. 板书行为策略

教学板书一般表现为板书、板演、板画三种形式。

板书的原则是简单扼要、眉目清楚、切忌随心所欲、杂乱无章。

（1）板书的分类

根据教学板书的形成和呈现方式分为静态示现板书（提前写在黑板上）和动态渐成板书（边教边学形成的板书）。

根据教学板书的具体表现形式分为关键词语式板书、逻辑要点式板书和结构造型式（线索式板书、波浪式板书、阶梯式板书、标图表意式板书等）板书。

（2）教师运用板书的教学策略

具体而言，教师要注意研究什么时候写板书以及为什么写板书。当需要吸引学生的注意力时应写板书；为了表示教师重视学生的发言，调动学生的积极性而写板书；教师应当注意板书的量和字体的大小。

四、课堂管理行为策略

课堂管理行为策略是指教师为了保证课堂教学的秩序和效益，协调课堂中人与事、时间与空间等各种因素及其关系的过程。

（一）预防性的课堂管理策略

1. 课堂规则

课堂规则的制订时机越早越好，开学第一天或者第二天就可制定。课堂规则的功能主要有二个：一是规范课堂行为，维持课堂秩序；二是培育良好行为，促进课堂学习。

2. 课堂规则的制定

制定课堂规则的原则与要求：课堂规则应符合简短、明确、合理、可行这四个条件，课堂规则应通过教师与学生的充分讨论、共同制定，坚持从正面进行课堂管理和组织。

3. 课堂环境的组织和管理策略

第一，物质环境。第二，学生座位的安排可以分为秧田形、马蹄形或新月形、长方形或圆形、模块形四种方式。

（二）支持性的班级秩序管理策略

1. 影响支持性的班级秩序管理策略的主要因素

影响支持性的班级秩序管理策略的主要因素有：熟记学生姓名；善于用眼神

传达警告或嘉许之意;善用声音变化点醒学生;运用走动和停驻;各种肢体语言配合使用;适时强化;真诚赞赏每一位同学;随时发问;分组秩序竞赛;调整座位;机敏豁达,善用幽默。

2. 奖励和惩罚的策略

(1)奖励的类型

奖励主要有四个类型:社会性奖励(给予个体身体或言语方面的认可)、象征性奖励(授予个体某些象征荣誉的物体)、物质性奖励、活动性奖励。

(2)影响奖励效果的因素

影响奖励效果的因素主要有三个方面:奖励的发生时间 (及时奖励效果最佳)、奖励的频率和间隔(变化间隔和变化频率奖励的效果较好)、奖励本身对儿童的价值。

(3)不必要奖励的后果

对于学生出于乐趣进行的学习活动不要随便给予奖励,此时的奖励会降低学生的兴趣。

(4)活动与结果的统一

如果学生能够觉察到自己的活动能引起某种结果,尤其是他们期望的结果,这种活动的积极性会大大增强。

(5)奖励的使用策略

奖励主要有两个使用策略:一是建立一套清楚的奖励方法,二是正确的使用奖励言语(完整性的奖励由对所观察行为的描述、一段时间以来这种行为的转变情况,行为的后果三部分组成)。

(6)对学生惩罚问题的研究

惩罚的确可以有效终止儿童的某些不良行为,但并非所有的惩罚都有效果。

(7)惩罚也要使用相应策略

惩罚发生的时间越早越好,惩罚的强度不宜过大,惩罚应该具有连贯性(对同一行为给予同样的惩罚),惩罚者与儿童的关系越密切效果越好,惩罚的同时讲解道理效果更好,惩罚和正强化相结合效果更好。

(8)惩罚也具有一些副作用

惩罚具有的一些常见副作用有怨恨、回避,焦虑,恐惧,反面样板。

第三节　教学方法

一、教学方法概述

教学方法从属于教学方法论,是教学方法论的一个层面。教学方法论由教学方法指导思想、基本方法、具体方法、教学方式四个层面组成。教学方法包括教师教的方法(教授方法)和学生学的方法(学习方法)两大方面,是教授方法与学习方法的统一。教授法必须依据学习法,否则便会因缺乏针对性和可行性而不能有效地达到预期的目的,但由于教师在教学过程中处于主导地位,所以在教法与学法中,教法处于主导地位。

教学方法不同于教学方式,但与教学方式有着密切的联系。教学方式是构成教学方法的细节,是运用各种教学方法的技术。一方面任何一种教学方法都由一系列的教学方式组成,可以分解为多种教学方式;另一方面教学方法是一连串有目的的活动,能独立完成某项教学任务,而教学方式只被运用于教学方法中,并为促成教学方法所要完成的教学任务服务,其本身不能完成一项教学任务。

与教学方法密切相关的概念还有教学模式和教学手段。教学模式是在一定教学思想指导下建立起来的为完成某一教学课题而运用的比较稳定的教学方法的程序及策略体系,它由若干个有固定程序的教学方法组成。每种教学模式都有自己的指导思想,具有独特的功能。它们对教学方法的运用,对教学实践的发展有很大影响。现代教学中最有代表性的教学模式是传授——接受模式和问题——发现模式。

二、常用教学方法

中小学课堂教学中实用的教学方法多种多样和丰富多彩,这里所阐述的是其中最常用的一些主要的方法。

(一)讲授式的教学方法

1. 定义

教师主要运用语言方式,系统地向学生传授科学知识,传播思想观念,发展学生的思维能力,发展学生的智力。

2. 具体实施形式

具体实施形式主要有以下五种教学方法:讲解教学方法、谈话教学方法、讨论教学方法、讲读教学方法、讲演教学方法。

3. 基本要求

运用讲授式教学方法的基本要求,主要体现在以下三个方面:一是科学地组织教学内容。二是教师的教学语言应具有清晰、精练、准确、生动等特点。三是善于设问解疑,激发学生的求知欲望和积极的思维活动。

(二)问题探究式的教学方法

1. 定义

教师或教师引导学生提出问题,在教师组织和指导下,通过学生比较独立的探究和研究活动,探求问题的答案而获得知识的方法。

2. 具体实施形式

具体实施形式主要有以下三种教学方法:问题教学法、探究教学法、发现教学法。

3. 基本要求

运用发现教学法与探究教学法时,应注意以下三个方面的要求:一是努力创设一个有利于学生进行探究发现的良好的教学情境。二是选择和确定探究发现的问题(课题)与过程。三是有序组织教学,积极引导学生的探究发现活动。

4. 问题探究式教学方法的实施步骤

问题探究式教学方法的实施有以下五种基本步骤:创设问题的情境、选择与确定问题、讨论与提出假设、实践与寻求结果、验证与得出结论。

(三)训练与实践式的教学方法

1. 定义

通过课内外的练习、实验、实习、社会实践、研究性学习等以学生为主体的实践性活动,使学生巩固、丰富和完善所学知识,培养学生解决实际问题的能力和多方面的实践能力。

2. 训练与实践式教学方法中的各种具体教学方法的内涵和基本要求

(1)示范教学法

在教学过程中,教师通过示范操作和讲解使学生获得知识、技能的教学方法。在示范教学中,教师对实践操作内容进行现场演示,一边操作,一边讲解,强调关键步骤和注意事项,使学生边做边学,理论与技能并重,较好地实现了师生互动,提高了学生的学习兴趣和学习效率。本课程中示范教学主要应用于创造变异方法的教学中。例如,各种作物的杂交自交技术、人工诱变技术、原生质体的分离、杂交技术、基因工程操作技术等。

(2)模拟教学法

模拟教学法是在模拟情境条件下进行实践操作训练的教学方法,模拟教学法通常在学生具备了一定的专业理论知识后,实践操作前进行。本课程实践教学严格受作物生长季节的限制,一个完整的实践教学项目实施至少需要一个生长季节,甚至几年的时间。因此,教学中应注重模拟教学法的应用。模拟教学法主要应用于杂交亲本的选择、杂种后代的处理等实践教学项目。

(3)项目教学法

项目教学法以实际应用为目的,通过师生共同完成教学项目而使学生获知识、能力的教学方法。其实施以小组为学习单位,步骤一般为咨询、计划、决策、实施、检查、评估。项目教学法强调学生在学习过程中的主体地位,提倡"个性化"的学习,主张以学生学习为主,教师指导为辅,学生通过完成教学项目,能有效调动学习的积极性。既掌握实践技能,又掌握相关理论知识;既学习了课程,又学习了工作方法。能够充分发掘学生的创造潜能,提高学生解决实际问题的综合能力。

(四)基于现代信息技术的教学方法

1. 现代教学媒体的分类

现代教学媒体根据人接受信息的感官不同,可以分为视觉媒体、听觉媒体、视听媒体和交互媒体等。

2. 现代信息技术可以实现多方面的教学功能

现代信息技术可以实现以下四种教学功能:再现功能、集成功能、交互功能、虚拟功能。

三、教学方法的选择与运用

科学、合理地选择和有效地运用教学方法,要求教师能够在现代教学理论的指导下,熟练地把握各类教学方法的特性,能够综合地考虑各种教学方法的各种要素,合理地选择适宜的教学方法并能进行优化组合。

(一)选择教学方法的基本依据

1. 依据教学目标选择教学方法

不同领域或不同层次的教学目标的有效达成,要借助于相应的教学方法和技术。教师可依据具体的可操作性目标来选择和确定具体的教学方法。

2. 依据教学内容特点选择教学方法

不同学科的知识内容与学习要求不同,不同阶段、不同单元、不同课时的内容与要求也不一致,这些都要求教学方法的选择具有多样性和灵活性的特点。

3. 根据学生实际特点选择教学方法

学生的实际特点直接制约着教师对教学方法的选择,这就要求教师能够科学而准确地研究分析学生的上述特点,有针对性地选择和运用相应的教学方法。

4. 依据教师的自身素质选择教学方法

任何一种教学方法,只有适应了教师的素养条件,并能为教师充分理解和把握,才有可能在实际教学活动中有效地发挥其功能和作用。因此,教师在选择教学方法时,还应当根据自己的实际优势,扬长避短,选择与自己最相适应的教学方法。

5. 依据教学环境条件选择教学方法

教师在选择教学方法时,要在时间条件允许的情况下,应能最大限度地运用和发挥教学环境条件的功能与作用。

(二)教学方法的运用

教师选择教学方法的目的,是要在实际教学活动中有效地运用。首先,教师应当根据具体教学的实际,对所选择的教学方法进行优化组合和综合运用;其次,无论选择或采用哪种教学方法,要以启发式教学思想作为运用各种教学方法的指导思想;最后,教师在运用各种教学方法的过程中,还必须充分关注学生的参与性。

【思考题】

1. 简述教学模式与教学设计之间的关系。

2. 简述教学策略与教学设计之间的关系。

3. 简述教学策略与教学方法之间的关系。

参考文献

1. 李芒,徐晓东,朱京曦.学与教的理论.北京:高等教育出版社,2007

2. 陈琦,刘儒德.当代教育心理学.北京:北京师范大学出版社,2007

3. 施良方.学习论.北京:人民教育出版社,2001

4. 皮连生.学与教的心理学.上海:华东师范大学出版社,2009

5. 刘儒德.学习心理学.北京:高等教育出版社,2010

6. 卢家楣.学习心理与教学.上海:上海教育出版社,2009

7. 德里斯科尔.学习心理学——面向教学的取向.上海:华东师范大学出版社,2008

8. 加涅.教学设计原理.上海:华东师范大学出版社,2007

9. 袁振国.教育新理念.北京:教育科学出版社,2007

10. 裴娣娜.教学论.北京:教育科学出版社,2007

11. 何克抗,林君芬,张文兰.教学系统设计.北京:高等教育出版社,2006

12. 巨瑛梅.当代国外教学理论.北京:教育科学出版社,2004

13. 徐建敏,管锡基.国内外当代教学理论简明读本.北京:教育科学出版社,2011

14. 莫雷.教育心理学.北京:教育科学出版社,2007

15. 加涅.学习的条件与教学论.上海:华东师范大学出版社,1999

16. B.R.赫根汉,马修·H.奥尔森.学习理论导论(第7版).上海:上海教育出版社,2011

17. 安德森.学习、教学和评估的分类学.上海:华东师范大学出版社,2008

18. 皮连生.教育心理学.上海：上海教育出版社,2005

19. 燕国材.非智力因素与学习.上海：上海教育出版社,2006

20. 皮连生,吴红耘.两种取向的教学论与有效教学研究.教育研究.2011（05）

21. 皮连生. 科学取向的教学论的核心理念及其应用的基本操作程序. 当代教育科学.2012（08）

22. 辛涛,申继亮,林崇德.从教师的知识结构看师范教育的改革.高等师范教育研究.1999（06）

后　记

　　写这本书是源于我在学生时代的一个愿望。记得在大学二年级的时候学校开设了一门《学与教的理论》的专业课程。那是我第一次接触到有关学习和教学的专业理论知识，对于立志做一名教师的我来说十分重要。这本书起初带给我的就是兴奋，但随着学习的不断深入，收获的并非是真知灼见，而是接踵而至的困惑。从那时起，我就立志将来自己写出一本可以让教师们一看就懂的《学与教的理论》。现在呈现在您手中的书就是 12 年学习的阶段性成果，同时是我毕业 10 年的一个里程碑。

　　本书写的是学习和教学的基本理论，是我毕业 10 年中的切身体验，是我离开学校后的自主学习经历，是我从教 7 年的亲身经历。作为毕业生离开大学课堂又作为教师回归大学课堂的经历，让我有机会重新审视学习和教学的理论。我把这些点滴都记录下来，整理成册，装订成书。因此，我希望读者朋友耐心地品读，仔细聆听一个教育爱好者从内心深处发出的声音。

　　在本书的写作过程中，我得到了几位志同道合同事的热心帮助，他们不但给本书的内容提出很多建设性的意见，而且还亲自参与了本书的编写。这本书的迅速面世与他们的努力是分不开的，在此对他们的辛勤劳动表示感谢！

　　为了配合课堂教学，我们免费提供各章节的演示文稿文件。如果需要，请您通过电子邮件与我们联系（E-mail:cdb@xxhjy.com）。同时，我们还会在信息化教育网（http://www.xxhjy.com）及时更新一些补充学习资料，欢迎广大师生通过计算机网络或者智能移动终端设备随时随地访问。

编者

2014 年 7 月 1 日星期二